河谷聚落之分形
——理论模型与现实引导途径

许五弟　魏诺　著

中国建筑工业出版社

图书在版编目（CIP）数据

河谷聚落之分形：理论模型与现实引导途径/许五弟，
魏诺著 . —北京：中国建筑工业出版社，2017.2
ISBN 978-7-112-20218-8

Ⅰ.①河… Ⅱ.①许…②魏… Ⅲ.①黄土高原-聚
落地理-研究 Ⅳ.①K928.5

中国版本图书馆 CIP 数据核字（2017）第 004569 号

责任编辑：石枫华 李 杰
责任校对：陈晶晶 李欣慰

河谷聚落之分形
——理论模型与现实引导途径

许五弟 魏诺 著

*

中国建筑工业出版社出版、发行（北京海淀三里河路9号）
各地新华书店、建筑书店经销
北京嘉泰利德公司制版
北京建筑工业印刷厂印刷

*

开本：787×1092 毫米 1/16 印张：16 字数：410 千字
2017 年 10 月第一版 2018 年 11 月第二次印刷
定价：66.00 元
ISBN 978-7-112-20218-8
（29656）

前　言

陕北黄土高原地貌显示出清晰的分形特征，这已基本成为相关领域研究的共识。然而，陕北城镇空间形态是否与分形地貌相耦合，这是一个有意义的研究课题，对于黄土高原乃至其他山地河谷地区城镇空间与自然环境的适应性协同发展具有启示。本课题组承担国家自然科学基金课题"耦合于分形地貌的陕北能源富集区城镇形态适宜模式研究（51278411）"，从分形角度对陕北地貌和城镇形态开展研究，对相关问题进行了有价值的探索。

研究依托 GIS 平台，以陕北地形、水系、城镇等的点图图层为对象，采用地理信息分形处理技术，对地图图层表达的地理信息对象进行测度，在此基础上按照分形理论的分维数计算方法进行分维计算，获得了一些有价值的结果，对于陕北城镇形态的现状认识和规划引导，具有一定的意义。

研究过程中，探讨了新的数据处理技术和方法，提高了计算效率。其中，对于分形测度，只需要测尺大小和测度数量，而在地理信息系统中，每进行一个尺度的计算，都会生成一个新的图层，分形计算一般要采用数十个不同的尺度进行测度，加上中间数据处理，形成大量的数据冗余，同时耗费大量的时间和计算机资源。本课题研究中，对于图层栅格化方式的测度，测试一种用一个最小尺度形成一个栅格图，然后通过属性表进行相邻栅格的不同尺度的相邻栅格合并和统计，这种方法获得成功，减少了新图层的生成，极大提高了数据处理效率和系统消耗。

河流长度在三维和二维情况下有区别，这种区别反映到地貌形态和水文特征上。在河流上游，河床比降大，水流湍急，中下游，河床比降降低，水流速度降低。因此，对河流进行三维测度，才能够充分揭示这个特征。通常的河流测度都采用二维方法，本课题研究采用三维测度方法，揭示河流不同河段的分形特征。

对于地貌测度，本研究提出了对于地貌单元的体积和表面积关联测度方法。把反映地貌的这两个因素进行综合，反映地貌分形特征。

本研究首次提出了维数耦合方法、城镇体系空间结构维数耦合原理。据此，构建出城镇体系分形耦合模型和陕北地区城镇体系空间结构分形模型，以此解析陕北城镇形态与地貌形态、人口分布及经济分布的耦合关系，为陕北地区的分形规划提供理论依据，使分形规划从理论走向实用。

本书作为研究成果之一，首先简要介绍分形问题和进行地图测度的地理信息系统技术，在此基础上，论述与分形有关的地图数据处理的技术和方法，并通过对陕北自然地理要素和城镇数据的分形计算，说明研究的具体方法和过程。课题研究的基本成果，可作为相应研究的借鉴。

目　录

第1章

概念简述

分形的基本特征是自相似性和规度不变性等，采用的方法是测度，通过循环和迭代，进行对象测度并计算分维数。对于地理空间问题，测度的对象是地理要素，具体是针对地图进行的测度。对地图要素测度采用地理信息系统（Geographic Information System，简为 GIS）技术。本章介绍分形的基本理论和与分形测度有关的 GIS 技术。

1.1　分形理论

分形理论的出发点是：客观事物具有自相似的层次结构，局部与整体在形态、功能、信息、时间、空间等方面具有统计意义上的相似性，称为自相似，所以自相似性是分形结构的基本特征。分形理论的核心是用分形维数描述分形结构的自相似性，揭示复杂现象的基本特征及其运动规律。

1.1.1　分形基本概念

分形维数的定义基本上都是基于"用尺度 δ 进行量度"的思想，在测量时忽略尺寸小于 δ 时的不规则性，观察当 $\delta \to 0$ 时这些测量值的状况。其方法是用线元、面元或体元去覆盖它。比如，对于一条有限长的曲线 L_0，用线元 r 去覆盖它，如果用 $N(r)$ 次正好覆盖了整个线段，那么，$r \to 0$ 时，其分形维数可表示为

$$d_f = \frac{\ell n N(r)}{\ell n \dfrac{1}{r}} \tag{1-1}$$

式中 d_f 称为 Hausdorff 维数，它可以是分数，也可以是整数，简称分维数。

其他分维数的定义和算法均由 Hausdorff 维数的定义和算法演化或发展而来，例如：盒维数、相似维数、信息维数、关联维数、容量维数、填充维数、网格维数、边界维数、沟网维数、水系维数、交通网维数、等高线维数、人口分布维数、经济分布维数等等。

1.1.2　分形测度依据

分形测度采用特殊的方法，这种方法以自相似性和规度不变性为基础，通过循环和迭代，计算测度对象的分维数。

1.1.2.1　自相似性

自相似性是分形的一个重要特征，也是分维数计算的一种理论和方法基础。自相似性指部分与整体在不考虑尺度下的形态相似或近似。

所谓自相似性在分形中的含义指的是，若把图形的一部分放大，其形态与

整体是相似的。掰开一颗花椰菜，其与花椰菜整体看来是相似的。从图形角度，如果把从整体分割出来的一部分放大到整体大小，分形事物甚至看不出哪个是整体，哪个是分割出来的部分(图 1-1)。

虽然是一种绘制图形，但是自然图形的自相似性也是基本的。并且不是如绘制图形那么规则，这正说明自然分形的复杂形。

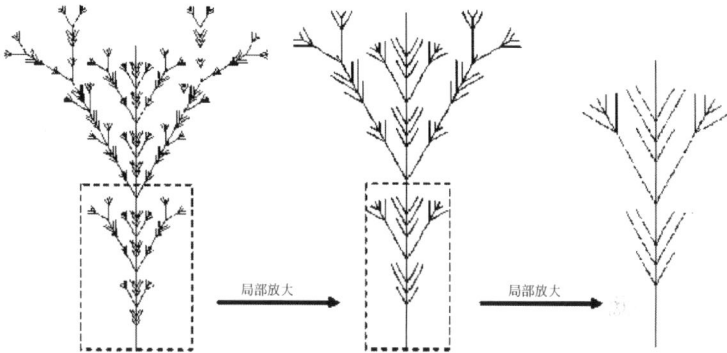

局部放大　　　　　局部放大

图 1-1　自相似性

自相似性是分形的精髓，由于自相似性，对于分形事物的认识，可以从自相似性角度分析事物的构成、结构、形态；也由于自相似性，可以用简单的迭代和循环来构造分形图形和模拟分形结构。

这样，问题归结为自相似性的识别。不幸的是，在自然界，一般并不存在严格的自相似性，而是一些"似是而非"的自相似性，这就构成分形问题的复杂性，也是分形研究的价值所在。

自相似性作为分形的一个特征，是片段研究对象是否具有分形特征的一个判据：具有自相似性的可能就是分形体，不具备自相似性的一定不是分形体。在此需要进一步强调，自相似性的情况极为复杂，有统计相似性，形态相似性等。

自相似性表示简单的迭代和重复，为此把自相似性作为分形的一个重要特性。

1.1.2.2　规度不变性

自相似性的基础是规度不变性，规度不变性也称为伸缩不变性。规度不变性是说，不考虑实际尺度，把不同尺度的图形放到同样大小来观察，可以发现其具有相似性。

规度不变性决定了分形的另一种特征，分形具有一定的规度范围。这从另一个角度意味着要对某对象进行分形分析，需要从规度角度确定分形的尺度范围，因为超出这个尺度分形就不存在了。

1.1.2.3　区间性

所谓区间性指的是分形特征存在与要等的区间范围，是有界的。由于区间性，因此分形分析只适宜一定的范围。

沙漠的分维表现为相连的山丘构成沙丘链，沙丘链与沙丘上的沙波纹有一定的相似性，构成相似区间范围，沙漠之外，沙波纹一类的分形结构就不存在了。

分形并不是无限的，虽然在分析尺度时，把尺度大小定为无穷小，但是，对于分形对象，是处于一定范围的。因此，在进行分析测度时，首先需要确定测度范围。以变尺度测度为例，对于一个对象，当尺长大于某一值以及小于某一值后，测度结果不再变化，这时，这个最大最小尺度为对象的分维区间。

1.2　数据类型

对于地图图形的分形分析，需要对地图数据做特定的处理，如坐标转换、栅格化等，还要对分析结果进行统计计算，如计算某种特定要素的分割形成的栅格数量等。这些需要依赖 GIS 技术。利用 GIS 技术可以对地图按照分形要求进行数据处理。

1.2.1　地理数据类型

对于图形数据，在计算机中有两种表达方式，一种是采用栅格数据形式，形成一种栅格数据结构，另一种采用矢量数据形式，形成另一种矢量数据结构。矢量数据是用矢量形式表达的图形数据。

1.2.1.1　矢量数据

矢量又称为向量，是指一种有方向的度量，如力、速度等。对于矢量，不但需要表示大小，还要表示方向。在数学坐标系中，原点是度量表达的起点，位置与原点的连接，形成一个有方向有大小的量。由于所有量的坐标表达都是以原点为依据，因此在具体表达上，只需要表达量的特征值即坐标点就可以表达矢量。矢量数据分为点线面类型，见图 1-2。

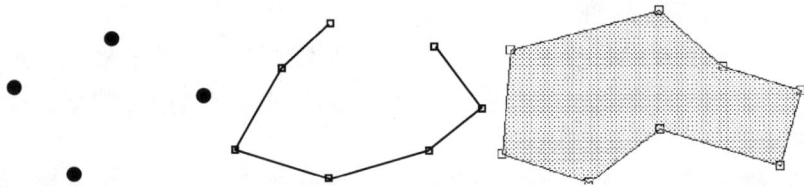

图 1-2　矢量数据

对于矢量数据组织，在 GIS 中有图层文件组织方式，有地理数据库组织方式。对于图层文件，一个要素类形成一个数据文件集，如对于 shp 格式文件，要素类包括 shp、dbf、shx 等多个数据文件，其中 shp 为主文件，在应用中，通过

shp 文件以及关联文件来调用和使用其他数据文件。在地理数据库中，要素组织在数据库中。基于数据库的强大数据处理和组织功能，对于数据可以做文件组织体系中不能进行的一些特别操作。例如，对于网络分析，只有在地理数据库中组织体系下的数据，才能进行网络流向追踪分析。

1.2.1.2　栅格数据

栅格数据是图形数据的另一种表达格式，栅格数据组织结构相对规则、简洁，生成方便，通常通过扫描、照相方式都可以生成栅格数据。对于作为地理信息的栅格数据，一般以遥感图像数据为主，也包括从矢量数据转换而来的栅格数据以及其他方法和途径生成的数据。

栅格数据是把空间划分为规则的格网，一个格网为一个单元，称为栅元（Cell），表达该范围内的地理事物的信息。通常用格网位置记录地理事物的空间位置，用格网值记录地理事物的某种属性，这种属性采用编码形式，实际是一种分类。栅格数据采用矩阵表达方式，数据结构规则，便于数据处理。图 1-3中，把左图部分放大，可见到清楚的马赛克形态，这就是栅格数据的直观形态。

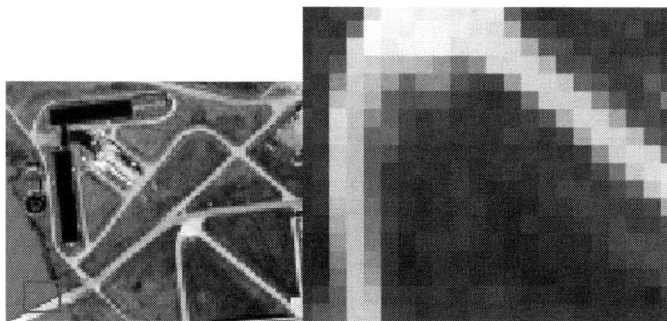

图 1-3　栅格数据直观

栅格数据的常见类型有图像数据，它是以矩阵来表示的。从矩阵角度，每一个元素占据一定的行列位置，元素用数值表达。在作为地理信息的栅格类型中，矩阵的行列位置体现栅格图形的坐标位置，因此栅格的位置隐含了坐标，而矩阵元素值作为栅格值，本身是事物分类特征代码。对于地形，栅格值是高程值。在 GIS 中，栅格分为连续栅格和离散栅格，其中连续栅格没有属性表，离散栅格有属性表。但栅格属性表与矢量数据属性表不同的是，前者属性以编码值的统计为记录。

1.2.1.3　图像数据

图像数据也是栅格数据，在 GIS 中，图像尤其是遥感图像，是重要的地理信息源。虽然图像也是栅格数据，但与一般栅格数据还是有一定区别，这就反映到对于图像数据的处理技术和方法。

遥感的波段并不是一个单一频率，而是相对接近的一个频率范围，称为波段，一个波段的颜色深浅随波的强度变化，因此形成的图像的颜色深浅有别，并且这个级别具有一定的连续性，为了方便应用，把颜色分为灰度级。

图像分成不同的波段，每一个波段反映对象的某一方面的电磁波特征，比如遥感波段分别选择对叶绿素、水体、土壤岩石敏感的波段。

1.2.2 地理数据表达

地理信息是关于地理事物的信息，地理信息最典型的表达是地图，在计算机系统中，地理信息被抽象为数据表达，在数据的基础上，可以进行信息分析。

1.2.2.1 地理信息表达

地理事物有几何形态和性质特征，分别被抽象表达为图形和属性两部分。图形以地理空间位置和形状来表达，属性记录地理事物的特征方面。如一个地块的属性包括面积、土壤类型、植被类型、承包人员、种植类型等一类非地理空间方面的信息。

在 GIS 中，地理信息在计算机中分用两种数据表达，一为图形，另一为属性表。在 GIS 中，对于地理信息需要具体识别、查询和选择等，因此需要把每一条信息具体明确地表达出来，对于地图的一个图元，需要有一个唯一的标识，同样，对于属性，也需要逐条表达。图形和属性的表达见图 1-4。

对象ID	形状	名称	LV编码	管理机构
		成荫的针叶林	20	私有
		松林村	30	松林村协会
		sarah公园	80	城市公园委员会
		城镇公园	99	城市公园委员会

图 1-4　地理信息的地理视图和表视图

需要强调的是，图 1-4 右表中的形状字段是一种形象的示意表达，在实际的属性表中，这个字段并不直接显示图形样式，仅仅在内部采用一种图形元素链接标识，在 ArcGis 中，属性表的这个字段的记录仅仅是点(针对点图)、折线(针对线图层)等的单一相同记录值。

1.2.2.2 图形与属性连接

由于图形和属性是作为一个具体地理事物的表达，因此应当是一个完整的集合体。但是在计算机中，由于数据组织和结构的不同，形成了表达的分离。这种分离是基于数据类型、数据结构和数据模式不同采取的一种高效表达方式。但是，这种表达方式也必然形成了一定的数据复杂性，在技术中，为了完整表达地理信息，采用数据关联的方式，建立图形和属性之间的连接，以进行相互识别(图 1-5)。

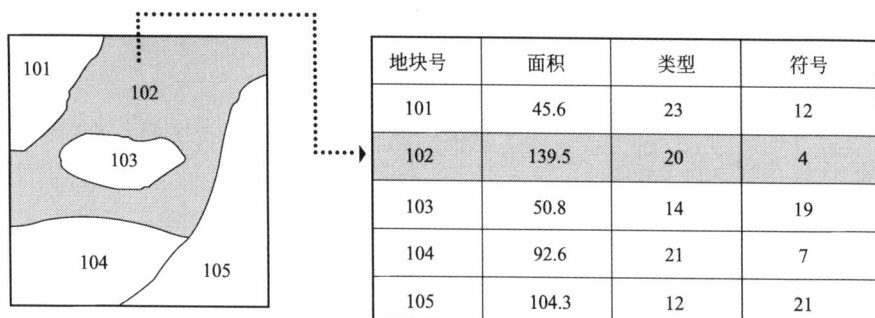

图 1-5　地理信息图形和属性及其连接

地块号	面积	类型	符号
101	45.6	23	12
102	139.5	20	4
103	50.8	14	19
104	92.6	21	7
105	104.3	12	21

需要说明的是，CAD 数据由于不考虑复杂的查询、空间分析等问题，因此对数据不用复杂的结构来表达，甚至对于属性也是简单表达。

1.2.3　数字高程模型

数字高程模型（DigitalElevationModel，简为 DEM）是地形三维模型，这种模型是一种用高程数据插值生成的三维地形面，作为以地形为基础的三维分析数据集，是 GIS 的一个极为重要的数据类型，是地貌和水文等的分形分析和计算的数据基础。

1.2.3.1　数字高程模型概念

DEM 是一种数字化地形高程模型，这种模型有广义与狭义之分，广义的 DEM 指具有三维表面特征的地形数据，包括不规则三角网（TangleIrregulateNetwork，简为 TIN）和 Terrain 等，狭义的指以方格网表达的栅格地形数据。

虽然 DEM 指地形，但是可以以之作为一种认识和解决问题方法的数据扩展，即把非地形的但有类似地形特征的要素表达为 DEM，借助于 DEM 分析方法进行分析应用。例如，可以用非地形的数据如气温、降雨量等生成专业的类似 DEM 三维专题数据，这时的 DEM 不再是数字高程，而是数字温度、数字降水或者其他模型，其从数据构成方面与地形 DEM 的数据没有差异，可以按照地形状况进行分析，如坡度分析、坡向分析、剖面分析、填挖分析。另外，还可以做更专业的分析，例如对于降水进行时空分布和变化的状况分析。从数据加工角度，可以应用各种分析方法和工具，不过对于这些分析需要对于分析结果做非地形的专业解释，例如，温度的坡度反映温度的区域空间变化。

1.2.3.2　DEM 生成

三维地形面一般利用地面高程点或等高线生成，由于测量采点密度原因和插值程序的智能化水平问题，在地形生成过程中对于河道和沟谷地点会有一些问题，使生成的地形出现不合理状况，因为程序只是机械的插值，而实际地形可能是河道，程序并不能简单的予以识别。另外，单纯的高程点或等高线也缺乏相应河流、沟谷等的信息，因此造成流水线地形有不符合水文状态的起伏。

图 1-6　DEM 样例

1.2.3.3　DEM 特征和应用

DEM 有广泛的应用，不仅作为基本应用，还可以作为很多其他应用的基础。直接的应用有进行地形坡度分析、坡向分析、剖面图生成、生成坡度变率图、山影分析、填挖方分析等；在水文分析方面，可以生成地表径流流向图、地表汇流图、分水岭、盆域、河网生成等；可见性分析：天际线、视线、视通、视域等。DEM 样例见图 1-6。

1.3　地理信息分析

地图虽然表达的是基本的地理事物内容，但是含有极为丰富的地理信息，不同的专业、不同的应用，都可以从其中获得需要的某些信息，但是，这些信息一般并不是明显的"在哪儿"，而是通常"隐藏"起来的，因此，获得需要采用一定的技术方法和手段来获取这些隐含信息，满足专业应用需要，这个方法和手段就是地理信息分析。地理信息分析是分形计算的基本方法。

1.3.1　地形分析

地形是自然地理要素中的主导因子，因此地形分析是地理信息分析的一个重要方面。对于地貌分形分析，采用地形分析的一些方法组织和建立分析数据。例如，用 DEM 进行坡度分析，可以生成坡度图，作为坡度分形分析的基础数据。

1.3.1.1　坡度分析

地形坡度指地面起伏的坡度大小。在 GIS 中，坡度分析利用 DEM 数据和坡度分析工具，生成地形坡度图，反映地形的坡度大小及空间分布。对于分形而言，坡度也具有分形特征，因此坡度分析为坡度分形分析提供数据基础，同时，在 GIS 中，可以用有关的工具和数据处理方式进行坡度分形分析。

1.3.1.2　坡向分析

坡向指坡面法线的水平投影方向，起始方向为北，顺时针从 0 到 360° 变化。坡向是地面光照、太阳辐射能量计算的依据。而光照和太阳辐射能量对于作物种植选择布局、建筑设计布局等都有重要价值，而坡向形成的自然地理环境对与自然演化和过程也有重要影响。在 GIS 中，利用 DEM 和坡向分析工具生成坡向图。

1.3.2　矢量分析

对于矢量数据 GIS 提供了多种分析方法，包括缓冲分析、叠加分析、网络分析、追踪分析等。

1.3.2.1　缓冲分析

从计算机图形学角度，对于图形的缓冲分析就是建立一个与图形对象有特定距离的多边形。对于点对象，缓冲形成一个以点为中心的圆，对于线一般是狭长多边形，对于面形成比面大或者小的多边形，即面有内外缓冲方式。

缓冲分析形成一个新的图层，该图层作为缓冲对象的作用范围。在城乡规划中，按照规定，高压线下 10m 范围为禁建区，对此，在 GIS 中，以高压线为对象，以 10m 距离围绕高压线形成一个多边形，作为高压线危险区，在规划中作为禁建带。

缓冲分析还有多环缓冲，就是围绕一个对象，按照不同的多个距离建立多个缓冲带，缓冲带生成后，可能出现不同对象缓冲带的空间叠加等。这些就是缓冲应用会遇到的情况，而缓冲方法对这些情况也提供处理方法。

1.3.2.2　叠加分析

叠加分析一般针对多边形图层，把两个或多个在空间有重叠的图形叠加，生成叠加图像。叠加进行图斑、属性重新划分，形成新的图层。叠加衍生出多种类型，有擦除、更新、识别等类型(图 1-7)。

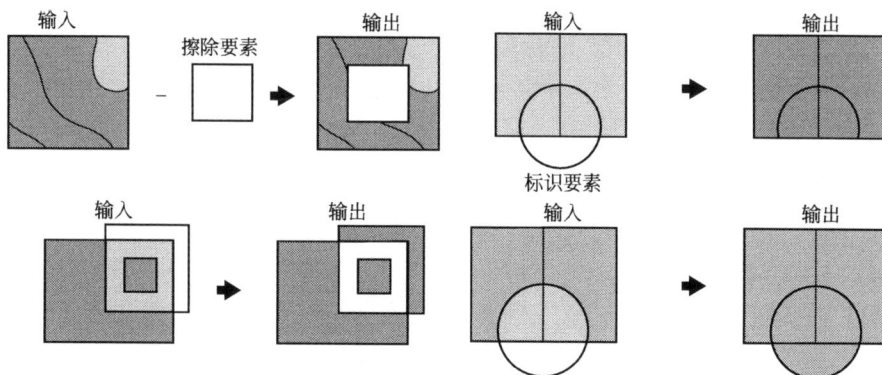

图 1-7　各种叠加类

对于属性叠加，以联合为例，形成属性表。记录为重新划分图斑的叠加两个图层的属性联合。例如，一个多边形图层为土地利用，另一个是土壤类型，联合后，图块进行穿插分割，形成新的多边形，同时生成新的属性。

1.3.3 地理网络分析

河流、管线一类地理事物在 GIS 中用线要素类型表示，线之间有相互连接和关联关系，形成一个网络系统。在 GIS 中，对于网络系统，有一种专门的数据组织方法，并按照运筹学的理论和方法，建立网络模型，用于地理事物的网络分析，例如可以建立道路、河流网络，解决相应的地理物流问题。

1.3.3.1 空间网络

在 GIS 中，网络被分为两种类型，一种是地理网络，一种是设施网络，设施网络也叫几何网络。两种网络的特征不同，地理网络不考虑流向，几何网络考虑流向。对于两种类型的网络，GIS 都提供了相应的分析工具。

纵横交错的道路、相互连接的河流、城市的地下管线等，都构成一个网络体系。对于 GIS，网络是一种数据组织体系，把具有网络形态的线和点数据组织成网络，用于进行网络分析。

对于分形计算，有一种同心圆法，利用网络分析方法，可以简化同心圆方法，并且能够为分析提供更加切合实际的结果。因为对于同心圆法分形计算，有时还要考虑沿道路的距离。GIS 网络分析有多种方法，分别针对不同的应用，其中与分形计算直接相关的是服务区分析和 OD 分析。

1.3.3.2 路径分析

路径指道路网络中，从一点出发，经过中间若干点，到达目的地的最优路径。对于道路纵横的城市，不相邻的两点之间一般有多条道路连接方法，而其中必有一条是最优的。

最优取决于考虑的因素。如距离最短，时间最短，费用最低，或者是一些结合形式，如费用低且路程短。这里，各种最优因子形成的结果不一定相同，如距离最短不一定用时最少。而对于结合的情况，其单个方面不一定是最优，但是是一种组合最优。例如，费用低但用时长，则费用稍微多一点又用时短就是一种最优策略。

需要明了的是，路径不仅仅针对道路，各种网络如给排水、燃气等，都可以采用网络的路径分析方法。

1.3.3.3 服务区分析

服务区是指一个服务对象在服务距离内的服务范围，与缓冲分析的区别是，服务区考虑路径距离，这个距离具有广义性，可以是道路长度、通行耗时等。

服务区以区域网络的某一点为起点，以给定距离计算从该点出发网络覆盖的区域，例如，网络上某一点的 5 分钟服务区包含从该点出发在 5min 内可以到达的所有街道。这里需要说明的是，虽然按照线路计算距离形成范围，但该范围是一个多边形，即把线路网络的外延连接形成多边形。

对于距离，可以设置阻抗，即沿线路运行的阻力。如对于城市范围，不同道路的交通行速不同，需要通过属性设置一个阻碍系数，参与优化计算。因为单纯从距离上不能反映线路运行的效率。

由 "网络分析" 创建的服务区还有助于评估可达性。服务区显示可达性随阻抗的变化方式。服务区创建好以后，就可以用来标识邻域或区域内的人数、土地量，或其他任何数量。一个服务区的分析图见 1-8，从图中可见，在不同的空间位置，服务区有不同的形状。

从服务区分析的结果形态来看，可以以类似的方法来分析城市服务形态，也可以作为点位空间分布结构的一种分形基础，如城市与周围村镇的分布结构。

1.3.3.4　最近设施

地理事物或属性在空间分布上互为相关，存在集聚、随机、规则、分布。Waldo Tobler 提出的地理学第一定律认为，"任何事物都相关，只是相近的事物关联更紧密"。[1] 这是对地理事物空间关系的重要描述。

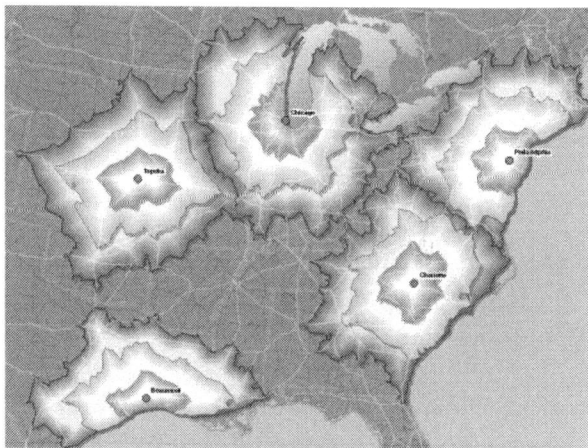

图 1-8　服务区分析

地理事物有一种空间相关性，最近设施分析就是分析这种相关性的一种方式[2]。所谓最近设施是这样一个概念，对于某种设施点位，距其最近的另外的设施点位在什么地方。例如，当发生一起车祸时，离事发点最近的医院在哪里？

最近设施分析的参数有设施点数选择，例如，可以选择最近的一个点、两个点或更多的点。对于分形分析，这种方法可以用来分析某种空间关联性。

1.3.4　几何网络分析

几何网络一般是一种有向网络，在这种网络中，网络流言特定的方向在网络中流动。以供水系统为代表，这种几何网络中包含源(水源)、汇(用户)和边线(管道线)，水从源中流出，沿着边线流入汇中。在这种网络中，可以分析网络流的状况，包括方向、流量、控制点等，其分析的目的和方法也与一般的地理网络不同。

1.3.4.1　几何网络分析类型

几何网络分析有上溯分析、下溯分析、上溯累积、上游路径、最短路径、环路分析等，这些分析具体见表 1-1。

几何网络分析 表 1-1

分析	应用
计算两点之间的最短路径	各种公用设施都使用这种分析方法来检查网络的逻辑一致性，并验证两点之间的连通性
查找所有连接或断开连接的网络元素	电力公司可以查看网络的哪个部分发生了中断，并据此确定如何重新连接该部分
执行网络环路分析或电路分析	可用于查找电路短路
源或汇设置后，确定边的流向	管理人员或工程师可查看沿网络边的流向，之后在进一步使用流向来执行特定于流的网络分析
从某个点向上游或下游追踪网络元素	自来水公司可在管道破裂时确定要关闭哪些水阀
计算从一个点上溯到另一个点的最短路径	环境监测站可进一步了解河流中的污染源
可从多个点上溯以查找所有网络元素，并确定哪些元素是这些点公有的	电力公司可通过客户因发现停电而打来的询问电话来找出最可能出现故障的变压器或线路

1.3.4.2 提取交叉点

几何网络分析作为一种数据处理过程，不仅可以解决专门的网络问题，也可以用于其他方面，这正是 GIS 技术特征所在，提供一种方法论技术。比如对于线，可以通过几何网络分析方法确定一些其他信息，如线的交叉点，交叉点链接线段的数量。这其实是基于网络分析的边与点之间的关系。

例如，陕北地貌分形研究课题的一点直观看法，认为居民地一般处于河流交汇区域，大的高等级交汇处为高等级居民地。河流交叉点并没有独立的图层，这是一种图元之间的几何拓扑连接关系。对于线的基本构成要素有链，链有端点，但是河流链的一般端点并不一定是河流交汇点。利用 GIS 的网络分析功能，建立网络数据集，其中的结点包括了线的交叉点，提取连接边数 3 个以上的结点即为交叉点。

1.3.4.3 几何网络分析分形应用

通过几何网络分析，可以作为河流网分形分析计算的基础和依据。如上的河流交汇点提取，也可以进行河流网络的分形指数计算方法。

1.3.5 栅格距离分析

对于栅格形式的数据，也可以有类似网络的一些分析，这种分析主要是与距离有关的一些分析，包括各种距离和方向分析，并且还可以考虑地形起伏状况对地形的影响。栅格距离分析有与矢量网络距离分析不同的特征和应用。

1.3.5.1 栅格距离

栅格有大小，栅格根据某种特征可以形成一个区域(Zone)，因此可以应用栅格数据进行距离计算。栅格距离包括欧氏距离、欧氏方向等。

栅格距离用来计算出跨越两位置间某表面或廊道的最短路径，从而使两组成本降到最小。距离面通常用作叠加分析的输入；例如，在栖息地适宜性模型中，与河流的距离对于亲水的物种可能是一个重要因素。

对于栅格距离，不需要有两点直达的线路，分析方法依据两点之间的栅格进行计算，因为栅格具有空间覆盖性，可以从一个栅格单元到相邻的另一个栅格单元，而具体到那个栅格单元，依据设定距离的栅格特征确定，如地形高程、坡度等。

1.3.5.2　欧氏距离

欧氏距离属于直线距离或者"沿直线"测量的距离。对于给定的输入要素，可以计算每一个像元与某要素的最小距离，图 1-9 是欧氏距离工具输出的一个示例，输出栅格中的每个像元都带有到最近河流要素的距离值。

可将"欧氏距离"作为森林火灾模型的一部分，其中给定栅格单元起火的概率是到当前燃烧栅格单元距离的函数。

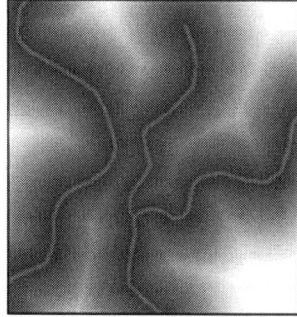

图 1-9　欧氏距离

1.3.5.3　成本距离

欧氏距离是一种单纯的空间距离分析，在应用实践中，需要考虑距离的成本，毕竟不同的距离，花费的成本不仅与距离大小有关，而且与一些其他因素有关，例如，对于物资运输，下坡方向比上坡方向更容易。

与欧氏距离不同，成本距离可以根据成本(例如，能量消耗、实施难度或安全性)进行衡量，并且行程成本可能随地形、地面覆盖物或其他因素而变化。这里的权重用栅格值表达。

当给定一组点，便可通过欧氏分配对点间的区域进行划分，这样，输出的每个区域均将包含最接近某给定点的所有区域。但是，如果点间行程成本因点间区域的某些特征而有所变化，则从行程成本的角度来看，给定的位置可能更接近其他某点。在某种程度上，这种方式比使用直线处理距离更复杂，但为跨越不均匀表面的运动建立模型时却非常有用。

1.3.5.4　路径距离

路径距离是成本距离的一种扩展，它考虑的不是直线距离，而是沿路径的距离，路径可以有弯曲。在分析中它不仅可以使用成本栅格，还会将越过山体时的额外行进距离、上下各山坡的成本以及水平方向某个额外成本因素考虑在内。

例如，某狭长山谷中的某两个位置之间的距离可能比其中一个位置与下个山谷中某一类似位置之间的距离大，但山谷内地域穿越总成本可能要比越过山体的总成本要低很多。影响此总成本的因素有多种，例如：穿过山腰上的灌木丛要比穿过山谷中的草地更困难；在山腰上逆风而行要难于顺风而行，而在山谷中无风而行则会更加容易。由于越过山体会产生上下移动的额外行程，所以该路径要长于路径两端点间的线性距离。

1.3.6　邻近分析

地理事物之间的一种关系是邻近性，邻近性是一种定性表述，在 GIS 中，可以通过邻近分析进行定量表述。通过邻近性分析，识别非接触情况下地理事物之间的空间关系。邻近性是地理空间事物的一种关系和联系，空间上相互邻近的事物之间就有一定的相互作用与影响。

1.3.6.1　邻近问题

地理信息应用经常会遇到这样一类问题，就是"什么在什么附近"，"在什么就近处有哪些事物"等，这类问题就是邻近性问题。邻近是一种空间关系，通过图元的空间接近性来识别。邻近性的情形有：

（1）据某点最近的公交站点有多远？

（2）距离某条溪流 1000m 之内是否有道路通过？

（3）两个位置之间的距离是多少？

（4）距某物最近或最远的要素是什么？

（5）一个图层中的每个要素与另一图层中的要素之间的距离是多少？

（6）从某个位置到另一位置最短的街道网络路径是哪条？

邻近性问题是一种常见问题，在 GIS 中通过邻近分析实现。

1.3.6.2　邻近分析

邻近分析也称为邻域分析，用于确定一个或多个要素类中，或两个要素类间的要素邻近性。借此识别彼此间最接近的要素，或计算各要素之间的距离。在搜索半径范围内，确定输入要素中的每个要素与邻近要素中的最近要素之间的距离，包括点与点之间、点与线之间、线与线之间等的邻近性，见图 1-10。

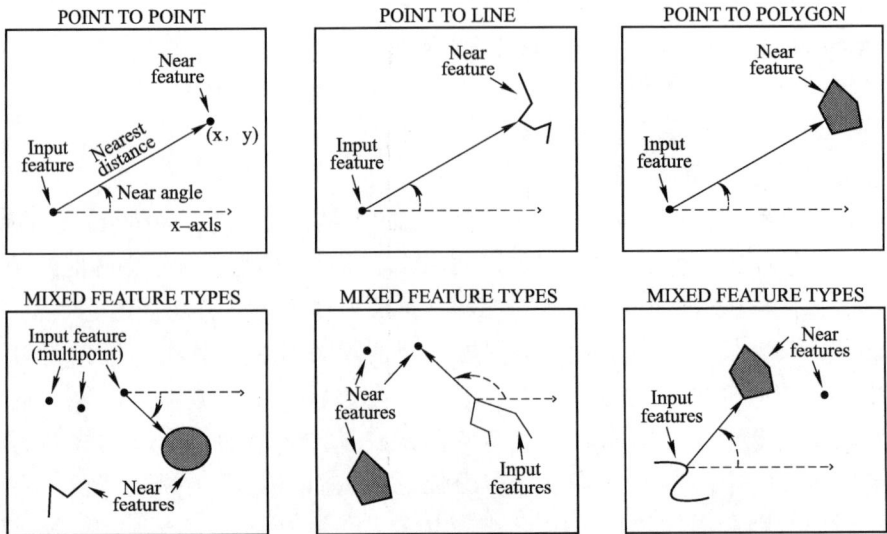

图 1-10　邻近度分析的各种情况

邻近分析工具可计算一个要素类中各点与另一要素类中最近的点或线要素之间的距离。使用近邻分析可查找距离一组野生动物观测站最近的河流或距离一组旅游景点最近的公交车站。近邻分析还会添加"要素标识符"和最近要素的坐标及与该最近要素所成的角度。

邻近分析也可以扩展到三维空间。对于三维数据，通过要素的邻近分析，确定在一定距离范围内的其他要素。

1.3.6.3 邻域分析与缓冲分析

在 GIS 中，有许多用于邻域分析的方法，在邻域分析中能够通过这些方法进行邻近性关系挖掘。其输出带有缓冲区要素或表的信息。

近邻分析可计算一个要素类中各点与另一要素类中最近的点或线要素之间的距离。使用近邻分析可查找距离一组野生动物观测站最近的河流或距离一组旅游景点最近的公交车站。近邻分析还会添加"要素标识符"和最近要素的坐标及与该最近要素所成的角度。

图 1-11 是显示河流要素附近的点的示例。根据与河流的距离使用分级色彩对这些点进行符号化，然后用距离值对其进行标注。

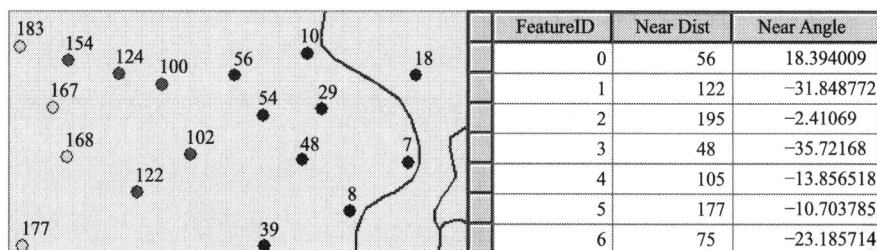

FeatureID	Near Dist	Near Angle
0	56	18.394009
1	122	−31.848772
2	195	−2.41069
3	48	−35.72168
4	105	−13.856518
5	177	−10.703785
6	75	−23.185714

图 1-11 河流要素附近点示例图

点距离可计算一个要素类中各点与另一要素类中指定搜索半径内所有点的距离。此表可用于统计分析或连接到其中一个要素类，从而显示出与其他要素类中各点的距离。

使用点距离工具可查看两组事物间的邻近性关系。例如，可能需要比较表示多种类型的企业(如影剧院、快餐店、工程公司和五金商店)的一组点与表示社区问题(乱丢废弃物、打碎窗玻璃、乱涂乱画)所在位置的另一组点之间的距离，可将搜索限制为 1km 来查找局部关系。将生成的表连接到企业和社区问题属性表，然后计算出企业类型与社区问题之间距离的汇总统计数字。可能会发现一些数字对比其他数字对具有更紧密相关性，可将该结果用于安排公用垃圾桶或巡警。

图 1-12 为点距离分析的示例。一个要素类中的每个点均指定了 ID、到另一要素类中最近点的距离及与这些点的相对方位。以下是点距离表，它与一组点连接，用于选择最接近于点号为 55 的点。

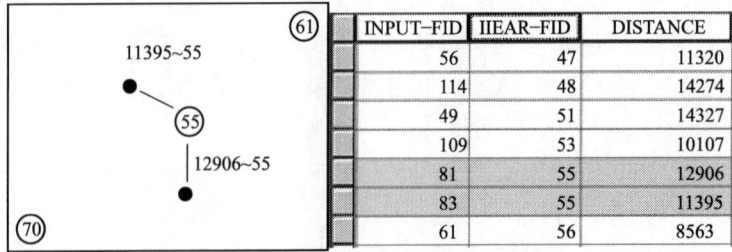

INPUT–FID	IIEAR–FID	DISTANCE
56	47	11320
114	48	14274
49	51	14327
109	53	10107
81	55	12906
83	55	11395
61	56	8563

图 1-12　点间邻近分析

近邻分析和点距离均会将距离信息返回为数值属性，不同的是，对于近邻分析，将返回到输入点要素属性表中，而对于点距离，则返回到包含"输入要素"及"邻近要素"要素 ID 的独立表中，这是因为，近邻分析值考虑最近的距离，可以与要素建立一一对应，但是对于点距离，是多对多关系，难以进行一对一的属性记录表达。

通过创建泰森多边形创建的多边形要素可对可用空间进行划分并将其分配给最近的点要素。该结果与基于栅格的欧氏分配工具生成的结果类似。泰森多边形有时会用于替代插值操作，以便将一组样本测量值概化到最接近他们的区域。泰森多边形有时也称作"邻近"多边形。这些多边形可看作为点建立聚集区域的模型，因为任意给定多边形内部的区域比其他任何区域都要接近该多边形的点。

1.3.6.4　邻近分析分形测度

在分形计算中要用到的一个方法是同心圆方法，就是以一点为中心，绘制同心圆，计算不同圆之间的目标数量，然后进行分维数计算。用 GIS 进行这种分析可采用缓冲分析方法，可以采用多环缓冲，也可以用程序生成同心圆，然后进行目标裁剪，再进行数量统计。

对于这种分形分析的数据处理，采用邻近的方法效率要高得多，这种分析不用生成一个新的图层，而是形成一个数据表，其间记录中心点到每一个目标点的距离，可以通过表计算方法进行点位统计，计算分维数。

1.4　地理数据处理技术

GIS 技术提供了丰富的数据处理工具，可以用来进行图形、属性数据处理。对于分形分析，虽然是一种专业的特殊的分析计算方法和技术，但数据处理仍为一般的基本的方法和过程。对于地图数据处理，通过 GIS 技术，提供用于分形分析的基本数据。

1.4.1　栅格运算

栅格运算以矩阵运算为基础，这种矩阵运算比代数矩阵运算更宽泛，因此有更多的更灵活的运算计算方法和工具。

1.4.1.1　栅格运算原理

栅格构成矩阵数据，从矩阵角度栅格运算类型有方程组系数矩阵的运算法则，在乘法运算中，要求前行等于后列的条件，因为乘法是用前一矩阵的行元素与后一矩阵的列元素相乘，元素数量必须对应。

对于图像形式的栅格数据，一般的运算要求矩阵大小完全相同，在 GIS 中，还要求坐标位置一样。因为在 GIS 中以及一般的图像处理中，多数的运算是一种对位运算，即用一个栅格与另一个栅格进行数学运算。当然，具体的技巧中，可以把矩阵运算变为各种形式。例如，给一个栅格加减一个值，当于用该值生成一个与运算矩阵大小相同的同值矩阵，然后进行对位相加减运算。

1.4.1.2　算数运算

算数运算为四则运算，其实对于矩阵运算，如果直观的认识，栅格型矩阵的算数运算是一种对位运算，也就是不同矩阵相同位置数值的运算。式 1-2 是一个矩阵的加法。

$$\begin{bmatrix} 3 & 6 & 4 & 9 \\ 4 & 6 & 3 & 6 \\ 1 & 5 & 8 & 0 \\ 9 & 5 & 3 & 2 \end{bmatrix} + \begin{bmatrix} 9 & 4 & 4 & 9 \\ 6 & 5 & 1 & 8 \\ 3 & 6 & 6 & 5 \\ 3 & 2 & 3 & 5 \end{bmatrix} = \begin{bmatrix} 12 & 10 & 8 & 18 \\ 10 & 11 & 4 & 14 \\ 4 & 11 & 14 & 5 \\ 12 & 7 & 6 & 7 \end{bmatrix} \tag{1-2}$$

从运算式可见，所谓对位运算就是相加矩阵同位置的元素相加运算，结果是一个同样大小的矩阵。

矩阵的四则运算不过是同位元素的四则运算，写成矩阵感觉表达复杂，其实容易理解。矩阵运算可以写成一般式，其中用中括号"［］"代表矩阵，字母代表矩阵元素，i、j 为元素位置，这样矩阵及其运算的简化表达如式 1-3。

$$[A_{ij}] + [B_{ij}] = [C_{ij}] \tag{1-3}$$

1.4.1.3　关系运算

关系运算是一种矩阵数据的关系运算。关系运算符有大于(>)，小于(<)，等于(=)，大于等于(≥)，小于等于(≤)和不等于(≠)几种。表 1-2 为栅格运算类型。

关系运算   表 1-2

算术	关系		逻辑
/除	==（等于）	！=不等于	& 布尔与
*乘	>大于	>=大于或等于	｜布尔或
-减取反	<小于	<=小于或等于	^布尔异或
+加			~布尔非

具体的运算是一种关系比较，而结果用真假表示。从值上，真用 1 表示，假用 0 表示，这样可以把一种真假字符结果表达为数值。例如，对于一个矩阵，对于一个缺点值 V，取≥V，则矩阵中凡是符合这个条件的矩阵位置取真值 1，否则取假值 0，形成一个新的矩阵。

对于栅格数据，结果形成一个新的栅格数据图层。这种运算方法用于提取栅格的特征值区域，例如，对于地形坡度栅格，提取坡度≥30°的区域，生成 30°以上的坡度图。

1.4.1.4 逻辑运算

逻辑运算是集合间的并、交、差运算，这是另一种真假运算方式。逻辑判断的法则是：对于 A、B 两个集合，有与（and）、或（or）、异或（xor）运算，有如下法则：

And：与运算。只有同为真时才为真，近似于乘法。

Or：或运算。只有同为假时才为假，近似于加法。

Xor：异或运算。相同为假，不同为真。

对于逻辑计算，有简单的记忆方法，就是：真真得真（与运算），假假得假（或运算），同假异真（异或运算）。

对于栅格数据，进行同为元素比较，按照上述法则决定结果，结果为 0 或 1。矩阵逻辑运算的一些示例见图 1-13。

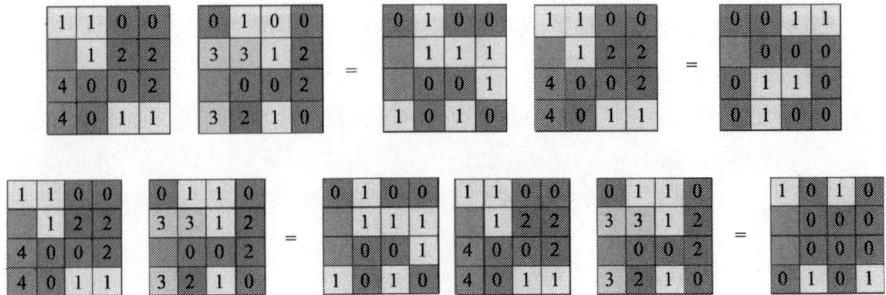

图 1-13　逻辑运算示意

1.4.2　地图代数

"地图代数"是一种简单而强大的关于地图的代数处理语言，在 ArcGis 中，地图代数用以操作空间分析的各种工具,并且已经集成到系统脚本语言 Python 中,因此,Python 和 ArcPy(为 ArcGis 开发的 python 脚本模块)的所有功能及其扩展(模块、类、函数和属性)均可供使用栅格计算器工具可执行"地图代数"表达式。此工具具有易于使用的计算器界面。

1.4.2.1　地图代数概念

代数顾名思义,就是用字母代替数字进行的运算,常见的两数和平方公式:

$$(a+b)^2 = a^2 + 2ab + b^2 \tag{1-4}$$

代数用字母代替运算,运算结果带入数据。地图代数是针对栅格数据。地图代数是代数方法用于地图图形的方法。直观地理解,在代数上,用字母代替数字进行运算,在地图代数中,用地图图层作为参变量进行计算。例如,对于两个栅格图层,可以有四则运算,对于两个图层相加,表达式为:

$$mapA + mapB = mapC \tag{1-5}$$

从运算角度,可以有四则算术运算、函数运算等,因此这类表达式完全是一种代数式,但是参与运算的对象是地图图层。

1.4.2.2　地图代数应用

在 GIS 中,利用地图代数,可以提高运算的速度和效率,尤其在 python 脚本环境中,地图代数可以在脱离软件界面环境下,通过脚本操作实现。

地图代数中的输入可以是简单的栅格或者属性数据集,操作可以是对每一位置乘以一个变换因子;或者输入可以是一系列的栅格或矢量数据集,操作可以是三个栅格数据集或者层的叠加。地图代数也允许用户创建复杂的表达式并把其作为一个简单的命令处理。例如,可以应用一个简单的表达式寻找高程范围满足要求的所有栅格单元,执行单位换算,如从公里到米的转换,并且计算每个栅格单元的坡度。这个表达式表示如下:

```
Elev_meters=Elev_feet* 3.2808          化英尺为米
Rain_total=Rain_April+Rain_May+Rain_June    几个月份降雨量之和
Outgrid=(Con(elevation>1000, Slope(elevation*3.2808))特定高程和坡度
```

代数运算在具有某个运算的集 M 中,任意两个元素通过这个运算仍得到 M 中的一个确定元素,称这个运算为 M 的一个"代数运算"。

1.4.3　数据转换

数据转换有广义和狭义之分。广义的转换是把一种数据转换为另一种,狭义的为数据格式转换,在 GIS 中,可以把矢量转为栅格,也可以把栅格转为矢量,还可以把线转为面,把面转为线等。对于栅格和矢量数据的相互转换,是分形测度的重要操作手段。

1.4.3.1　栅格盒子

栅格数据是把图形范围划分的规则格网单元,矢量数据是空间连续的要素,

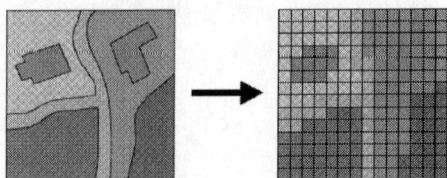

图 1-14　矢量转栅格

二者之间有一定的空间对应性，在一些应用中，需要进行这两种类型转换。对于矢量数据，通过格网可以分割为格网中的小段，把这些小段用栅格数据表达，就是矢量转栅格的基本原理。要素转栅格的直观表达见图 1-14。

1.4.3.2　矢量转栅格

分形分析中有一种盒维数方法，就是把测度对象用盒子划分。栅格数据与盒子具有一致性。在分形测度中，可以通过要素栅格化，并进行栅格单元分类数量统计。矢量图可以转为栅格图，在分形测度中，利用这种转换转为矢量图形的盒维数测度计算方法。

矢量转栅格的特征是，对于矢量图，转换栅格时选择一个字段，则按照该字段对转换的栅格图元赋属性，工具界面和示例属性表如图 1-15。

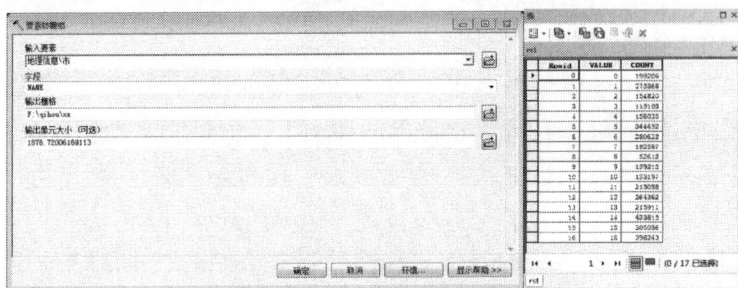

图 1-15　栅格盒子的 GIS 生成和属性表

1.4.3.3　栅格转矢量

在地图应用中，栅格数据与矢量数据分别具有不同的特征和用途，因此在应用中经常需要进行两个格式的相互转换，因此有时也需要把栅格转为矢量，分别转换为点、线、面类型。在分形测度的水文分析中，需要把栅格河流转换为矢量河流。

本章小结

本章介绍了分形理论基础与分形分析有关的一些 GIS 技术和方法，主要是关于数据处理和分析的内容，作为分形分析和数据处理的技术基础。GIS 技术是关于地图信息分析和地图数据处理的重要技术和方法，对于分形分析计算，GIS 是非常重要的工具。通过该技术进行地图分析和数据处理，获取分形计算所需要的基本数据，作为分维数拟合的基础。

参考文献

［1］Tobler W. On the First Law of Geography：A Reply ［J］. Annals of the Association of American Geographers，2004，94(2)：304-310.

［2］李小文，曹春香，常超一. 地理学第一定律与时空邻近度的提出 ［J］. 自然杂志，2007，29(2)：69-71.

第 2 章

GIS中的分形测度

测度就是对对象进行的量测，以获得测度对象的某种现象或特征。定于测度的一般认识是，通过对对象的辨识，获取对象某一方面的性质或特征，因此不局限于狭义的尺度长度面积等的度量。例如对于遥感图像的解译，也可以认为是一种测度方法和过程。分形用分维数反映，分维数通过测度进行计算。对于地貌、河流、水文分形计算，采用测度理论。本章介绍各种分形测度和计算的技术方法。

2.1 各种分维数

在分形理论中，分形维数实际上是用来描述客体形状、结构、功能复杂程度的概化指标，其定义形式多样，有各种分维数表示方法，如 Hausdorff 维数 Dh、信息维数 Di、关联维数 Dg、相似维数 Ds、容量维数 Dc、谱维数 Df、填充维数 Dp、分配维数 Dd 等。不同的分维数适应不同的对象，有不同的意义以及采用不同的测度和计算方法。

2.1.1 维数测度

维数是通过测度得来的，不同的维数有不同的测度方法。通常的认识，测度能够获得对象的确实值，至少是相当精确的近似值，但是，从分形的观点，对象的测度与测尺大小有关，不同尺度的测尺，测得的结果不同，并且不同尺度测得的结果差异较大，同时，这种差别不是误差问题，而是分形的特征。

2.1.1.1 一个测度问题

对于一个几何体，通过测度获得尺度，按照分形观点，采用不同的尺度进行测量，获得不同的结果。尺度只能通过测量获得，也就是说，在没有测量之前，是不知道数量。如果进行实地测量则结果又如何？这里又有一个问题，用多长的尺子，意思是尺子的基本长度是多少？这有关系吗？从一个示意图来看（图 2-1）。

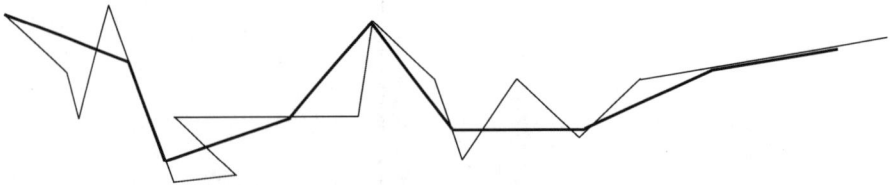

图 2-1　长度测度

图 2-1 中，红色线条作为测尺，对弯曲的蓝线进行测度，由于测量对象的线条弯曲性，因此任何特定测量单位的尺子在弯曲位置测得的都不是曲线长度，

而是弓形直线长度，显然测得的数量比实际数量要少。在线的测度中，不管用多大的测尺，都有这个特征。这样，就得出一个结论，对于曲线，特定长度的尺子测量的长度都小于实际长度。并且这个测得长度与尺子长度有关，尺子长度越小，测得的长度越大，由此得出第 2 个结论，随着尺子长度减小，测量长度增长。如果用数学方式推论，当尺子长度趋向于无穷小时，测得的长度为 ∞，这真是一个不可思议但逻辑无误的结论。

2.1.1.2　尺度的分析

分形测度的一个案例是对海岸线的测度[1]，海岸的长度不可能无穷长，即使从数学角度，虽然尺子和长度具有反比关系，但是，存在一个极限，这个极限就是海岸线的实际长度。但是，这个长度用尺子量不出来，那么问题出在哪里？应当怎么办？如果边长都无法准确测量，以之为基础的面积、体积就更无法测量。这是一个问题。

这个问题既然与测量有关，因此需要从测量角度进行分析。要解决这个问题，需要有新的理论和方法，这就是分形理论。分形理论在 1975 年被理论完善，形成分形理论和方法体系。

对于客观世界的了解，测量是基本方法，而测量都假定被测对象为标准形式，从几何角度，把测量对象归结为标准形状，一般是直线、矩形、立方体、球体等。

由海岸线长度问题可知，问题源于长度。线的长度与尺子长度有关，不同的长度量出不同的结果。这使测量问题复杂化，对此进行分析，发现问题是尺度与被量线段的重合性问题。如果给尺段一个折算值，让一个尺段的量测长度按比一个尺段长度长的数字计算，可以把省略的弯曲弥补出来。

这样的长度弥补会因线而异。根据线测量的情况，在面测量和体测量中都存在类似问题，因此，这个弥补需要有理论性的依据，并且对被测量目标有科学的解释，这种解释就是分形理论和方法。

2.1.1.3　测尺长度和测度数量

对于分形分析，一定要清晰这样一个概念，测得的结果是数量，是以测度码为单位的。例如，在对一段线进行测量时，用一把尺子量得为 n_1 个段，用这把尺子的一半度量得到 n_2 个段，显然，n_2 可能几乎是 n_1 的一倍，而不是化为具体的长度度量单位如 km、m 等。即不是具体的单位。

用具体单位，假设对一条曲线进行量测，用 10m 长尺子测得 10 次，设测得结果大约 100m，用 5m 尺子测得 20 多次，长度仍为 100 多米，这样就无法构成分维数计算。等于分维的测度，是用 10、20 次作为测度长度计量结果。

2.1.1.4　测度对象的图形类型

对于分形测度，以图形为基础，对于图形分为点、线、多边形和体 4 种类型。对于测尺，一般为规范的形状，对于线是直线段，对于面是正方形，对于体是正立方体。测度过程直接按照图形覆盖数量记录，而不使用哪怕是简单

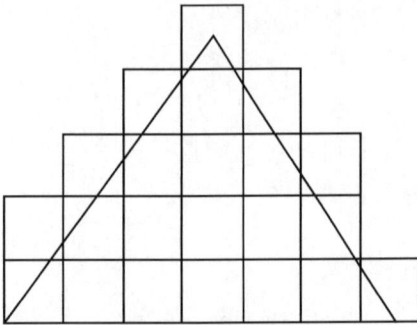

图 2-2　图形测度

的几何计算。例如，对于一个三角形，不是用底长×高/2 的公式计算面积，而是用正方形覆盖量算面积(图 2-2)。

其中，对于线用长度单位，线的分维数在 1~2 之间；对于多边形，用面积单位，分维数在 2~3 之间，对于体，用体积单位，分维数在 3~4 之间。

对于点的测度，一般考虑点的密集和邻近性，点的维数在 0~1 之间，采用覆盖方法。

2.1.2　对分维数的直观认识

对测量的认识就是用单位尺度对被测量对象进行度量，度量的次数即为结果。在这里有两点要明确，一是实际的度量可以采用逻辑的数学的推算方法，关于复杂形状的度量计算公式就是这种情况，例如球体的表面积和体积。这种计算并没有脱离实际测量的基础；另一方面，测量的结果是尺段数量而不是度量数量，这样便于分维数计算。

2.1.2.1　一个实际测度模拟

从测量的观点，假设有一个不规则多边形(图 2-3)，用一个单位的正方形度量，假设量的数量为 30，即面积为有 30 个单位正方形。现在，把正方形长度折半，如果是规则的图形如矩形，按说应当有 $30 \times 2^2 = 120$ 个这样的正方形数量，而实际上数量可能却是 100 个，因为尺度缩小后，原来的一个正方形中多边形的范围不是 4 个，而是少于 4 个，出现了空白，因此计算式变为：

图 2-3　测度对象

$$30 \times 2^{a_0} = 100$$

再把正方形边长折半，应有 400 个，实际有 330 个，则有：

$$100 \times 2^{a_1} = 330$$

类此，得到一系列指数，用序列表示为 a_0，a_1，……a_n，这些尽管数值不同，但差别很小，可以求出一个平均值，这里采用最小二乘法计算得到统计值。假设得到的平均值为 a，则 a 为这个特定形状测度的计算方式。基于此，不论用什么长度的尺子，测度结果都接近用 a 作为指数的计算结果。

2.1.2.2　分维表示

对于上述 a，这指数不是 2，而是处于 2~3 之间，这个指数不再是整数，而是小数，小数与分数是等价的，因此把这种指数用分数表述，相应的维数称为分数维。在指数计算中，分数作为指数，用分子作为乘方，用分母进行开方计算。这是与整数维的乘方不同的。用分维的观念，有：

$$D = \lim_{r \to 0} \frac{\ln L}{\ln \frac{1}{r}}$$
（2-1）

这是分维度量最初和最基本的方法。对此的更直观的认识是，曲线与直线应当是有区别的，从维数上来看，曲线的维数介于 1 到 2，即比直线复杂但达不到面的情况。反复折叠紧密邻接的曲线可以看成一片，就具有面的特征，但是是由线构成的。这样，把线到面的过渡从逻辑上用分维数联系起来。

对于一个标准的正方形，它的面积是边长的平方，对于一个不规则多边形，它的面积若用"边长"表达，是一个介于 1~2 的一个指数。

规范的分形，是指任何尺度下，数量与测尺长度的关系都是一个确定值，但是，一般的分形并不是规范的，因此用统计方法计算。

分维数表达了这样的一种思想，对于一个数列，以分数描述系列数量关系。这种数列关系的客观基础就是实物的构成状况。

2. 1. 2. 3　对分维图形的理解

分维数是一个分数，对于一个不规则的多边形，分数指数的含义表明这个图形形状不是规则矩形，而指数（分维数）越接近 2，表明该图形形状越接近矩形。类似地可以理解面和体。

对于点，既无长度，又无大小，没有基本的比较对象，按照线、面分维特征进行推导分析计算，一般采用覆盖方法。

2. 1. 2. 4　分维数的讨论

分形体是这样一种形态，它以一种非常规维数作为变化指标。例如，对于一个立方体，由于不是标准形状，边长取半得到不是 8 个，而是比 8 个小。因此它不是立方的，但比平方大，是介于二维到三维之间的形状。

2. 1. 3　Hausdorff 维数

分形的重要特征有两个，一个是自相似性，另一个是标度不变性[2]。自相似性指整体和它的部分具有相似性。例如，花椰菜整体与掰开的一部分是相似的；标度不变性简要地说如果不指出比例，从形态上无法分辨一个形态是局部与整体。Hausdorff 是计算这种分维数的一种方法，它用来建立测尺与测数之间指数关系。

2. 1. 3. 1　测度理论

对于一个图形，用一把长度为 r 的尺子测量，测得的结果是测尺数量，对于长度，测得数量 N 与尺度大小的关系是：

$$N(r) = L/r \sim r^{-1}$$
（2-2）

式中　r 为测尺长度；

N(r) 为对应的数量。

即长度测度数量在 L/r 与 r^{-1} 之间。

对于面积，有：

$$N(r)=L/r^2 \sim r^{-2} \tag{2-3}$$

即面积测度数量在 L/r^2 与 r^{-2} 之间。

对于一个几何对象，用同维"尺"度量，得到确定数值 N，尺大小不同，对应的 N 值不同，但都有确定的值。若用低维度尺度量，即若用长度量测面积，则结果为无穷大，用高维度尺子测量低维度，则得到 0 值，如测量一条线的面积或体积。

分形理论把这种情况协调表达，形成一个基本表达式：

$$N(r)=L/r \sim r_H^{-D} \tag{2-4}$$

即对于一个对象测度，测度数量在 L/r 与 r_H^{-D} 之间。其中 D 为分数。

对(2-4)取对数化简，取 r 为无穷小，则有：

$$D_H = \ln N(r)/\ln(1/r) \tag{2-5}$$

D_H 为 Hausdorff 维数。这个维数作为分形测度的一种理论和方法。

2.1.3.2　线构成的面

传统几何上，对线段度量用一维线，对面积丈量用二维线，对体积度量用三维体。但是对于曲折的线如皮埃诺曲线（图 2-4），可以是充满区域的一个面。皮埃诺曲线可以推广到三维，这就出现了一个问题，用一维可以表达任意维，即从维数上，一维空间与 n 维空间无区别，这与基本认识不符，需要考虑一种解决途径。这就是分形理论面对的基本问题。

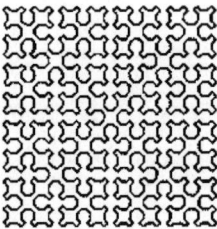

图 2-4　Peano 曲线

2.1.3.3　测度图形覆盖

测度的方法，实际可以从覆盖角度理解，对于一个测度对象，用规则尺度形成的规则图形进行覆盖，对于形成完全的覆盖时所需的规则尺度对象数量，作为测度数。这里的完全覆盖是指数学上的充要条件下的数量，一定需要这些数量并且仅仅需要这些数量。用规则图形在于便于计算，例如用正方形覆盖不规则图形进行的测度。

从数学上，这里涉及集合概念。对集合的描述是，若 U 是 n 维欧氏空间 R_n 的任意非空子集，U 的直径定义为 $|U| = \sup\{|x-y|; x, y \in U\}$，即 U 内任意两点的距离的最大值，式中的 sup 是上确界的缩写。若 $\{Ui\}$ 是直径至多为 δ 的且覆盖 F 的一个可数（或有限）集族，即 Fi，Ui 且对每个 i，$0<|Ui|<\delta$，就称 $\{Ui\}$ 是 F 的一个 δ 覆盖。

2.1.4　信息维数

信息维数是一种重要的分维数，它与一般的分维测度的区别是考虑了测度对象的信息状况。比如，对于等高线的盒子测度，在一个盒子中可能有多条线，在有些盒子里可能只有一段线。对于点的覆盖，也有类似情况。信息维数考虑了这种区别。

2.1.4.1　信息维数概念

信息维数是几何形态不均匀程度量的特征，是描述事物分形特征的一种分维数。任何生物物质形态(脏器、蛋白质或 DNA 等)的信息维都可能成为临床鉴别诊断的特征指标，它是近年来形态量化的病因学研究的内容之一。

信息维数是计盒维数的推广，在对种群格局实施网格覆盖的过程中，计盒维数只考虑了每个格子中是否有个体存在，而对每个非空格子中到底有多少个体未予区分。信息维数则进一步考虑到了这一点，它将每一格子均给出一个概率密度，进而通过信息量公式给出每一尺度与对应信息量的幂律关系。

2.1.4.2　信息维数计算

以一个流域的地貌形态特征信计算为例[3]，了解信息维数及其计算问题，具体公式有如下：

$$D_i = -\lim_{r \to 0} \frac{\ln\left\{P \times \sum_{i=1}^{n} P(i) \times P'(i)\right\}}{\ln r} \qquad (2\text{-}6)$$

式中　D_i——流域地貌形态特征信息维数；

　　　　r——盒子边长；

　　　　n——流域中一个盒子中最大可能出现的非零 cell 数量；

　　　　P——流域单位面积内包含的盒子数；

　　$P(i)$——扫描中包含 i 个非零 cell 的盒子出现的概率之和；

　　$P'(i)$——指一个盒子内出现 i 个非零 cell 的概率。

在具体计算中，中 P，$P(i)$，$P'(i)$ 的计算为：P＝包含非零 cell 的盒子总数/流域面积，$P(i)$＝包含 i 个非零 cell 的盒子数之和/包含非零 cell 的盒子总数，$P'(i)$＝一个盒子内出现的 cell 数量 i/一个盒子的面积。文中 FID 表示分形信息维数的英文缩写，而 D_i 表示 FID 的计算值。

从公式和计算方法来看，对于具体测度，如盒子测度方法，把河流线用盒子分割，每一个盒子中的河道数量或长度不尽相同，需要计算出每个盒子中的河流状况，以此进行概率计算。

2.1.4.3　信息维数意义

对于测度，一般并不考虑细节，这样的测度不能充分反映细节情况。例如，按照一般的盒维数测度方法，对线目标进行测度，一个盒子内只要包含线段，就认为是属于一个线段单元，而不考虑在盒内线的具体状况，是对角线状，还是跨对边形状，甚至是跨一个角的极小一部分。对于信息维数，就要分别这种状况，通过信息维数计算，对于盒子内的状况予以分辨。

2.1.5 关联维数

关联维数是指分维数之间的关联关系计算的维数，对于多边形，边作为曲线具有分维特征，多边形作为面也是分维的，而根据分维测度关系，二者之间有关联性，因此通过这种具有关联关系的图形的分维数，进行相关图形分维数计算。

2.1.5.1 关联维数概念

对于几何形态，可以以边界作为对象进行分形分析，也可以以多边形作为对象进行分形分析。如图2-5，对于一个岛屿，可以测算其周长分维数，也可以测度其面积分维数，对于同样的尺度，这两个分维数之间有一定的关联关系。这样，可以建立两个分维数之间的关系。

具体的计算，可以计算周长分维数，也可以计算面积分维数，还可以通过面积或周长分维数来推算相关的周长或面积分维数。

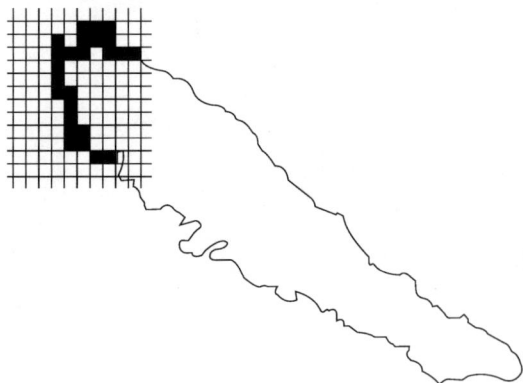

图2-5　岛屿的周长与面积分形测度

2.1.5.2 关联维数测度方法

关联维数的测度方法，按照图2-5的原理，在GIS中，可以通过矢量数据栅格化实现。对于多边形，可以分别对边界和面域测度。按照关联维数的概念，把多边形的边界和内部分开，这样在GIS中，数据处理就要有一定的处理策略，因为多边形本来作为一个整体，可以不用分开边界。

不用分开边界采用通常的方法计算分维数。若要分开边界，则需要对多边形和边界分别栅格化后，在多边形中消除边界部分。另外还有一个问题，就是对面积进行测度时，是否一定要排除边界部分？这是一个要考虑的问题。

2.1.5.3 边界对面积分维数的影响

去掉或保留边界，对于多边形分维数有没有影响？有什么影响？可以通过逻辑分析研究。对于一定尺度的测度，边界有若干栅格单元，测度数量与不考虑边界时不同，但是不同的尺度都会有增加，对于用不同尺度与测得的数量在对数直角坐标系中，二者作为点位，其分布在一条直线附近，这条直线的斜率就是分维数。而边界点的有无，应当不影响斜率。

2.1.5.4 关联维数参与量计算问题

对于一个区域，可以把不同的图斑采用不同的代码，在GIS中，分别把边界(线)和区域(面)转为栅格,然后进行周长与面积的分维数计算,见图 2-6,左边为图形,这实际是山东省分布图,右边为对应的属性表。

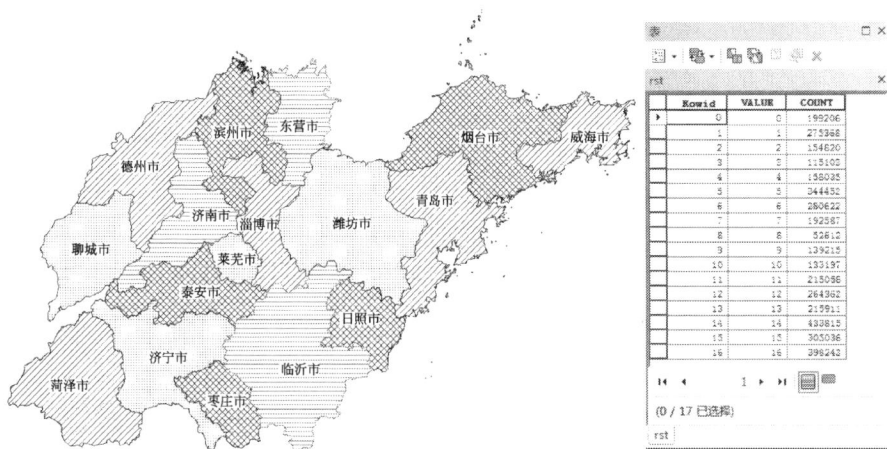

图 2-6　用 GIS 进行区域边界和面积计算示意

在 GIS 中,通过属性表字段进行栅格单元分类统计,并且提供了对于属性字段的各种统计计算方法。

2.1.6　相似维数

从分形角度,部分与整体相似,对于计算分维数,有一种相似维数方法,就是对图形用缩小方法度量,度量结果从分维数方面表现为相似性。

2.1.6.1　相似维数原理

欧氏几何中,把线段、正方形和立方体的边二等分,则线的长度成为 1/2 长度的两段,正方形是这一半长度构成的 4 个小正方形,立方体成为 8 个 1/2 长度构成的小立方体,其数量用数学方式表达分别是 2^1、2^2、2^3,这里的指数为维数,并且是整数,这与经验值是一致的。

从科学角度,任何新的研究发现,其结果必须符合通常的认识(除非这些认识是错误的),因此,爱因斯坦力学是对牛顿力学的修正,但是在低速条件下,又退化为牛顿力学;海岸线丈量的研究突破了传统理解,最终通过分维丈量方式,与传统认识一致。

花椰菜的一部分与整体具有相似性,从这个观点,客观世界的很多事物具有这种整体与部分相似的特征。在沙漠中,有沙丘链,沙丘链由沙丘构成,沙丘有与沙丘链相似的特征,而沙丘上有沙波纹,又与沙丘相似。这种相似性就是分形的认识基础。

2.1.6.2　相似维数计算

对于用一维复杂的线表达面,从分维上也需要有接近常规的维度解释。于是分维理论提出了一种相似维数。其思想是，把图形缩小 $1/a$，则图形整体由 b 个相似缩小图形组成，则有：

$$b = a^{D_s} \tag{2-7}$$

这里，D_s 为相似维数，两边取对数后计算相似分维数，有：

$$D_s = \frac{\ln b}{\ln a} \tag{2-8}$$

式 2-8 称为分维数计算的一般方式。对于皮埃诺曲线，它是由全体缩小 $1/2$ 的 4 个图形构成，有 $4 = 2^2$，即相似维数为 2，与正方形的欧氏维数一致，分形维数与欧氏维数一致了，这是因为这种曲线近乎是范围覆盖的，具有面的特征。

按照定义，D_s 可以不是整数，实际上，分维的本意是指分数维，分数值一般是小数，对于一条直线，维数是 1 维没有问题，按照皮埃诺曲线的分维计算特征，不同弯曲的曲线，维数应当大于 1，但是按照欧氏几何，线的维数小于 2，按照分形与传统几何的基础和发展观念，复杂曲线的分维数应当在 1 到 2 之间。曲线越接近 1，弯曲越少，越接近 2，越复杂，弯曲越多。对于 Koch 曲线，是由全体缩小成 $1/3$ 的 4 个相似性构成的，可以按照 2-8 式计算分维数，于是有：

$$D_s = \frac{\ln 4}{\ln 3} = 1.2618 \tag{2-9}$$

2.1.6.3 相似维数方法

对于一般的曲线，并不容易确定相似情况，因此只能按照 2-8 式的方法计算分维数，当然首先需要证明对象是分形的。

由 2-8 式，b 为长度值，a 为测尺长度，于是可以通过对对象的几何测量方法确定分维数。但是，对于一个具体的长度，不同的测尺，计算的分维值一般并不相同，于是采用不同尺度度量的方法，对于分维数计算，通过建立的矛盾方程组进行统计方法解算。

需要通过缩小值 a 进行计算，这样可以对一个图形进行不同尺度的度量，先用一个长度测量，得出相应的处理结果，再改变尺度，进行测量，一般用多级缩小尺度测量，得到多个长度值，然后按 2-8 式计算相似维数。

2.1.7 填充维数

填充维数实际是一种测度方法，即用规则图形对测度目标进行覆盖，当于填充。用不同尺度的规则图形进行填充，然后依据填充需要的规则图形数量，计算分维数。这种分维数称为填充维数。

2.1.7.1 填充测度

填充测度时用规则图形对测度对象的覆盖方式进行测度。对于正方形和正方体，计算面积和体积时总是以边长的平方与立方获得结果，即：

$$S=f(L)=aL^n \tag{2-10}$$

式中　S——计算结果；

　　　L——边长；

　　　a——系数；

　　　n——指数。

当 $n=2$，为面积，$n=3$ 为体积。而抽象的函数式表达了长度和面积、体积关系。面积和体积都与长度有关系，逻辑上，面积和体积也有函数关系，对于一个多边形，直接用周长的函数表示面积，有：

$$V=S^a \tag{2-11}$$

实际上，对于立方体，有 $a=3/2$。由于一般图形的周长是分形的，则与之函数关联的其他量如面积、体积也应当是分形的，据此结果，可以通过关系测度来计算分维数。

2.1.7.2　填充的关系测度

填充维数揭示了几何关联图形之间的分维关联特征。对于多边形图形，既有周长，又有面积，按照周长与面积的关系，有：

$$L\infty S^{1/2} \infty V^{1/3} \infty X^{1/D} \tag{2-12}$$

式中　L——周长；

　　　S——面积；

　　　V——体积；

　　　X——分为体。

按照面积和体积的关系，计算分维数。对于岛屿，设面积为 S，周长为 X，由于面积也具有分形特征，可以据此进行关系维数计算。

2.2　分维数计算方法

分维数计算的基本原理是，用不同的尺度进行对象测度，用测尺长度和测得的数量进行统计，计算统计结果，作为分维数。

2.2.1　测度问题

传统的几何图形测度采用补差方式，即把一个不规则测度对象通过分割、移位、拼接，形成规则形状，然后用规则形状的长度参数进行测度。当然，一般的分割、拼接、移位只是从逻辑角度分析实现。分形测度不考虑这种方式，而是用标准图形直接测算，并不考虑完全弥合问题，而是用不同尺度来弥合。

2.2.1.1 测度对象规则化

对于规则的几何图形，如正方形和长方形，用长×宽计算面积，对于一般几何图形测度都采用几何图形规则化方式，比如对于三角形，从腰线和高线裁开，分为四块，再拼接成为矩形，如图 2-7。

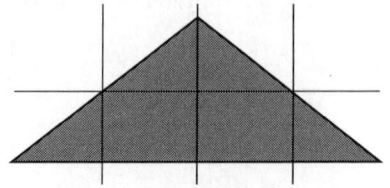

图 2-7　三角形测度割补计算图形示例

对于圆形面积，也是裁拼成矩形，方法是把圆沿半径剪开成尽可能多的小扇形，当剪裁的足够多，可以视为三角形，用三角形拼接，形成一个矩形。见图 2-8。这个长方形的长是圆周长之半，宽看作半径长，即可得长方形的面积就等于圆面积。

其实一些其他图形如三角形，梯形，圆球，圆锥等都是采用这种折合成规则形状的方式进行度量的，例如对于圆锥的规则度量见图 2-9。

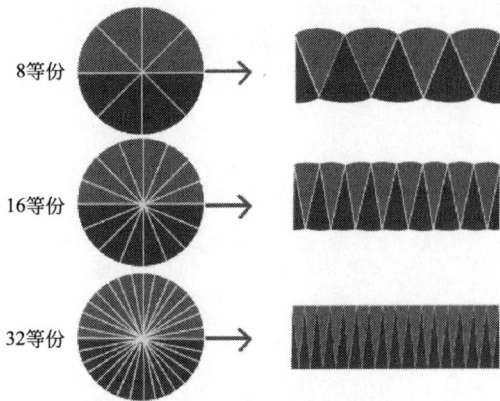

图 2-8　圆面积计算图解

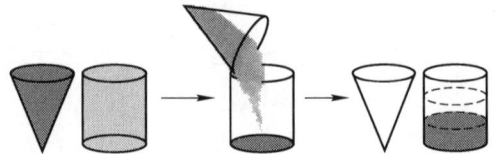

图 2-9　圆锥规度

圆锥按照这种规度获得的计算公式为：

$$V=\frac{1}{3}SH \tag{2-13}$$

式中　　V——体积；

　　　　S——底面积；

　　　　H——高。

2.2.1.2 近似测度

把不规则图形裁剪成规则图形进行的测度的方法，对于一些极不规则的图形，是一种近似。对于分形而言，这样的图形不是规则图形，就可以用分维数来表达。因此分形测度是一种近似测度。从分形计算公式来看，进行一次测度就可以计算出分维数，但实际上对于同一对象的不同尺度测度分维数计算的结果不同，因此采用一种途径方法，计算平均分维数，具体方法就是把不同测度的结果在直角坐标中表达，通过最小二乘法计算。

2.2.1.3　分形测度的规则

分形测度不再采用对测度对象进行裁剪，而是用规则图形进行直接度量，处于规则图形之内的测度对象认为是一个测度数而不论是填满的或覆盖的，例如，对于三角形用小的正方形填充或覆盖，则在边角部分总有填不满或覆盖不了的情况。

从分形角度，世界的一切都是分形的，但是从具体的分维数计算而言，还需要考虑规度区间，只有在这个区间的测度，才能计算分维数，超过这个区间就不能计算分维数。因此，在分维数计算时，首先需要确定测度区间。

2.2.2　改变观察尺度求维数

测数与尺度关系构成分维数，但是对于一个具体对象，不同的尺度得到的分维数有差异，这是由于测量产生的问题，解决的方法就是通过不同的尺度测度的结果，进行拟合，计算分维数，变尺度方法就是为了这样的目的。

2.2.2.1　测度原理

对于一个目标求其分维数采用测量的方法，按照分形计算公式，分维数是测尺与测数取极限值的对数，即测尺长度无穷小，在实际测量中，这是没法实现的，替代的方式就是通过多尺度测量，获得变化规律，计算分维数用线性统计方式。

对一个目标，用一个长度进行测量，获得一个测量结果，改变尺长，对同一目标进行测度，得到的结果不同，可以据这些数据构造分维数，形成对图形的分维表达，这时，测度结果不再与尺长有关，即用一定的尺长进行测量，通过分维计算，得到的长度差别不大。在这里，对于测量精度的理解与一般的精度概念不同，是差别不大而不是精确到某一小数位置。

2.2.2.2　测度方法

首先，用一个尺度进行测度，获得测度数量，然后改变尺度，得到相应的数量，这就是改变观察尺度方法。

比如，开始用大的尺度测量，得到一个数值，再用上一个测度的 1/2 尺度进行测度，得到第二个数值，持续下去，就有一系列 $N(r_i) \sim r_i$ 值。这些值通常有这样一个特点，尺度越大，测得的数量越少，尺度越小，测得的数量越多，表现出一种反比例关系，从直角坐标系中，呈现一条从左到右不断下降的点序列。由于这种数量的指数特征，因此在对数坐标系中，点将呈现在近似的一条直线上，通过回归分析，计算这些点最接近的直线斜率，作为分维数。

2.2.2.3　示例

对于一个三角形，一个等边三角形，用边长为 1 的正方形测度，得到一个单

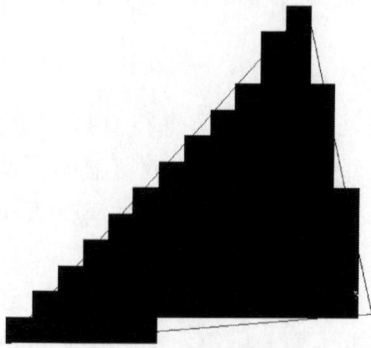

图 2-10　矢量栅格化

位，即认为在此测度条件下，等边三角形面积为边长为正方形面积，改变尺度为原来的一半，得到对应的测度数。在 GIS 中，这种用矩形（通常为正方形）进行测度的方法是矢量要素转为栅格的方法，见图 2-10。

有图 2-10 可见，对于分形测度，期望测度对象的任一部分都在测度栅格中，而实际上会出现一部分不在内部的情况，如图中的有线条的白底部分，对于测度数量就有减少。对于这种情况，一是扩大测度范围，另一方面，从统计而言，这并不成为问题。

2.3　用 GIS 计算维数

分维数计算有多种方法，在 GIS 中实现需要一些方法和技巧，例如，变尺度方法，首先需要获得一定尺度下的测量值，这个测量值的获得涉及图像处理和图形的运算。

2.3.1　用 GIS 进行测度

针对图形的测度，可以用 GIS 技术实现。在 GIS 中，并没有直接进行分维计算的工具，但是分形计算建立在对图形数据处理的基础上，如要素栅格化，还有进行统计计算。GIS 的图形操作和属性的数据库功能适合分形计算。

2.3.1.1　工具

在 GIS 中进行测度，盒维数方法实质是通过矢量数据向栅格数据转换实现的，即把一个矢量图层经过数据转换转为栅格，然后计算转换的栅格数量。在 GIS 中，实现矢量转栅格的工具有点转栅格、要素转栅格、面转栅格方法。

以要素转栅格为例，在 Arcgis 中，工具箱中选择要素转栅格工具，点击工具，弹出对话框，在对话框中的输入要素框选择输入要素，确定栅格化字段，然后给出输出栅格图以及栅格大小，就用矢量要素图层生成一个栅格图层（图 2-11）。

其中，选择的字段是作为栅格分类的依据，比如要素有 4 个字段，表面每一个图元有 4 个方面的特征，假设为土壤类型、植被类型、地形坡度、种植类型，选择一个字段，则该字段称为分形计算的目标类型。对于属性，可以分别计算这 4 个方面的分维数，前提是生成各个属性字段的栅格。

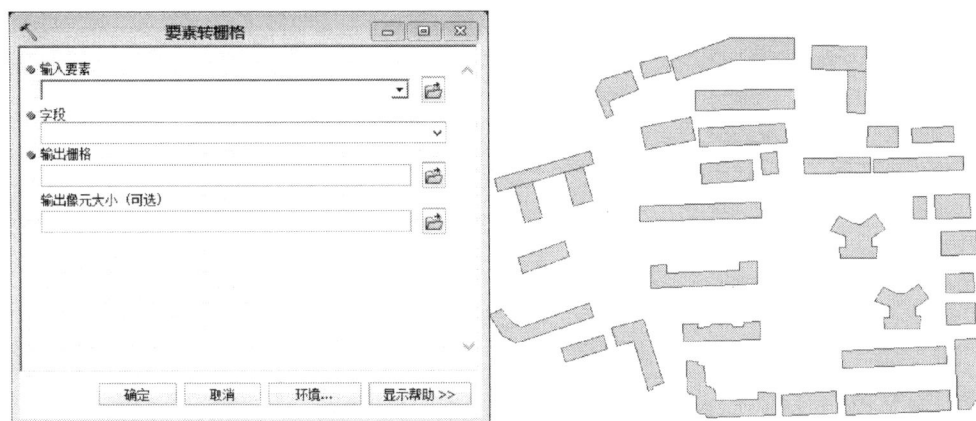

图 2-11　要素转栅格 GIS 工具

图 2-12　矢量图属性表

对于矢量和转换后的栅格，从形态上似乎差别不大，但对局部放大，就可以看到多边形是由小的栅格单元拼接的。

2.3.1.2　示例

图 2-12 是通过栅格化计算分维数的例子，对于要素，有多个属性字段（图 2-12），进行要素转栅格，形成栅格图层。

对于栅格化数据，有属性表（图 2-13），通过属性表进行统计。

对于属性表，按照 value 字段进行分类，count 为相应的栅格单元数量。对于属性表，具有自身携带的统计工具，可以用来计算栅格总数或分类数。对于分形，用不同的栅格大小生成不同的栅格图层，实际上是不同尺度测度的结果。

2.3.1.3　模型构建

分形计算经常比较复杂，利用 GIS 进行测度，从图层处理来说，需要进行数据转换，分类分组，并且存在循环和迭代。如对于一个矢量图层，要重复多次进行不同分辨率的栅格化，然后进行栅格单元统计，这就涉及循环和迭代，对于这种情况，程序是最有效的解决统计。ARCGIS 提供了一种可视化编程方法[4]。

图 2-14 是 arcgis 模型可视化模型的逻辑示例。在 GIS 中，可以通过图形方式生成程序，这也就是可视化编程。

图 2-13　栅格属性表

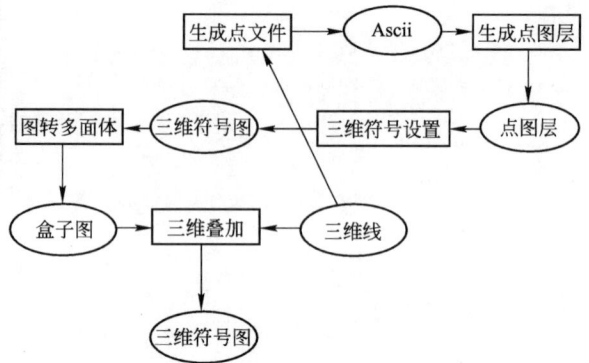

图 2-14　一个制作三维符号的可视化模型

2.3.1.4　GIS 相似维数长度方法

对于曲线的具体测度，一般用量测的方法，用 GIS 技术，可用栅格化方法进行线长度测量。GIS 栅格化方法就是把曲线图形空间纵横分割成小的矩形单元，一般是正方形，然后计算含有曲线部分的单元数量。在 GIS 中，这个过程用要素转栅格工具，形成栅格图层，其中的要素(分为点、线、多边形)在栅格化后，含有要素充分的栅格被赋予特定的值，通过属性表的字段获得其栅格数量值。

要素转栅格可以设置栅格尺度，这样就完全可以采用分形测度方式，用不同的尺度分别进行栅格化，形成栅格大小与长度数量的序列值，然后通过最小二乘法计算分维数。

要素栅格化与测尺量度的一个微小的差别是，测尺在测量过程中是满尺度测量的，即总是尺子端点搭在线上，栅格化则不一定是满尺度的，有时只是一个小角。但是从统计角度，这些对于分维数计算并无大的影响。

2.3.2　盒维数—矢量栅格化

分形测度的盒维数方法是，把对象分割成的大小相同的格子，当于盒子，然后计算盒子数量。对于分维数计算，分别用不同尺寸的盒子分割对象，得到与尺寸对应的盒子数量，用尺寸和盒子数量函数回归计算分维数。GIS 中，对于对象的分割采用矢量转栅格方式。

2.3.2.1　矢量数据栅格化

在 GIS 中，可以对点、线、面一类矢量数据通过栅格化转换为栅格数据，这实质是一种测度盒子。对此，GIS 提供了相应的工具和方法。

需要注意的是，对于通过地图图层进行测度，地图坐标应当是地面投影坐标，并且没有大的投影变形，否则会对测度结果产生影响。

2.3.2.2　矢量化

把图形数据输入到计算机，可以通过扫描方式。扫描方式形成栅格数据。对于分形分析以及对于一般的生成地理信息，一般扫描的栅格数据不能满足应用要求，因为这种栅格数据生成的栅格单元是依据色彩分类编码的，而色彩变异容易造成分类错误，一般的扫描数据不具备目标分类性，因此需要通过矢量化方式，即对于扫描地图，用采样方式采集点位数据，形成点或者线或者多边形。

2.3.3　表数据统计

GIS 的图形与属性的关联特征使得在分形计算中，可以通过属性进行图形统计计算。属性表采用关系模式，在 GIS 中，图形属性统计依据关系数据库技术和方法。

2.3.3.1　查询

关系数据库的查询基于表达式，表达式是一种规则化的计算机程序语句，对于关系数据库，有规范的查询语句组织模式。查询用表达式可以在属性表进行查询，由于属性与图形的连接关系，可以通过属性查询获得相应的图元。在 GIS 中，对于属性表的查询提供了一个查询界面，可以通过界面字段选择和按钮操作生成表达式，然后执行查询，见图 2-15。

2.3.3.2　几何计算

由于图形和属性的连接关系，对于属性记录的图元，可以通过属性表进行图形几何计算，字段计算是属性表的基本功能。几何计算是计算属性对应图元的几何形态，包括长度、面积、坐标等。其实对于不同的几何图形，可以计算的内容不同。例如对于多边形，可

图 2-15　查询工具

以计算几何面积、中心点等，对于线，可以计算线长度、端点、中点等。

图 2-16是 GIS 几何计算的工具运行对话框。

对于一个要素图层，在其属性表中选择一个字段，然后选择几何计算工具，确定计算对象对象，计算被存储在一个字段中。

2.3.3.3　属性计算

属性计算就是进行属性关系的计算，包括数值计算，关系计算和逻辑计算。属性计算以属性表为基础，计算过程与几何计算相同，但具体的计算是针对字段的。同时，对于字段计算，可以使用简单的函数如数学函数，还可以用脚本进行更为复杂的计算，这样可以对字段进行复杂的运算，例如，对于一个数值字段计算平方根，然后和另一个字段在进一步运算。属性表字段运算的这种功能，可以完成分形分析中的一些计算问题，例如对于斑块计算形状指数。字段计算器的运行界面见图 2-17。

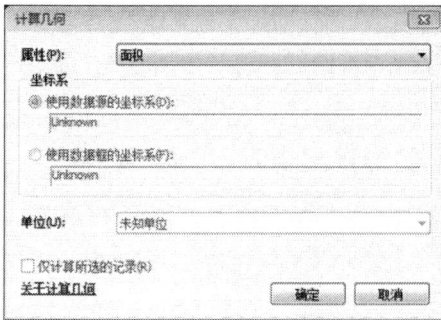

图 2-16　几何计算

图 2-17　字段计算

2.4　分形计算的 GIS 技术

采用 GIS 技术，可以对分形计算的一些方法进行改进，改善计算性能和效率。对于图形数据的处理，GIS 有其自身的一套方法，这些方法有些可以用到分形计算上。例如同心圆的方法在 GIS 中可以很好地实现，并且可以通过改进提高效率。

2.4.1　同心圆的方法

同心圆方法是分形计算的一种方法，这种方法以一个点为圆心，生成圆形。对于分形测度，生成多个圆，构成圆环，然后取圆环内所包含的测度对象数量，进而计算分维数的数据基础。

2.4.1.1　同心圆原理

在城市的道路、用地等的分维数计算中，测度方法考虑相对于城市交通的分形特征，在 GIS 中可以通过绘制一个圆形，然后用圆形计算圆内的测度对象数量，如道路长度、某种点位地理事物的圆内数量等[4]。在分维测度中，要采用一系列半径大小不同的圆形，作为测度"尺"，然后计算各个圆环内的测度对象数量。

在城市形态分维数计算中，一般采用同心圆方法。这种方法具体是以一点为圆心，用一定的距离为半径，形成圆，计算各圆中某种测度对象的数量，然后计算分维数。在 GIS 中，实际是形成一系列圆，形成同心圆图层。对于同心圆，按照尺度要求，在 GIS 中还要叠加，形成圆环，然后以每个圆环提取圆内的对象，进行对象计数。

对于城市道路，可以通过服务区分析分析取代同心圆分析，可以以不同的距离生成不同的服务区，进行交通状况分析。这种方法的优点是，考虑了交通距离，并且对于道路可以辅以权重，分析结果更贴合实际，并且能够服务于规划。

在 GIS 中，可以通过缓冲方法形成圆形，还可以通过多环缓冲一次形成多个同心圆环，作为分形分析图形数据处理基础。

2.4.1.2　同心圆模型

对于面积尺度，测度对象与面积 S 之间应有关系[4]：

$$C(S)^{1/D} \propto S^{1/2} \tag{2-14}$$

当区域取圆形时，因 $S \propto r^2$，由是上式可化为

$$C(r) = B \cdot r^{D_c} \tag{2-15}$$

式中　r——区域半径；

$C(r)$——半径为 r 的地域范围内的测度对象总容量；

B——常系数；

D_c——测度对象覆盖分维数

2.4.1.3　同心圆的 GIS 数据处理

应用同心圆方法，在进行对象测度时，采用 GIS 技术，通过点位缓冲的方法生成圆，再用该圆进行目标对象提取，即可获得圆内测度对象，然后进行对象统计，获得对于尺度 r 下的测度对象数量 $C(r)$。其中，对于点对象，采用提

取方式，对于线对象，采用裁剪方式，对于面对象，采用裁剪或叠加方式。

对于同心圆分形测度，需要生成多个圆。另外，分形测度多对于圆环，因此可以对两个相邻测度尺度生成的圆进行叠加，提取圆环。另外，也可以用每个圆的测度对象数量相减，获得圆环内的测度对象数量。

2.4.2 同心圆改进——点间距离分析

通过上述对同心圆方法的了解，可以看到，同心圆方法的 GIS 效率不高。因为对于测度数据处理，需要多个尺度，而在 GIS 中，每个尺度一般都需要生成一个新的图层，是操作过程复杂，并且消耗计算机存储资源，因此，可以考虑对同心圆方法的改进。

2.4.2.1 点距离问题

点位之间的空间距离可以通过地图进行计算，采用的工具为点距离工具，可以计算点之间的距离。这个距离是直线距离，可以用之取代同心圆法。因为对于同心圆法，需要生成多个圆，还要进行提取，这不但造成操作烦冗，且生成新的图层。对于分形计算，一般要生成几十到近百个测度数据，这样就需要生成同样多的图层，图形生成消耗系统资源，降低运行效率，还占据大量的存储空间。

对于同心圆，测度的目的是获得其中点位数量，这个大数据可以通过点距离方法获得。因此在分形计算中，计算点间距离的方法可以取代同心圆方法。

点距离方法对于选定的点（可以视为同心圆的圆心），计算图层中的点与选点的直线距离，生成一个距离表，后续的计算就以这个表为基础，通过距离（可取代同心圆的半径），进行点位查询和数量统计。

对于点距离，通过相应的工具，生成点距离表。这个工具需要两个图层，一个为起点图层，一个为终点图层，实际应用时，二者可用相同图层，即同一图层同时作为起点和终点进行距离计算。

实际计算是以起点的每一点与终点的每一点的距离表。所以这个数据相当大。

用点距离方法可以取代点对象的同心圆方法测度，但是对于线，这种方法不适用。

2.4.2.2 点距离同心圆分形测度

利用点位距离表，可以进行类似同心圆法的计算。对于同心圆法，要计算处于两个圆形成环之间的对象数量，一般是点位数量。在点距离表中，可以通过查询方式，查询符合一定距离的点位数量。

查询表达式为选择距离字段大于某值并且距离小于等于某值，查新的结果在属性表的记录信息字段显示，其中，距离为相邻圆的半径，见图2-18。

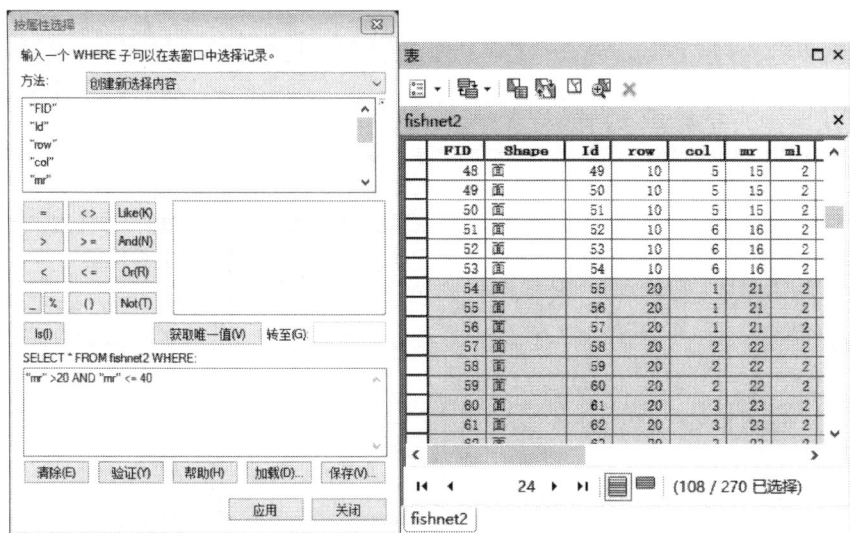

图 2-18　按属性查询

2.4.2.3　网络分析方法

同心圆应用中有一种缺陷，即不考虑可达性问题，例如，对于道路网络，作为交通流的衡量因子，需要考虑时间或距离，而道路的障碍会影响这种通达性，对于河流隔阻的情况，从同心圆角度，两点与圆心距离相同，但是有一点由于河流阻隔，通达要绕道，造成两点位到圆心的通达时间区别很大。

若要考虑距离，对于同心圆方法，网络服务区方法很好地解决了这种问题。对于线路一类测度对象如交通道路，服务区方法以一个点位(可视为圆心点)为出发点，对于给定的距离，生成以道路长度为基础的服务区，可以对该区域道路长度计算。具体参见网络分析内容。

需要说明的是，服务区是按照同心圆的理念，但生成的图形不是圆形，是不规则的多边形。对于不同距离的服务区，可以用统计数量如长度相减，得到服务区环形区域的对象测度数量。

2.4.3　循环与迭代

在分形计算值，经常涉及循环与迭代，这正是分形分析的本质。循环与迭代是计算机程序的概念，在 GIS 中，可以通过脚本实现，也可以通过模型构建器实现。

2.4.3.1　循环与迭代问题

对于分形计算，从图形角度，需要不同尺度的计算，例如从盒子生成角度，要生成不同尺度的盒子，对于矢量转栅格，要制定不同的尺寸，在 GIS 中，对于每一个尺度都要进行数据处理的操作，如生成图形，图层叠加，对象数量统计。

这个过程烦琐，幸运的是，在 GIS 中，可以通过脚本，利用迭代和循环实现。

2.4.3.2 模型构建

可视化编程的模型构建器也提供了迭代和循环功能，通过模型构建器，拖入相应的工具，设置参数，实现迭代循环功能(图 2-19)。

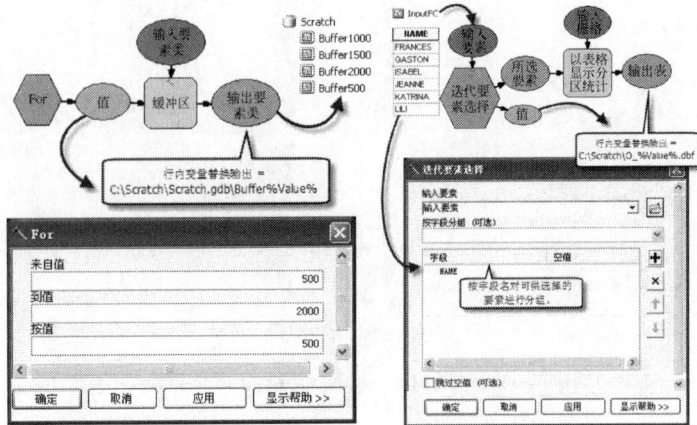

图 2-19 模型构建器的迭代与循环

2.5 分形分析数据组织

分形分析的数据用 GIS 技术处理，数据需要满足 GIS 格式，并且适合分形观念。可以通过一些方法进行数据组织。分形以测度为基础，对于图形的测度采用的方式与图形数据特征有关，也与测度方法和目的有关。因此对于分形分析数据有一定的要求。

2.5.1 数据关联

数据关联指不同图层的数据通过一定的方法建立关联。通过数据关联，增加数据的信息量。在很多实际应用中，需要通过数据连接建立信息关联。

2.5.1.1 关联问题

数据关联其实是数据库的一个基本功能。在数据库中，由于数据的组织和管理要求，通常把对象的信息体系划分为多个独立的数据表，而对于具体的应用，需要把分立的表之间建立关联。例如，在教学中，学生成绩、选修课程分属不同的数据表，进行成绩查询，需要建立课程与成绩的关联。对于数据表，关联采用一个共同的字段，一般用编号，即分立表中必须包含编号字段，对于同一对象，这种编号应一致且唯一，这就形成数据表关联的基本特征：有共同的标识。

数据表连接有两种方式，分别称为关联与链接。对于关联，是建立数据表之间的关键字联络，并不把数据整合到一块，在具体使用时，可以通过关联关系从相关表中提取信息。关联的特点是，一组关联表可以独立管理和维护，使用关联表时，总是反映最新修订后的情况。例如，对于突发事件应急组织指挥系统，各机构的负责人、手机号码等都作为重要的联系信息，在建立关联后，一个机构的负责人发生变更，并不要求对关联进行变更，仅仅由该机构对于关联的本机构负责的关联表的有关内容更新即可，即把负责人姓名，手机号更新，关联在进行搜索时，可以搜索到。

链接把一个表的数据导入到链接表。连接后，表之间不在关联，数据不能同步更新，但因数据在同一个表中，使用方便。

2.5.1.2　表关联

关联表只是定义两表间的关系。关联的数据不会像连接表那样附加到图层的属性表。但是，在使用此图层的属性时可以访问到关联的数据。

关联与简单关系类相似，不同点在于关联可以涉及不同工作空间的数据（例如，dBASE 表可与 coverage 关联）并且是存储在图层文件或地图文档中。如果为数据建立了关系类，可以使用此关系类。

可在表窗口和识别窗口中使用关联来找到与所选的一个或多个记录关联的数据。在 GIS 中属性表关联的特征是：

- 关联是双向的，因此无论关联隶属于哪个表，涉及的两个表都可以使用关联。例如，如果在 layerA 上创建了针对 tableB 的关联，则此关联会列在 layerA 下，但 tableB 可以使用此关联来访问 layerA 中的记录。
- 当在表或图层上进行选择时，此选择不会自动应用到关联表，可使用表窗口中的关联表命令将所做选择应用（推送）到关联表或图层。
- 当使用上述关联表命令时，关联表或图层会添加到活动数据框下的内容列表中（如有必要）并且表窗口处于打开状态。
- 如果地图中有两个图层指向同一基础要素类或 shapefile，则二者都会受到其中一方拥有的关联的影响，并可使用此关联。由于关联可存储在特定图层文件中，因此一个图层不能删除另一个图层拥有的关联，即使两个图层引用的数据相同。
- 用于定义路径或 x, y 事件源图层的表所拥有的关联不会被传递到事件源图层。必须为事件源图层重新创建关联。
- 如果关联的表不包含 ObjectID 列（例如，分隔文本文件或 OLE DB 表），将无法通过关联来应用选择操作。表窗口的表选项菜单中的关联表命令会列出此关联，但不可用。但是，仍可使用识别工具来查找相关记录。

2.5.1.3　空间关联

关联或链接需要可供辨识的标识，对于图形的链接一般通过属性表进行。对于关联图层的属性表，采样具有相同标识的字段，如图元编号进行连接。对于地理信息，也可以通过空间位置进行连接，这种连接称为空间连接。

图层之间的空间关系有同位关系，例如，两个点层的点位坐标相同，可以据此建立空间连接。其他的空间关系有点在多边形内。更广泛的空间关系如图元邻近性，以点图层为例，点离其他图层图元(点、线、面)之间的最近距离，最近距离显然指两个对象。这种邻近分析建立了图元间的关系。

对于空间连接以及属性字段链接，经常的情况是非唯一性，即一个图元与多个图元建立连接，这种情况有时是必要的。

2.5.1.4　例

在土地资源等一类的涉及地图和用表进行登记的调查中，经常有图形和表两种数据，在对图形和表数据分别输入后，在 GIS 中可以建立图形与表的数据关联，通过建立连接，形成具有图形与属性的地理信息数据。在 GIS 中，建立连接的工具对话框见图 2-20。

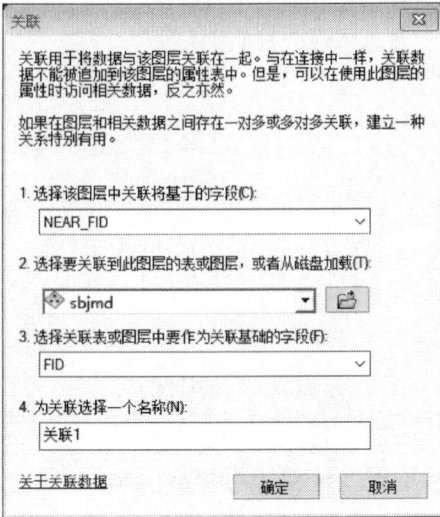

图 2-20　表数据连接处理对话框

2.5.2　空间几何属性

信息维数测度的问题，实现方法上需要考虑密度计算问题，对于点容易计算，计数即可，而 GIS 的热点分析实际是一种计数方法。对于线，需要计算在盒子中的长度，甚至对于三维线要计算三维长度。这就要求具备相应的几何数据。GIS 提供了一些图形几何特征计算方法。

2.5.2.1　要素几何属性

在 GIS 中，把矢量图层称为要素类。对于要素类，除一般的属性字段外，还有一些与要素图元有关的属性，如长度、面积、坐标等。这些属性称为要素几何属性。

在 gis 中，可以通过属性表对图形的几何特征进行计算，如线的长度、多边形面积、点位坐标等。字段几何计算的内容对于多边形，有面积、周长、质心 x、y、z 坐标，起点、终点的 x、y、z 坐标，对于线、点都要不同的计算内容(表 2-1)。

几何计算内容　　　　　　　　　　　　　　　　　　表 2-1

	面积	周长	3D 周长	长度	3D 长度	质心的 x、y 或 z 坐标	点的 x、y 或 z 坐标	起点的 x、y 或 z 坐标	终点的 x、y 或 z 坐标	中点的 x、y 或 z 坐标	z 坐标的最小值和最大值
多边形要素	OK	OK	OK			OK					OK
线要素			OK	OK				OK	OK	OK	OK
注记要素						OK					
点要素							OK				

2.5.2.2　要素几何属性计算

在 gis 中，通过要素的属性表进行要素几何属性计算。字段工具要素类的点线面特征给出可选的计算内容，例如对于线的计算内容见图 2-21。

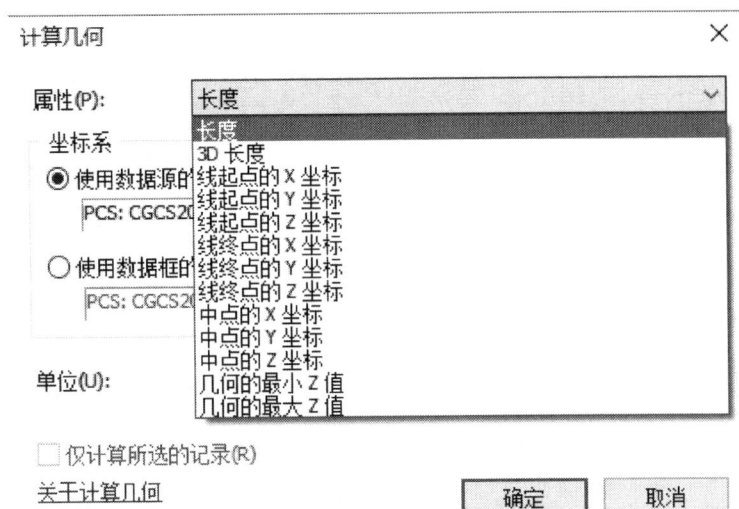

图 2-21　线的几何计算内容

对于三维线，可以通过几何计算获取，获取在每一个盒子中的长度、甚至是三维长度。具体计算是采用 length 选项。

本章小结

本章论述分形测度的 GIS 应用和数据处理问题。对于分形测度的地图对象，涉及对于地图数据的处理方法，本章在上章的基础上，把 GIS 技术与分形计算结合起来，为后续的具体分析计算奠定基础。

对于以地图为对象的分形测度就是对地图对象进行度量，GIS 并没有提供具体的干预分形测度和计算的方法和工具，因此在分形分析计算中，需要把分形的有关具体计算问题解析为 GIS 问题，然后按照分解结果确定数据处理方法和途径。

参考文献

[1] 伯努瓦·B·曼德布罗. 大自然的分形几何学(最新修订本) [M]. 陈守吉，凌复华译. 上海远东出版社，1998，12 (1).

［2］王东升，汤鸿霄，栾兆坤. 分形理论及其研究方法［J］. 环境科学报，2001，21(增刊).

［3］朱永清，李占斌等. 地貌形态特征分形信息维数与像元尺度关系研究［J］. 水利学报，2005，36(3)：1-8.

［4］许五弟，周庆华，周在辉. 基于GIS的地图分形测度可视化模型［J］. 西安建筑科技大学学报(自然科学版)，2012，44(6)，898-902.

第3章

三维分形测度

三维形态是客观世界的基本特征，但是基于数据和方法，通常作为二维表达，地图就是一种典型的用二维表达三维的方式。相应的对于分形测度，也以二维为对象。二维测度不能充分揭示三维特征，采用三维测度，可以一定程度揭示对象的三维特征。三维测度在数据组织和测度计算中有一些独特的方法和过程。本章分析进行空间三维分形测度的技术方法。

3.1　三维盒子构建

由于对图形处理的技术问题，分形测度一般针对二维图形，如河流，一般用平面盒子分割。但是实际上，河流具有三维图形特征，通过三维测度，可以揭示河流在三维分形方面的重要特征。同时，对于地貌的测度也可以采用三维方式。

3.1.1　三维测度问题

三维具有二维不能表达的特征，对于表达几何形态的分维数，三维与二维揭示的特征也截然不同，因此，三维测度是分形研究的一个重要方面。

3.1.1.1　河流的三维特征

以河流为例，河流是三维空间的事物，水流是在三维空间流动，作为第三维的地形高程，以高程差来反映流速大小，也决定着河道的发育阶段和发育形态。

通常，在河流的上游，河床坡度比较大，水流速度比较急，流水对地貌的作用以下切为主；到了中游，河床坡度变缓，河流下切转缓，侧蚀能力开始增强，河流以展宽为主要发育特征；到了下游，河床坡度更加平缓，河流出现旁向摆动，下切能力极弱，甚至出现河床泥沙淤积情况。

河流的形态从分形角度可以较好反映出。以二维和三维比较，在河流的上游，平面与三维的河流长度就不同，而三维功能可以表达这种特征。

由此，对于河流测度，可以划分上、中、下游分别进行。当然这里存在河流三段分割的指标问题，因为上中下段并不是定量概念。

3.1.1.2　地貌的三维特征

地貌高低起伏正是三维特征的一种表现，河流的三维形态一定程度反映了地貌的三维特征，尤其对于水流刻蚀的地貌形态，更是如此。在河流上游区域，河谷呈"V"字形，也表明地貌发育处于初级阶段，在中游，河流变宽，地形起伏相对变缓，在下游一般是平原。当然这是针对大的河流而言。

地貌从三维形态上分为不同的类型，例如黄土地貌的塬、梁、峁等，这些分类正是地貌形态的差异。从这种分类特征中，可以想见地貌形态的地貌发育特征。而分形正是对形态的一种表达，对于地貌，显然三维分形形态具有二维状况所不具备的某些特征。

3.1.1.3　城市的三维特征

对于城市而言，建筑的高度一定程度反映了人口居住密度和城市的大小。因此从形态上，城市也是三维的。

城市具有三维发展和扩展特征。当初人口较少时，城市发展以平面为主，当发展到一定程度，由于形态对城市活动和行为的影响，即城市的向心吸引，形成聚集，这种聚集由于平面发展空间的限制，形成向高处发展。大的城市有摩天大厦，就是这种发展聚集的形态和原因，由此，对城市的三维测度，有助于揭示城市的三维特征以及发展演化和阻滞。

从这种初步的分析，可以推测，城市向第三维发展应当有一种界限，至于自然界限是无疑的，因为再高也不能超出大气层，但是在可以发展的自然生态空间，实际的发展被限制在一个很小的高度，这可能是因为人口密度、生态、生存便利性随着高度增大而产生的反馈作用，用分形可以进行这方面的描述。

3.1.1.4　三维的地理空间泛化特征

从地理信息角度，三维的概念可以泛化，图形可以看作二维，即使一些具有三维特征的数据，也可以这样看待。图形加一个属性，可以视为三维，如以属性字段存储的地形高程，更一般的可以把温度、降水一类作为第三维，可以作为三维进行测度。

3.1.2　三维测度的过程

在 GIS 中实现三维测度，对于数据的要求是三维数据，依据测度方法的不同，对于数据的要求也不同，一般采用盒子测度技术，相应的需要建立三维盒子，对于三维数据如河流，需要是三维数据，即具有三维坐标的数据。

3.1.2.1　建立三维对象

三维测度针对三维对象，因此进行测度需要有三维对象。河流的三维对象是三维形状的河流，由于一般河流宽度远远小于长度，即使在进行测度的测尺大小不大时，宽度也可以不考虑，另外，宽度实际上并不好把握，因此河流的三维采用三维线形式。对于三维线形图形，一般是把相应的二维图形转换为三维图形，形成三维对象。

3.1.2.2　建立三维盒子

根据分形测度的基本思想，需要建立三维盒子。从测度实现角度，需要在测度对象三维空间范围，构造一个三维盒子堆积体，然后基于 GIS 技术，进行三维图形的叠加运算，再进行数量统计。

3.1.2.3　GIS 的测度实现

GIS 中的三维分析有一个功能，是三维求交功能，即对于两个有空间重合的三维体，进行空间叠加运算，形成二个三维体空间的穿插分割。在 GIS 中，把三维实体的空间重合位置进行盒子分割按照分形计算要求，采用三维线与三维盒子相交运算，相应的工具运行的对话框见图 3-1。

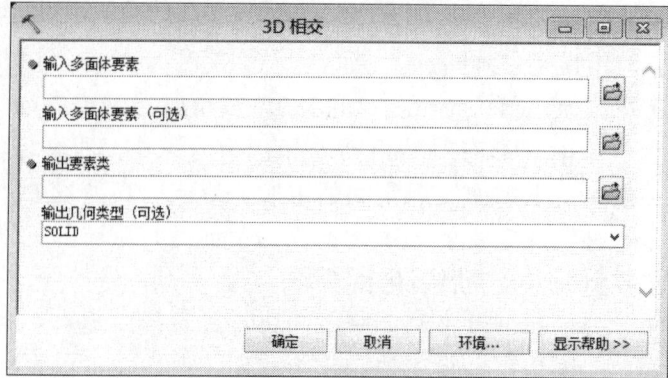

图 3-1　三维相交操作

3.1.3　建立三维测度对象

在 GIS 中，测度实施的本质是在图形相交的基础上，计算共同部分的数量。对于一次三维测度运算，确定一个三维的测度对象和被测度对象，测度对象用多面体表示，通过被测度对象与多面体相交实现。两个多面体在空间范围内有重叠区域，通过多面体相交分析，生成相交图层。通过相交图层的属性表进行图元识别。

3.1.3.1　生成三维测度对象

对于作为测度对象的矢量数据，其形成途径有多种，在矢量化过程中，可以通过三维坐标编辑生成三维数据。以线图层为例，可以通过直接建立三维图形的方法生成三维图形，在 GIS 的要素类属性表中，三维图层数据有一个表述图形的 shape 字段。当图形为三维时，这个字段为 shapeZ，同时，对于三维数据，还有 m 值，这时 shape 字段为名为 shapeM。M 含义是 measure，指在线性参考中的长度度量值。需要注意的是，对于 GIS，需要建立具有三维特征的图层，如图 3-2，在建立新图层的对话框中，需要勾选坐标包含 z 值的选项。在分形测度中，测度体可以是规则的多面体，测度对象可以是不规则

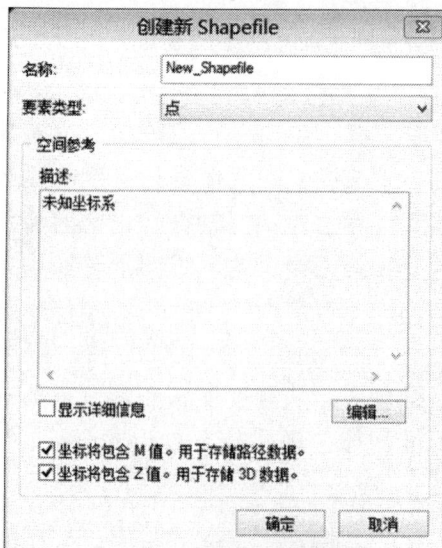

图 3-2　建立三维图层

的多面体。

　　三维数字化的方法在 GIS 中通过绘制二维线和编辑第三维坐标生成。具体方法就是建立具有 z 值的线图层，在绘制线段过程中，打开草图属性，在描点连线过程中，节点坐标显示，对于 z 值为 0，可以即时编辑，形成三维线，见图3-3。

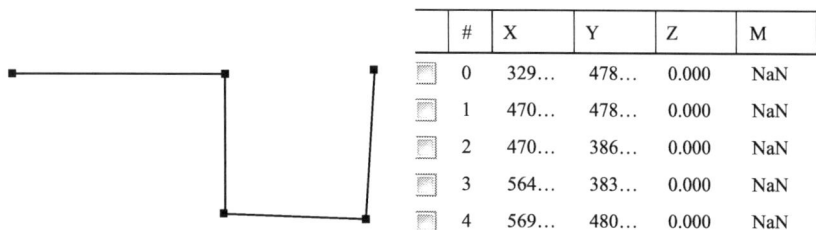

#	X	Y	Z	M
0	329…	478…	0.000	NaN
1	470…	478…	0.000	NaN
2	470…	386…	0.000	NaN
3	564…	383…	0.000	NaN
4	569…	480…	0.000	NaN

图 3-3　三维线追踪和坐标编辑

　　对应这种方法的另一种途径是采用二维线段和起终点坐标字段的方式，即对于三维图层，用线段记录图形，把每一段线段的起终点高程记录在相应的字段中，然后通过转换工具(依据属性实现要素转 3D)形成三维图形，图 3-4。

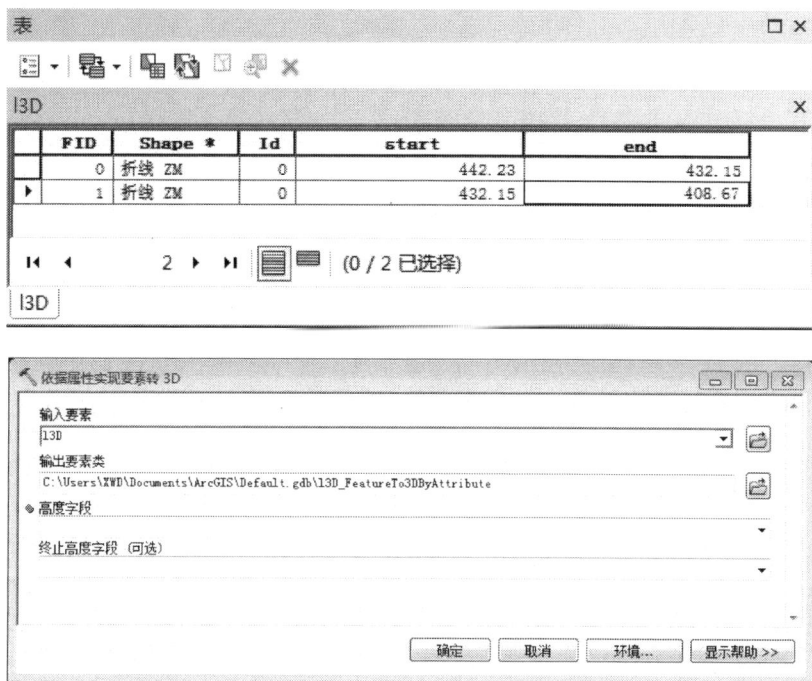

图 3-4　线段的三维结点高程字段和三维转换工具

　　对于通过属性转换形成三维线的操作，需要注意两点，一是线段为两点线，即一条线只有 2 个端点；另外是对于相连的线段，在连接点的 z 值坐标相同，这样才能实现三维连接。

3.1.3.2 从地形面获取第三维坐标

另一种生成三维元素的方法是当有 DEM 数据时，可以通过地形表面数据获取第三维坐标。在三维显示中，可以把二维叠加到三维表面上，见图 3-5，转换工具采用插值 shape，见图 3-6。

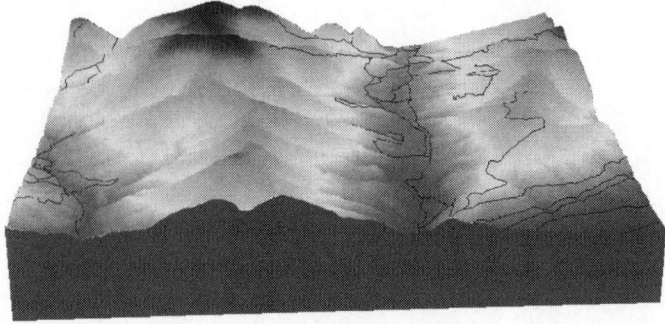

图 3-5　二维图形的三维拉伸

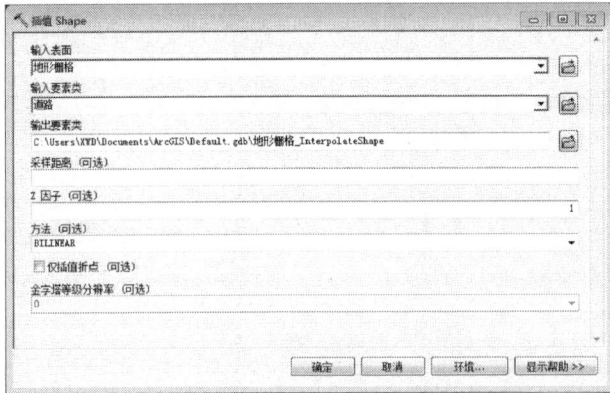

图 3-6　从表面获取三维值

3.1.4　构建三维盒子

三维测度可以用盒子方式，与二维盒子不同的是，三维测度采用三维盒子。三维盒子构建想起来简单，程序也并不复杂，但是必须考虑与测度对象适应性，包括空间位置和分辨率。构造对象三维测度范围内的盒子，可以使测度效率更高。

3.1.4.1 三维盒子概念

对于平面，盒子是二维的，形状为正方形，对于三维，相应的盒子为三维，形状为正立方体。在 GIS 中，可以通过三维显示和表达盒子。图 3-7 就是三维立方体的一些形态，可以作为分形测度的盒子。

图 3-7　三维形态

在 GIS 中有一种三维图形处理方法，即对于多个三维体，当出现空间位置相交时，可以识别和提取综合体的各个部分，如相交部分，非相交部分。实际上，GIS 把二维图形操作拓展到三维，因此通过三维属性表识别和提取特定属性部分。

在 GIS 中，有严格多面体和三维线相交的方法。对于三维线的分形测度，在三维盒子和三维线基础上，通过这种相交运算，进行三维线度量。

在 GIS 中生成三维盒子实际上是建立由正立方体构成的多面体。对于多面体构建，采用三维编辑的方式显然效率太低，一则盒子数量异常多，例如对于 1000m×1000m×200m 的范围建立 $1m^3$ 的盒子，则数量为 2 亿个，且不说一般的区域范围比之更大。另一方面，多面体编辑过程操作复杂。所幸的是，用于分形测度的三维盒子非常规则，可以用程序方法生成。

3.1.4.2　三维盒子图层构造流程

三维盒子作为立方体，在 GIS 作为多面体图形出现。多面体图形可以通过绘制生成，也可以通过面图层在三维环境中拉伸生成三维符号形态，然后可以把符号化图层输出成为多面体图层。另一种方法就是为三维点图层设置正立方体符号，然后可以输出成多面体图层。

点图层可以通过程序生成，基于程序环境和 GIS 的数据组织特征，通过程序建立三维点阵，把点阵数据写入文本文件，把文本文件导入到 GIS，在 GIS 中设置为正立方体符号，然后把图层转换为多面体图层，作为三维测度盒子体系，这个过程见图 3-8。

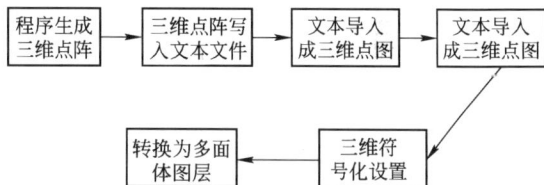

图 3-8　三维盒子图层构造流程

3.1.4.3　点图 ASCII 文件格式

对于建立三维盒子，程序方法的途径是建立三维矩阵，其中前两维标示平面图层，第三维为高度，形成多层图层。

较好的途径是建立生成一个数据文件，然后把数据文件导入生成三维图层。数据文件可以用程序生成，数据文件需要按照软件可用的数据格式。在 GIS 中，有一种从 ASCII 文件导入生成三维图形的功能，可以导入点、线、多边形图形。从三维测度角度，还需要生成三维多面体。对于建立三维多面体，在 GIS 中有相应的功能。因此三维盒子生成分为两个步骤，一个是生成基础图，另一是生成三维图。在此先考虑数据文件问题。

GIS 可以接受的 ASCII 三维数据导入文本文件有两种格式，一种是 generate 文件格式，另一种是 zyz 文件格式。对于用文本导入生成三维图层的文件格式，分为点、线、面几种类型，对于建立三维盒子的较为简单的方式是采用三维点，为此本文不涉及点类型之外的其他类型图形数据的文本导入格式，仅说明三维点位数据的文本格式。

对于 xyx 格式，一个点为一行，包括 x、y、z 三个坐标值，其间用逗号或空格隔开；对于 generate 格式，文件记录图形坐标序列，对于点图形，数据格式为一行一点记录，记录分别为 ID，X，Y，Z，文件数据格式如下：

```
1, x₁, y₁, z₁
2, x₂, y₂, z₂
…
n, xₙ, yn, zₙ
end
```

间隔可以用逗号或空格。

3.1.4.4 坐标文件生成

GIS 以开放性语言 python 作为脚本语言，利用之生成三维数据坐标。鉴于 GIS 通过文本文件导入，因此可以通过脚本生成文本要求格式的文件。

对于生成三维盒子的情形，在脚本中可以直接生成点位矩阵，但是鉴于数据处理过程和文件格式，采用特殊的坐标生成格式。设要生成点位图的坐标范围有 x，宽度范围为（minx，maxx），宽度 W = maxx - minx，长度 y 为（miny，maxy），长度 L=maxy-miny，高度 z 为（minz，maxz），高度 H=maxz-minz。据此生成三维点位坐标。

1. 点位编号生成

根据文件格式，生成从 1 开始的点位编号序列。对于程序，序列一般从 0 开始，对于生成三维盒子，考虑长、宽、高的位置识别，采用从 1 开始形式，结合脚本语句，点位编号用如下语句：

$$ID = range(1，W×L×H + 1)$$

其中 range 为 python 语言的序列生成函数。

2. 坐标生成

生成 x、y、z 的坐标序列，对于三维盒子，坐标具有规律性，脚本语句可以用 range 函数，用 x = range(n) 语句，生成 0，1，…n 的列表，用两个参数形式 x = range(start，end)，生成 start，start+1，…end 的列表。类似的生成 y 坐标列表。虽然脚本语言可以直接生成二维序列，但是由于要生成多层图层，因此用一维列表较好。

对于点位图层，点的位置从矩阵角度，一行的 x 值不变，y 值由小到大，一列 y 值不变，x 值由小到大，以一个 100m×100m 的区域为例，假定点距为 1m，坐标 x 从 1 到 100，y 也从 1 到 100，坐标为：

$$(1，1)、(1，2)，\cdots，(1，100)$$
$$(2，1)、(2，2)，\cdots，(2，100)$$
$$\cdots$$
$$(100，1)、(100，2)，\cdots，(100，100)$$

对于高度，实际是把二维坐标扩充，对于二维矩阵，扩充一维，其中平面坐标不变，作为一层，Z 坐标标识不同层。

3.1.4.5　数据结构分析

根据文本文件格式以及上段的数据解析，分析三维点阵的生成。以 100×100×100 大小的矩阵点位为例。从上矩阵结构上，每一个坐标重复 100 次，解析坐标序列，采样一个数组，用 xyz［1］表达 x，用 xyz［2］表达一，有：

xyz[1]=［1，$\cdots$，1，2，$\cdots$，2，$\cdots$，100，$\cdots$，100］，共有 100×100 个坐标值

xyz[2]=［1，2$\cdots$，100，1，2，$\cdots$，100，1，2，$\cdots$，100，1，2，$\cdots$，100］

由上述数组元素配对构成二维坐标平面。

xyz[3]=［h_1，h_2，$\cdots$，h_n］，长度为 100

在 python 脚本中语句分别为：

```
xyz[1]=[i×j for i in range(1,101) for j in [1]×100]
xyz[2]=range(1,101)×100
xyz[3]=[h]×100×100
```

对于 z 分为多层，比如 50 层，则上述 x、y 个乘以 50 即可，但对于 z，需要另外处理，用语句：

```
for i in range(1, elevation):
z=z+[minz+i×cellsize]×width×height
```

然后进行列表转置，写到文件。语句如下：

```
szmap=map(list, zip(×xyz))
fd=open('sample.txt', 'w')
for i in xyz[0]:
    print≫fd, szmap[i]
print≫fd,"end"
fd.close()
```

3.1.4.6　python 脚本

对于点号，从序列 1 开始增加，有 xyz［0］=range(m×n)。这样生成一个建立三维矩阵的脚本，脚本主体见脚本 3-1。

脚本 3-1　生成三维点阵文本

```
width=(maxx-minx)/cellsize+1     #add 1 make points cover map area
height=(maxy-miny)/cellsize+1
elevation=(maxz-minz)/cellsize+1

#set values, genarate one layer for x and y
xyz=[[0]] * 4
xyz[0]=range(width*height*elevation)#has for all layers
xyz[1]=[minx+cellsize*i*j for i in range(1, width+1) for j in[1]*height]
xyz[2]=[miny+cellsize*i for i in range(1, height+1)]*width
xyz[3]=[minz]*width*height
# for more layers
xyz[1]=xyz[1]*elevation
xyz[2]=xyz[2]*elevation
# xyz[3]=[10]*width* height
for i in range(1, elevation):
    # a=[i]*width*height
xyz[3]=xyz[3]+[minz+i*cellsize]*width*height

szmap=map(list, zip(*xyz))
fd=open('sample.txt' ,'w' )
for i in xyz[0]:
    print≫fd, szmap[i]
    #print szmap[i]
print≫fd,"end"
fd.close()
```

3.1.5　脚本运行

通过脚本运行，生成三维点阵坐标数据，作为建立三维盒子的数据基础。脚本运行仅仅生成点位文本文件，这也是构造图形的基础。

3.1.5.1　坐标范围和点距问题

对于线对象测度，尤其在 GIS 中，线要素的坐标并不一定从 0 开始，坐标范围是特定的，由此生成的盒子需要与线要素空间位置匹配。对于上述的坐标序列生成，在 python 中可以通过循环语句和数学运算生成，设 x 坐标最小值为 minx，点距为 d，则用语句：

```
x=[minx+i×j for i in range(1, 101) for j in[1]×100]
```

这个语句是对于最小的 x 坐标加上一个系数与序列值之和形成序列，比如令

minx＝657，a＝10，n 取 4，则可生成序列：[657，667，677，687]

其中，minx 可以通过读取线要素的坐标范围获得，a 为点间距，即盒子大小，对于 n，可以用通过点距计算获得：

n＝(maxx-minx)÷a+1

其中+1 使盒子有足够的覆盖范围。在坐标数据生成后，将坐标合成一个二维列表，并通过列表转置，可写入为文本文件。这样就生成了三维矩阵坐标文本文件。

3.1.5.2　数据导入

在 GIS 中，有一种用坐标生成图层的工具，可以把特定格式的具有 zyz 坐标的文本文件导入生成点图层，这个文本文件格式为 generate，在 arcview3.X 中，点文件后缀为 pnt，线文件后缀为 lin 等，称为三维空间点数据。在 ArcGIS 中，放宽了限制，可以用 excel 表作为坐标导入。

把生成的坐标文件导入生成图形。由于点位的三维特征，因此只能在三维显示环境中才能显示出来。在 arcgis 中，可以通过 ArcScene 环境做三维显示。

3.1.5.3　生成盒子

在 GIS 中有一种三维制图的符号设置方法，用这种方法可以由点生成三维盒子。具体方法是，在三维制图环境中，对于点位可以赋值三维符号，对每一个点设置一个三维立方体符号。其中，符号的尺寸可以任意指定，但是对于用于三维测度的盒子，符号大小以点间距尺寸设置。

对于三维符号设置，盒子中心是点位坐标，即点位是盒子的中心位置。这样生成了具有三维盒子的点位符号形态图层。这种盒子是符号化的图层，还不能用于测度。

在 GIS 中，可以通过图形转要素的方法，把符号化的盒子转换为二维多面体要素图层。这就生成了可以用于三维测度的盒子要素三维图。

在建立三维盒子的过程中，需要注意的问题是：保持同样的点间距，保证生成的正立方体在采样之间没有重叠；其次，由于分维测度的变盒子长度法，需要多次生成点位数据，因此最好一次生成符合测度需要的点位密度，在生成盒子时，可以选择点，例如隔一定的行列和高度选点生成三维盒子。另外还需要注意，生成的数据量非常大。

3.1.6　三维盒子生成优化

三维盒子生成的过程较为烦琐，需要生成点阵、导入、设置符号、导出为多面体。同时由于涉及了点符号设置和导出为多面体等过程，可以进行优化。

3.1.6.1　优化基础

优化的重点是用已有的点位数据生成不同尺度的盒子，这样三维点阵只需要一次生成一个尺度最小的就可以了，省去了生成不同的三维点阵和导入的过程。

对于分形测度，变尺度法的三维点阵实现是选择点位生成盒子，未选择的点位不生成盒子。这样，问题就落到选择点位方面。

3.1.6.2 选择方法

对于三维点阵图层，按照 x、y、z 分字段编号，通过编号选择。从开始点选择，按照尺寸大小，选择上下左右前后的点，而实际选点是隔一定点数选点。比如选择 1、3、5、7 等。

每次盒子生成都需要从基本三维点位开始，虽然可以进行相邻多面体的融合，但是一般情况下只能是倍数尺度。比如对于 2 个单位大小的盒子要素图层，进行周围相邻盒子融合，融合的盒子尺寸是 4 个单位，而对于一个分形测度，设需要从尺寸 1 到 20 的 20 个级别的盒子，通过融合只能生成整倍数的 1、2、4、8、16 和单位的 5 种尺寸的盒子。

3.1.6.3 线的三维测度

对于三维线，利用三维相交工具，进行三维盒子和三维线相交，其结果是通过三维盒子把三维线进行分割成段。对于分形而言，这正是一种测度。通过属性表获得三维要素的图元数量，作为分形计算的数值来源。

来源不同尺度的盒子与三维线相交，生成不同尺度下的线段数，这就是用三维盒子进行三维线测度的基本过程。

点阵盒子缺点，用点阵构造盒子，其缺点是，在外部生成数据，导入成图，还要进行符号设置转换等。另外，点阵数据巨大，以 1000m×1000m×100m 为例，对于 1km 范围高差 100m，按 1m 大小，生成 1 亿个点。

3.2 三维渔网分割

GIS 中有还有一种用平面多边形进行三维线分割的方法，即通过多边形对同一区域范围的三维线要素进行分割，形成分段的三维线。在分形测度中，可以借用这种方法进行三维测度，然后计算分维数。显然，这种方法效率高。

3.2.1 测度原理

对于三维图形，例如三维线条，可以进行分割，分割成段。如果用规则图形，例如用方格网进行分割，相当于对三维线进行测度，因此符合分形测度方法。对于多边形生成，按照分形测度方法，借助于 GIS 提供的创建渔网工具生成规则结构的方格网图层，然后进行测度。

3.2.1.1　渔网分割的优点

在 GIS 中有一种功能，可以自动生成渔网，借用一个便于理解的术语，实际是生成网格矢量图层。这种渔网的生成是依据已经存在的要素类的范围，按照要素特指，既可以生成线图层，也可以生成多边形图层。

对于河流长度按三维曲线长度计算的三维盒子分割是一种方法。另一种方法是基于方格网矢量多边形方法，这个方法与三维盒子方法的区别是，前者采用三维多面体，本方法采用二维方格网。

渔网法的三维相交方法对于分维分析具有这样的特点。第一，可以同时进行二维和三维统计。这样，可以在一次分割后，进行三维和二维情况下的分形计算和比较；第二，操作都在 GIS 下进行。即不必编程，也不需要经过生成坐标文件导入成图。

渔网方法是利用 GIS 提供的生成渔网的工具，生成二维盒子，这个二维盒子是矢量图形，不是栅格数据。

3.2.1.2　测度原理

GIS 提供了一种功能，可以进行多边形图层与三维线图层相交运算，多边形对三维线图层进行分割，由于分段的三维特征，可以通过属性进行三维值计算。基于此，可以设计一种测度方法，即建立规格的方格网图层，与三维河流线图层相交，形成平面二维的盒子分割数，可以用于二维测度计算。同时，分别计算每一段的最大最小 Z 值，然后按照 Z 值，确定最低点和最高点所在的盒子位置，以此计算每段在竖直方向所跨盒子数，作为分维计算的基础[1]。

这里需要说明的是，对于盒子测度，二维上一个盒子只计算一次，对于三维测度，在 Z 方向上可能有多个盒子。例如，当盒子长度为一个单位，但在 Z 方向上大于一个单位，则在 Z 方向上应有多一个盒子。

另外，对于分形测度，盒子从确定位置起始，这样，可能出现这样一种情况，虽然一条线段长度小于一个盒子边长，但是测度分割恰被分成两个盒子中，如图 3-9。

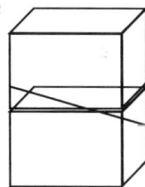

图 3-9　三维跨度跨盒子情况

这样，在测度计算中，不能用 Z 的最值差作为计算依据，而要考虑 Z 最小值出现的盒子位置和 Z 最大值出现的盒子位置。

3.2.1.3　渔网分割三维分维数计算过程

对于渔网分割方法计算三维分维数的方法，具体过程如下：

第一步，生成渔网

依据测度对象生成渔网，建立盒子。其中，在 GIS 中生成渔网的工具有多达 12 个参数，这些参数有起始位置、长宽尺度、生成线还是面的选项。这样，通过适当的参数选择，生成合适的盒子。

第二步，与三维测度对象图层相交

利用相交工具，进行生成的渔网与测度对象进行相交运算，这种运行的实质是进行测度对象分割，生成新的要素图层。

第三步：分段进行 z 值计算

对于分割生成的三维要素图层，可以计算每一个段的最大、最小 z 值。具体计算通过属性表进行。在属性表中，对于一个数字字段可以通过几何计算获得 z 值。

第四步：计算盒子数

三维测度主要考虑 z 值方向的盒子数。并且，考虑图 3-9 的情况，计算中不能采用格网尺寸与 z 值差比较的方法，二要考虑 z 最值所在位置。对于 z 值除以盒子尺寸长度，并对最小 z 值下取整，对于最大 z 值上取整，即可以确定测度对象所处的盒子位置。依据起点位置所处的盒子和终点所处的盒子计算 z 方向盒子数。

3.2.2　三维分割计算

渔网是一种形象的说法，实质是建立纵横交错规格间隔的线，把平面分割成方格网，由于形态类似渔网，因此称为渔网。另外，由于是规则形状，因此可以通过程序生成。因此 GIS 提供了相应的工具。

3.2.2.1　生成渔网

GIS 的渔网实际是建立一个方格网图层，用于地图制图的一种坐标系统。可以据此建立地图公路网之类的方格网。

对于分形，可以借助这种方法，对于建立方格网图层，在 GIS 值有相应的工具，可以生成方格网矢量图层。这种工具称为渔网（fishinet）。工具执行后的对话框和生成的渔网图层见图 3-10。

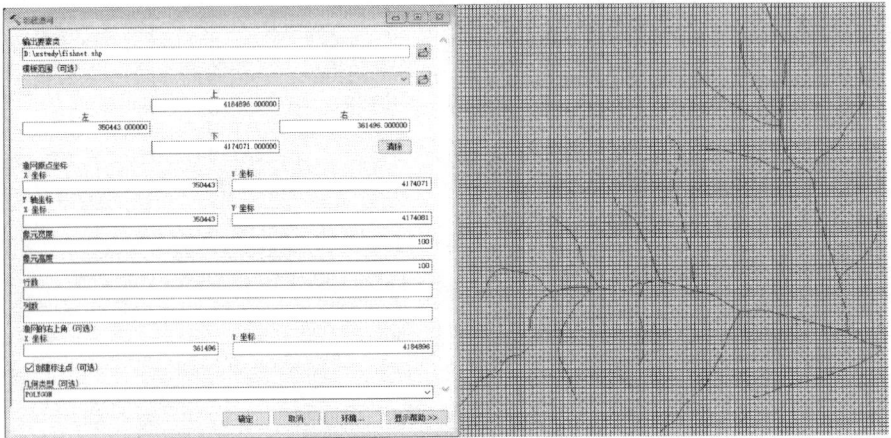

图 3-10　生成渔网的工具

对于分形分析，也可以通过脚本生成渔网。对于分形计算，脚本的方法更有效，可以通过循环和迭代生成多个不同规格的方格网图层。生成渔网的脚本见脚本 3-2。

脚本 3-2　生成的矢量渔网(多边形)

生成渔网的脚本。

```
#Name: CreateFishnet.py
# Description: Creates rectangular cells

# import system module
import arcpy
from arcpy import env

# set workspace environment
env.workspace="C:/data/output"

# Set coordinate system of the output fishnet
env.outputCoordinateSystem = arcpy.SpatialReference ( " NAD 1983 UTM Zone
11N")

outFeatureClass="fishnet10by10.shp"

# Set the origin of the fishnet
originCoordinate='1037.26 4145.81'

# Set the orientation
yAxisCoordinate='1037.26 4155.81'

# Enter 0 for width and height - these values will be calcualted by the tool
cellSizeWidth='0'
cellSizeHeight='0'

# Number of rows and columns together with origin and opposite corner
# determine the size of each cell
numRows='10'
numColumns='10'

oppositeCoorner='19273.61 18471.17'

# Create a point label feature class
labels='LABELS'

# Extent is set by origin and opposite corner-no need to use a template fc
templateExtent='#'
```

```
# Each output cell will be a polygon
geometryType='POLYGON'

arcpy.CreateFishnet_management(outFeatureClass, originCoordinate, yAxis-
Coordinate, cellSizeWidth, cellSizeHeight, numRows, numColumns, opposite-
Coorner, labels, templateExtent, geometryType)
```

生成的要素包括多边形注记点层。

3.2.2.2 相交运算

把生成的渔网多边形与3D线要素层相交，生成相交部分的要素图层。当于对三维线割断，图3-11是三维相交运算的一个示例。

相交运算生成一个新的图层，这个图层的属性表记录每一个分割段的属性信息。其中并不包括z值，z值需要另外计算生成。

3.2.2.3 字段计算

生成的图形为三维的，因此可以计算每个单元的最大和最小z值，这个计算在字段几何计算中提供。同时，可以计算高度上跨越的网格数。具体计算方法是建立两个浮点型字段，也可以用已经存在的浮点型字段，然后对字段进行几何计算。一个要素类属性表的几何计算示例见图3-12。

图3-11 三维线与渔网相交

FID	Shape *	LENGTH	Shape_Leng	number
408	折线 ZM	1278.33	1240.5855	.38
7	折线 ZM	1272.15	1235.503	.37
266	折线 ZM	1218.36	1181.4424	.37
717	折线 ZM	1262.07	1225.3132	.37
602	折线 ZM	1214.11	1177.9405	.36
409	折线 ZM	1276.15	1240.7931	.35
33	折线 ZM	1299.47	1265.404	.34
766	折线 ZM	1214.39	1180.3738	.34
142	折线 ZM	1268	1235.3955	.33
693	折线 ZM	1262.09	1229.167	.33
763	折线 ZM	1227.11	1194.1445	.33
3	折线 ZM	1269.37	1237.2013	.32
50	折线 ZM	1290.07	1257.8841	.32
260	折线 ZM	1215.48	1183.632	.32
456	折线 ZM	1264.19	1231.7214	.32
523	折线 ZM	1204.37	1172.6436	.32
728	折线 ZM	1264.45	1232.7569	.32
39	折线 ZM	1238.07	1206.8116	.31
191	折线 ZM	1277	1246.0262	.31
593	折线 ZM	1224.94	1193.8215	.31
78	折线 ZM	1244.33	1214.7739	.30
451	折线 ZM	1267.23	1237.2704	.30
4	折线 ZM	1298	1269.3696	.29
12	折线 ZM	1239.13	1209.8657	.29
19	折线 ZM	1282.38	1253.6081	.29
21	折线 ZM	1287.39	1257.8903	.29
31	折线 ZM	1308.26	1279.1353	.29

图3-12 要素属性表

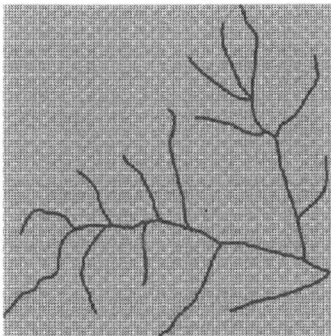

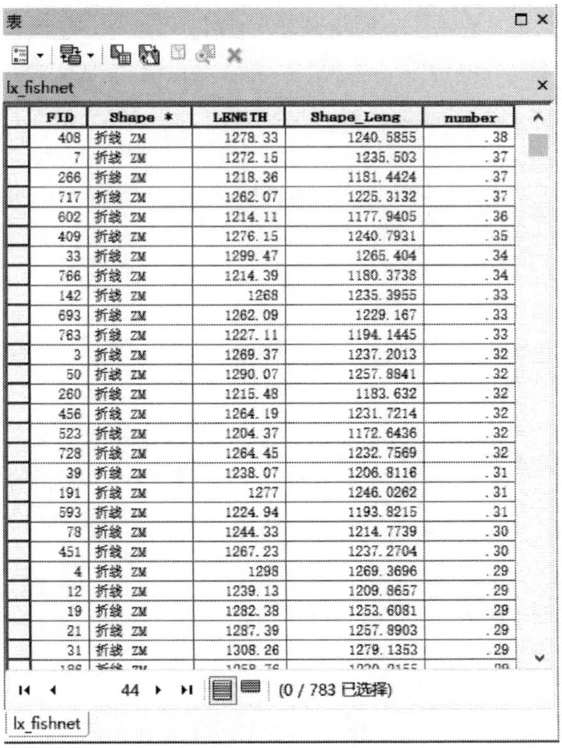

对于属性表计算出最大最小 z 值，虽然高差在尺度之内，但是如果对于一个网格(对于栅格可称为象元或栅元，对于矢量数据可称为网格)，如果划分为长宽高相同的盒子，则有的网格可能跨盒子。

对于最大 z 值，除以盒子尺寸，上入取值，对于最小 z 值，除以盒子尺寸，下舍取整，运算函数分别为 celing( )和 floor( )，然后相减，插值即为盒子数，同时进行插值统计。当计算出盒子数后，就可以通过迭代循环，进行不同尺度的计算。

3.2.3　图元编码

图元具有编码，编码分为两类，一类是系统本身形成的编码，从 0 开始，不可更改；另一类为用户编码，可以按照需要进行编码。在分形计算中，有时要考虑图元编码，因此需要按照图元组织结构形成便于分形计算的编码。对于图元，在属性表中形成了一个顺序编码，具有矩阵的结构。通过编码，作为相邻图元的相同分类代码，便于合并和运算。

3.2.3.1　标识码

对于图形的分形分析计算，通常通过属性表进行。从图形上，一般形成一种矩阵结构，但是对于属性记录，却是一个顺序记录方式，为了便于通过顺序实现矩阵运算，需要借助于编码方式。对于要素，建立一个编码字段 ID，对于 ID 字段赋值，从 1 开始，对于 N×M 的矩阵，进行统一编号。一个编码示例见表 3-1。

矩阵统一编码　　　　　　　表 3-1

1	2	3	4	5	6	7	8	9	10	11
12	13	14	15	16	17	18	19	20	21	22
23	24	25	26	27	28	29	30	31	32	33
34	35	36	37	38	39	40	41	42	43	44
45	46	47	48	49	50	51	52	53	54	55
56	57	58	59	60	61	62	63	64	65	66
67	68	69	70	71	72	73	74	75	76	77
78	79	80	81	82	83	84	85	86	87	88
89	90	91	92	93	94	95	96	97	98	99
100	101	102	103	104	105	106	107	108	109	110
111	112	113	114	115	116	117	118	119	120	121
122	123	124	125	126	127	128	129	130	131	132
133	134	135	136	137	138	139	140	141	142	143
144	145	146	147	148	149	150	151	152	153	154
155	156	157	158	159	160	161	162	163	164	165
166	167	168	169	170	171	172	173	174	175	176
177	178	179	180	181	182	183	184	185	186	187
188	189	190	191	192	193	194	195	196	197	198

表 3-1 按照渔网网格排列方式，编成序列代码，该渔网 18 行 11 列，逐行从上到下编成连续的代码，通过该代码序列计算出行列位置，进行图元识别和计算。

3.2.3.2　格网编号

对于渔网格网进行位置的行列编号。首先对图元进行标识，即对 ID 字段（这是生成图层自带的一个可修改字段）编号，为了便于后续分辨，编号从 1 开始，通过字段计算方法，利用计算表达式生成，见式 3-1。

$$ID = [FID] + 1 \qquad (3-1)$$

对于记录构成矩阵，需要通过编码识别矩阵位置，这个过程通过图元识别实现。依据图元编码，建立位置标识。在属性表中，建立行列两个字段，分别记录元素的行列位置，进行行列位置计算。

依据表 3-1，可以看出，属于同一行的图元，行号应当相同。元素编码是一种顺序码，对于同一行的元素，除以列数，得到小数。例如，对于表 4-2 的编码，除以 11（行号），第一行小于等于 1，第二行小于 2，…。对于第一行，采用上入为整的方式，得到第一行的行号为 1；第二行除以列数后，所有值均大于 1 且小于 2，用上入取整方式，得到 2，依次形成了行字段的编码。

在 GIS 中，属性字段运算提供了上入取整函数 ceil，可以实现行编号操作。提供字段计算器，用：

$$Math.\ ceil(!\ ID!\ /R) \qquad (3-2)$$

进行行编码。

式中　Math. ceil——数学上入取整函数；

　　　　ID——编码字段；

　　　　R——列数。

需要说明的是，如果对于除以列数使每行最后一列为整数值的计算有顾虑，可以除以列数加 0.5 即可。

对于列，其代码特征是同一列的代码相同。从表 3-1 的代码可以看出，同一列相邻行的记录码差一个整数，即列数，如第一行第一例为 1，第二行第一例为 12，依次为 23、34……对这种情况，列编号采用取模运算。取模运算是这样一种运算，对于一个整数，除以一个整数，结果取余数。按照同一列的倍数关系，取模运算除以列数实现列编码。在 GIS 中，对属性表的列字段进行取模运算，见式 3-3。

$$Math.\ fmod(!\ ID!\ ,\ R) \qquad (3-3)$$

生成的列号见表 3-2。

图元列编号　　　　　　　　　　　　　　　　表 3-2

1	2	3	4	5	6	7	8	9	10	11	12	13	14	15	16	17	18
1	2	3	4	5	6	7	8	9	10	11	12	13	14	15	16	17	18
1	2	3	4	5	6	7	8	9	10	11	12	13	14	15	16	17	18
1	2	3	4	5	6	7	8	9	10	11	12	13	14	15	16	17	18
1	2	3	4	5	6	7	8	9	10	11	12	13	14	15	16	17	18
1	2	3	4	5	6	7	8	9	10	11	12	13	14	15	16	17	18
1	2	3	4	5	6	7	8	9	10	11	12	13	14	15	16	17	18
1	2	3	4	5	6	7	8	9	10	11	12	13	14	15	16	17	18
1	2	3	4	5	6	7	8	9	10	11	12	13	14	15	16	17	18
1	2	3	4	5	6	7	8	9	10	11	12	13	14	15	16	17	18
1	2	3	4	5	6	7	8	9	10	11	12	13	14	15	16	17	18
1	2	3	4	5	6	7	8	9	10	11	12	13	14	15	16	17	18
1	2	3	4	5	6	7	8	9	10	11	12	13	14	15	16	17	18
1	2	3	4	5	6	7	8	9	10	11	12	13	14	15	16	17	18
1	2	3	4	5	6	7	8	9	10	11	12	13	14	15	16	17	18

通过这样的数据处理，就形成了渔网要素类属性字段的行列编码，用于识别每一个位置的元素。

3.2.3.3　相邻单元识别

对于分形，从 GIS 角度，一般需要生成多个图层，而计算中仅仅是用统计数据。能否有一种更高效的方法，即生成一个要素图层，然后进行不同相邻单元的识别和统计计算。这里的基本思路是：

(1) 生成按照分形计算需要尺度最小的多边形渔网图层

(2) 给多边形编行列号

(3) 渔网对测度线要素分割

(4) 计算分断数量

(5) 进行图元合并成较大尺度分段再计算分段数

其中，可以进行相邻图元合并成大的图元，也可以针对相关图元直接进行计算，例如，对于某一尺度的分割段，找出相邻的图元作为一组，对这一组作为一个大图元状况进行计算，而不必实际进行图元合并，这样减少图层生成数量，仅仅通过属性表进行计算。

对于渔网与要素的分割求交集，生成的要素图层的直接的编号不再是渔网的编号序列，即行列已经不连续，这时，可以通过传递的方式，通过相交把图元所在渔网行列位置导入，识别要素行列位置，然后进行鉴别和分析计算。

假设渔网为 n 行 m 列，相交的结果中，只有线的分段部分，数据量极大减少，同时，属性字段记录保持了每一段在原来渔网格子的位置编号。基于这些数据，可以进行不同尺度的状况计算。

属性表的查询有相邻查询和其他查询，但是对于格网划分，是特定位置，比如，一般左邻栅格单元属于统计范围而右邻不是。由此需要进行图元分组编号。示例数据为 109 行 111 列。对于合并成 2×2 情况。对于相邻两行，编号相差 111，即对于邻行加上或减去列数，上下相邻图元就有相同的一个字段分类类型，对于相邻两列，通过除以 2 上入，则对于编号从 1 到 111 的一行，使相邻两列分类值相等，这样，可以形成 2×2 格的编号。

在搞清基本原理后，还需要解决两个问题，一是识别出相邻行和列，因为对所有列都加减没意义。另外一个就是对识别出的单元编码，要求具有相同的编码，便于检索计算。

3.2.3.4 行编码

对于合并图元，要求有同样的属性记录，为此，以编号为基础，建立合并代码。对于 p 行合并，要求 p 行数值相同。对于 GIS 属性表，可以建立一个字段，作为合并编码记录。要使多行代码相同，采用上入函数，及对于有小数的数值，进入到更大的一个整数。这里不是 4 四舍五入，而是全入无舍，相应的python 函数为 math. ceil(ID / L)。ID 为图元编号如表 3-1，L 为除数，对于要求几行编码相同，就采用行的倍数做除数，例如，对于一行 20 个元素，用 60 除，则三行元素相同。在 Excel 中，对应的函数为 CEILING(A1/22，1)。表 3-3 对于编码除以 22，则第一、第二行数值都是小于或等于 1 的小数，上入后为整数 1，对于其他行业做如是处理，形成两两行号相同的情况。

行编码 表 3-3

1	1	1	1	1	1	1	1	1	1	1
1	1	1	1	1	1	1	1	1	1	1
2	2	2	2	2	2	2	2	2	2	2
2	2	2	2	2	2	2	2	2	2	2
3	3	3	3	3	3	3	3	3	3	3
3	3	3	3	3	3	3	3	3	3	3
4	4	4	4	4	4	4	4	4	4	4
4	4	4	4	4	4	4	4	4	4	4
5	5	5	5	5	5	5	5	5	5	5
5	5	5	5	5	5	5	5	5	5	5
6	6	6	6	6	6	6	6	6	6	6
6	6	6	6	6	6	6	6	6	6	6
7	7	7	7	7	7	7	7	7	7	7
7	7	7	7	7	7	7	7	7	7	7
8	8	8	8	8	8	8	8	8	8	8
8	8	8	8	8	8	8	8	8	8	8
9	9	9	9	9	9	9	9	9	9	9
9	9	9	9	9	9	9	9	9	9	9

3.2.3.5　列编码

对于列的合并，需要在列编码的基础上进一步计算，例如对于上面形成的列编码的表 3-4 的结果，需要对数据做进一步处理。

列编码　　　　　　　　　　　　　　　　　表 3-4

1	2	3	4	5	6	7	8	9	10	0
1	2	3	4	5	6	7	8	9	10	0
1	2	3	4	5	6	7	8	9	10	0
1	2	3	4	5	6	7	8	9	10	0
1	2	3	4	5	6	7	8	9	10	0
1	2	3	4	5	6	7	8	9	10	0
1	2	3	4	5	6	7	8	9	10	0
1	2	3	4	5	6	7	8	9	10	0
1	2	3	4	5	6	7	8	9	10	0
1	2	3	4	5	6	7	8	9	10	0
1	2	3	4	5	6	7	8	9	10	0
1	2	3	4	5	6	7	8	9	10	0
1	2	3	4	5	6	7	8	9	10	0
1	2	3	4	5	6	7	8	9	10	0
1	2	3	4	5	6	7	8	9	10	0
1	2	3	4	5	6	7	8	9	10	0
1	2	3	4	5	6	7	8	9	10	0
1	2	3	4	5	6	7	8	9	10	0

对表 3-4 观察，如果对列编码做除法运算，除以 2，则第一列为 0.5，第二列为 1，第三列为 1.5，一次类推。然后去上入取整，则第一列为 1，与第二列相同，第三列为 2，与第四列相同，等等，就形成了二列同码。若要合并多列，则除以需要合并的列数数量。在属性计算中，可以使用用嵌套方式：

CEILING. MATH(MOD(A1，11)/3，1)

即对编码求模结果再除以需要合并的列数，再上入取整。上综合式是进行 3 列计算，结果见表 3-5。

嵌套运算　　　　　　　　　　　　　　　　　表 3-5

1	1	1	2	2	2	3	3	3	4	0
1	1	1	2	2	2	3	3	3	4	0
1	1	1	2	2	2	3	3	3	4	0
1	1	1	2	2	2	3	3	3	4	0
1	1	1	2	2	2	3	3	3	4	0

续表

1	1	1	2	2	2	3	3	3	4	0
1	1	1	2	2	2	3	3	3	4	0
1	1	1	2	2	2	3	3	3	4	0
1	1	1	2	2	2	3	3	3	4	0
1	1	1	2	2	2	3	3	3	4	0
1	1	1	2	2	2	3	3	3	4	0
1	1	1	2	2	2	3	3	3	4	0
1	1	1	2	2	2	3	3	3	4	0
1	1	1	2	2	2	3	3	3	4	0
1	1	1	2	2	2	3	3	3	4	0
1	1	1	2	2	2	3	3	3	4	0
1	1	1	2	2	2	3	3	3	4	0

3.2.3.6 综合编码

把行列码综合，形成渔网网格合并码，具体方法就是每个单元的行列码求和，即把对位格网行列值相加，结果见表 3-6。

行列代码求和   **表 3-6**

1	1	2	2	3
1	1	2	2	3
1	1	2	2	3
1	1	2	2	3
1	1	2	2	3
1	1	2	2	3
1	1	2	2	3

1	1	1	1	1
1	1	1	1	1
2	2	2	2	2
2	2	2	2	2
3	3	3	3	3
3	3	3	3	3
4	4	4	4	4

2	2	3	3	4
2	2	3	3	4
3	3	4	4	5
3	3	4	4	5
4	4	5	5	6
4	4	5	5	6
5	5	6	6	6

这种相加有重复值，是一种主对角线对称状态，在矩阵中辨识当然无问题，但是对于通过属性表查询统计，是不辨别位置的，因此还应进一步改进。

为使编码具有唯一性，可以把行或列矩阵数值加大，如加大 10 倍，则对于 10+1 和 1+1 就有确切分辨。需要注意的是，加大倍数用大于另一矩阵中最大值的进位数，例如最大值为 100 以下，用 100，小于 1000 用 1000。

进一步需要解决的问题是不同规格的合并问题，其实有了上述方法，问题迎刃而解，对于行编码用合并的尺度倍数，对于列编码也是如此。综合编码的图层属性表结果示例见图 3-13。

3.2.3.7　异常问题处理

对于列编号用取模方式，会出现最后一列值为 0 的问题，使列号连续性中断。这是因为通过取模的方式，对于一行编号按行元素数量来除，必然出现最后一列刚好除尽、余数为 0 的情况；如果模数取大一点，比如增加 1，则第一列变为 0。解决办法是在取模后，查询和选取列号字段值为 0 的列，通过属性计算另赋值，或者编写更加完善的脚本。

对于行计算，也存在类似问题，采用上入方法函数 math. ceil( )，理应返回指定双精度值的上限(接近的最大整数)，实际返回的是下限，不知什么原因。如果发现这种情况，计算分两步，第一步建立一个双精度字段，用 ID/列数，注意除数用浮点形式，如 43 写为 43. 0，得到浮点值，然后用词浮点值进行上入计算，结果正确。图 3-14 为这种错误的示例，最右一列数值比相应行值大 1。

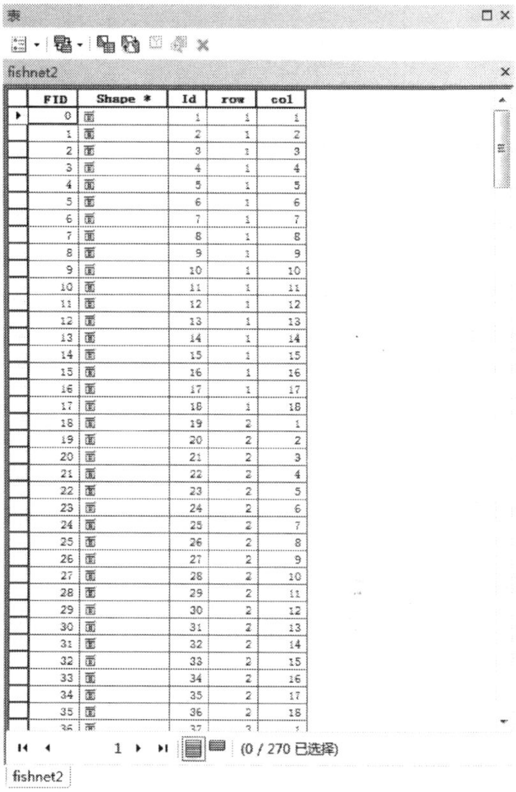

FID	Shape *	Id	row	col
0	面	1	1	1
1	面	2	1	2
2	面	3	1	3
3	面	4	1	4
4	面	5	1	5
5	面	6	1	6
6	面	7	1	7
7	面	8	1	8
8	面	9	1	9
9	面	10	1	10
10	面	11	1	11
11	面	12	1	12
12	面	13	1	13
13	面	14	1	14
14	面	15	1	15
15	面	16	1	16
16	面	17	1	17
17	面	18	1	18
18	面	19	2	1
19	面	20	2	2
20	面	21	2	3
21	面	22	2	4
22	面	23	2	5
23	面	24	2	6
24	面	25	2	7
25	面	26	2	8
26	面	27	2	9
27	面	28	2	10
28	面	29	2	11
29	面	30	2	12
30	面	31	2	13
31	面	32	2	14
32	面	33	2	15
33	面	34	2	16
34	面	35	2	17
35	面	36	2	18
36	面	37	3	1

图 3-13　行列综合编码示例

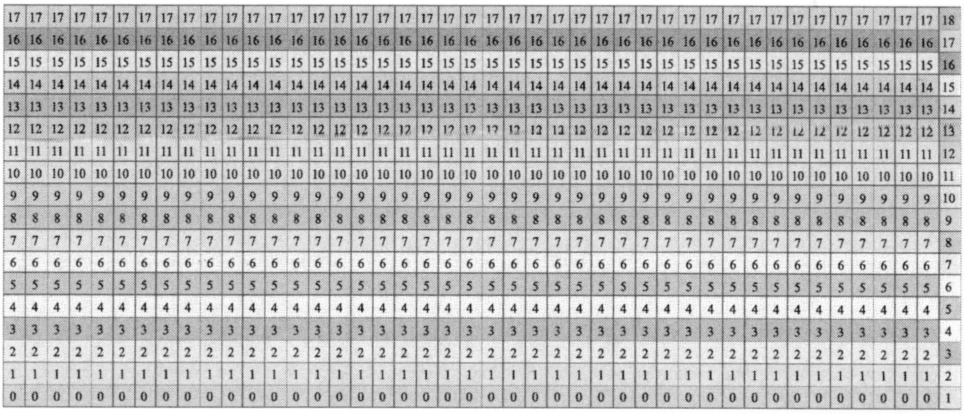

图 3-14　直接取模运算问题

3.2.4　渔网网格合并

对于分维计算，需要生成不同规格的渔网。分形的循环和迭代在 GIS 中需要生成多个过渡图层，例如，对于一个尺度的测度，需要生成相应尺度的渔网，通过渔网在生成该尺度的要素分割图层，即一个尺度需要生成 2 个新图层，若进行 50 个尺度的计算，就需要生成至少 50 个图层，对于图层叠加的方式，则要生成至少 100 个图层。对于图层的分维分析只需要分割的图元数量，因此可以采用适当的方法减少生成的图层。这个方式就是图层合并。

合并采用两种方式，一种进行渔网合并，再进行分割，这种方法省去生成渔网过程；另一种是对于分割后的三维图元进行相邻合并。

3.2.4.1 渔网合并

对于三维测度，需要不同尺度的盒子，对于渔网盒子，通过相邻合并，生成尺度不同的增大盒子。这个过程要考虑如下问题：

1. 相邻盒子标识。
2. 合并相邻盒子。

这种合并可以作为新的渔网进行分形测度，也可以作为小尺度分割集合成大尺度图元的识别标识。

这种合并按照前述的渔网行列编号综合方法，形成相邻图元的相同综合编码，然后利用 GIS 的融合工具进行融合。

3.2.4.2 融合

通过融合操作，形成融合图层。如果能够对于图元进行合并，生成不同尺度的测度图元，则省去了重新生成渔网或合并渔网的问题，并且只针对一次渔网分割的结果进行计算。

进行融合的基本思想是，对于生成的渔网，序号确定，从 0 或 1 开始，一次可以用一个固定模板进行图元识别，需要行数和列数。当然可以定义一个很大的二维数组。

其中的技术要点是，对于行，先除以行数的倍数，然后取 ceil，这里要分步进行。对于列取模后再取模运算，详细见前节。

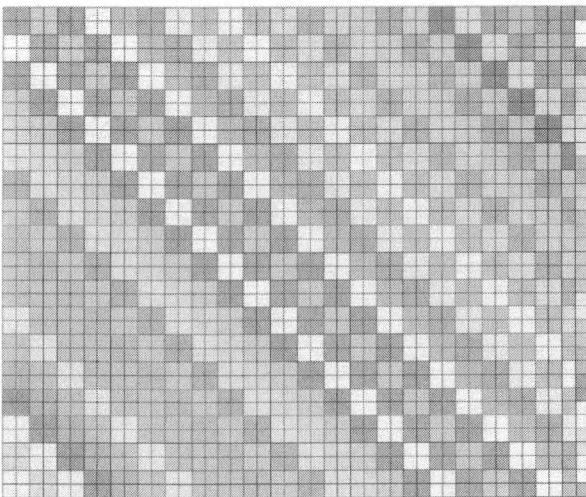

图 3-15 聚合示意(2×2 聚合)

3.2.4.3 例

通过上述过程，生成渔网，通过渔网编码，进行不同尺度网格合并，形成大的格网，作为不同尺度测度的图形基础。使用的表达式为 python 脚本的数学函数，这个函数采用嵌套方式，语句为：

math. ceil(math. fmod(！Id!，44)/2)

这个语句首先进行一定列数的取模运算，然后对于取模运算结果再进行上入运算，然后进行合并。图 3-15 为 2×2 邻单元的编码情况，从图上可以看出，相同的单元，用颜色表示，具有相同的颜色。

图 3-16 是行列编码情况。

图 3-16　列编码(左)和行编码(右)

为例避免合并重复，进行列编码改正，对于最后一列，通过查询值为 0，进行值设置。为了便于分形计算，避免不同块的值重复，对行或列乘以一个值，进行倍数扩大，本例乘以 10。结果见图 3-17。从图的情况可以看出，相邻 9 个单元(3×3 合并)的编码相同。

3.2.4.4　统计计算

虽然合并过程避免了生成渔网，但对于图层分形计算生成的数量仍未减少，可否不进行合并，直接进行计算。由于计算在属性表情况下，这样是可行的。

在不合并的情况下，进行统计的基本步骤如下：

1. 打开属性表。
2. 选择汇总字段，选择行列相加的字段。
3. 右键菜单，汇总，见图 3-18。

图 3-17　合并的栅格

4. 选择汇总字段，选择最大高程的最大值，最小高程的最小值。
5. 确定，得到结果，见图 3-19。

3.2.5　三维线图元合并

对于渔网合并方法避免了重新生成渔网问题，但是仍然不能解决渔网与线

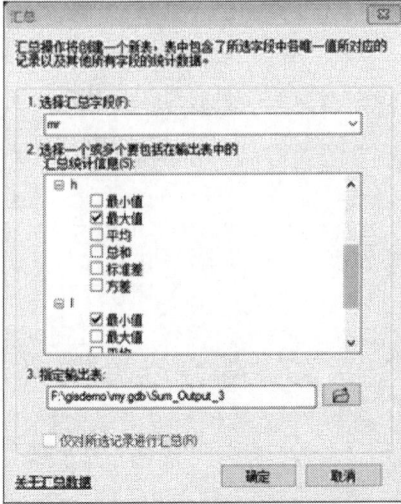

图 3-18　属性字段汇总计算对话框

图 3-19　统计汇总结果

图层相交的问题，如果能直接从小尺度生成的线图层上进行图元合并，则不但省去不同尺度的渔网，而且可以从属性表进行计算。

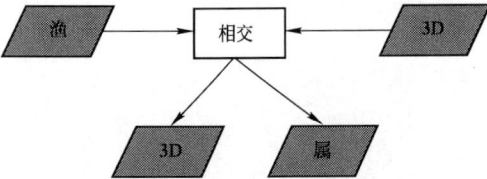

图 3-20　三维分形测度的流程图

图 3-21　相交分段

3.2.5.1　图元合并流程图

图元合并需要经过一系列的操作，并且这些操作有一定的顺序，这样，可以建立数据处理流程图，作为程序化处理的基础，见图 3-20。

3.2.5.2　不同尺度的线聚合

线的变尺度聚合实际是从小尺度向较大尺度聚合的过程，更近一步，对于分形计算，这个合并并不必要实质进行，只要能够按照尺度进行类似聚合的编码，就可以进行测度计算，从图 3-17 来看，对于 2×2 聚合，处于一个聚合块内的图元有相同的编码，就可以进行分形计算。

对于线图元，在相交分割运算后，只是对线进行一定尺度分段结果，相对于渔网，格网数极大减少，并且也不成为规则的行列结构。即对于渔网的 N×M 结构，分割后的线段只有线条所处的范围，这样形成线段编码的不连续。见图 3-21。

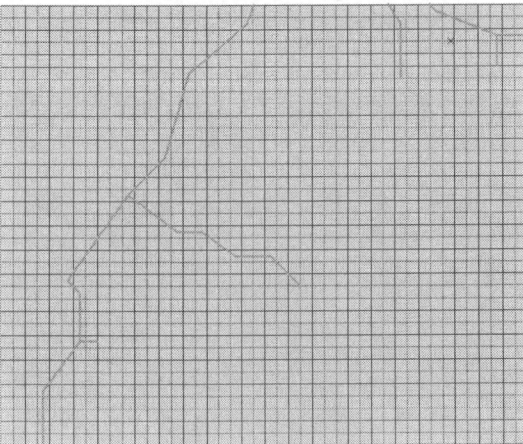

图 3-21 表示的图形，渔网网格数量为 1584，即使扣除线外的可去除部分 108(生成渔网扩大范围包含所有线条形成的)，仍有 1472 个图元，而相交分割

的线只有 99 个元素。虽然分割的数量与线的密度有关，但是最极端的情况，线段数也最多等于网格数。

同时，图元编号也发生变化，这样就不具备上述合并的基础。有利的一点是，当对渔网进行编号后，在相交运算中，结果图层包含了相应位置的渔网网格编号，这样，就可以按照前述方法进行图元合并。对于分形计算，只需要进行聚合单元分类编号即可。

虽然行列长宽不再保持，但是进行对线元的聚合与网格的聚合计算没有任何区别。对于一行为 100 个元素，相交线单元只保留了少数位置，也可以计算。例如对于一行的 5、6、7、35、68、69 位置的元素，上入计算没有影响，异常情况的处理方法也完全有效。那么，余下的问题就是对聚合单元，严格说是一个聚合单元内的盒子数计算问题。

3.2.5.3　盒子划分和计算

对于三维线经过相交分割后，三维盒子计算需要计算每个单元的最低和最高高程，这个计算可以通过属性表几何计算实现。

通过几何计算，把一个单元的最低和最高值分别写入相应的属性字段。以这个字段为基础进行计算。

对于最小高度，除以盒子尺长下入求整，对于最大高度除以尺长上入取整，然后取二者插值，作为该单元的盒子数。

3.2.5.4　聚合情况计算

当进行盒子聚合后，如果进行融合则计算过程采用一般方法，即一条记录一个盒子数，但是这种方法要生成很多图层，如果采用形式聚合（聚合单元分类），这时计算只针对属性表，而相应的问题是，聚合形成了多条属于同一分块的多条记录，一般是 2^n 条，而计算只需要一条综合结果，需要确定算法。

思路：首先进行唯一性编号，然后分组，遍历图元，把同类图元的编号及 zmax 和 zmin 进行计算，在脚本中就是调用一个函数，进行计算，用同类中的最大 zmax 和最小 zmin 取代同类中的所有相应值，然后进行测度计算。

3.2.5.5　盒子信息维数参数计算

对于相交方式形成的线分割，由于线段在盒子的位置和方向一般不相同，因此线段尺度不尽相同，而以长度作为参数进行的信息维数计算，需要考虑线段尺度的概率 p_i，按照概率计算方法，可以采用几何计算方法计算每段的长度甚至三维长度，作为信息维数计算基础。

需要研究的问题是：如果采用信息维数，是否把尺度化为线的长度计算方法？解决思路是，通过计算获得长度，然后按照测度尺寸换算为测尺数量，这个数量采用整数，一般采用上入方法。这个计算过程是：

1. 线转三维，形成三维线。
2. 按线建立渔网，作为线分段图层。
3. 线与渔网相交，形成分割线段图层。

4. 渔网合并编码，进行盒子计数。

5. 分维数计算。

显然，对于二维测度，也可以用这种方法，即不需要生成各种尺寸的图层，用一个最小长度的图层，通过计算获得各种尺度下的数量。

3.2.6　线分割方法

对于线测度的其他方法还有线分割方法和线长度属性表属性字段计算方法，二者虽然具有测度特征，但并不适应分形要求，原因是计算的是直接的长度数值而不是测度尺数。虽然如此，在此处加以介绍，可以提醒对于计算方法的应用选择。线分割是一种更为简单的方法，对于二维，三维都有效。这种分割形成的多个分段，对于分形，可以进行段数统计。

3.2.6.1　线等长分割

对于线可以等长分割，这与分形测度的思路相同，避免了盒子方法的问题。具体的操作采用图层编辑下的分割命令。具体的操作通过 GIS 的"编辑器"工具中的"分割"功能。该功能允许将一个线要素等分为多个新要素。例如，可使用此"分割"选项将线打断为多个等长的部分。具体步骤是：

1. 单击编辑器工具条上的编辑工具，选择一个要素，不能选择多个要素。

2. 单击编辑器菜单，然后单击分割。

3. 单击分成相等部分分割选项，然后输入要分成的部分的数量。

4. 单击确定，线被分割。

此时，"分割"操作会更新现有要素的形状，并使用要素类的默认属性值创建一个或多个新要素。图 3-22 是等距分割一例。

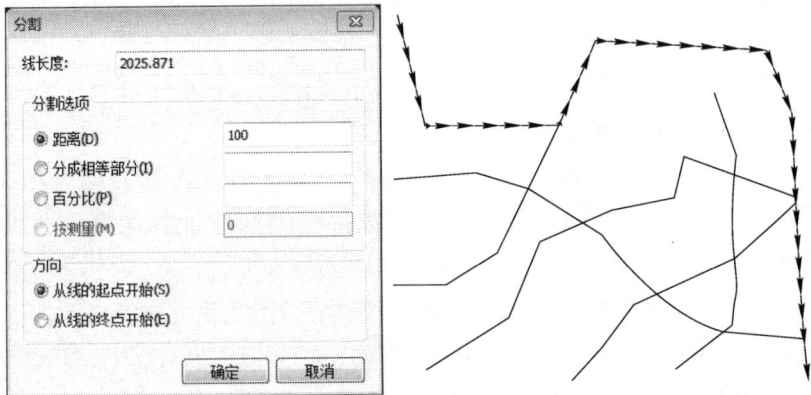

图 3-22　等距分割

说明：对于线分割有距离、分成相等部分和百分比等方法，但是经过试验，距离方法没有结果，原因不明。

3.2.6.2　分割试验

分割试验需要考察对于分形分析的适应性问题，对于分形测度，用直尺量测弯曲线段，不同的尺度量得的结果(总长度)不同，尺度越小，总长度越大，而分割试验期望解决对于不足一个直尺段的弯曲线的度量状况分析。经过测试，发现分割只考虑长度而不考虑形状，比如对于折角采用连续度量而不是跨段度量，见图 3-23，分割通过折弯，而直接度量跨过。

图 3-23　分割度量

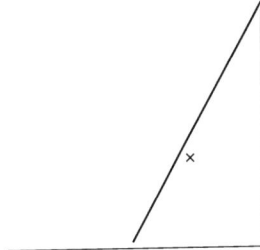

基于分割试验，这种方法不适宜进行分形应用，原因在于对于分形测度，并不考虑折曲状况，这样不同的尺度度量位置有很大区别，而分割并不考虑这种情况。例如，对于一段折曲很多的线，如果用一个尺度和一个尺度的倍数进行测度，分割方法在整倍数初端点重合，而分形测度则不存在这样的问题。对于一条尺度为 L 的线，测尺长度用 c，量得为 n 段，用二分之一 c 度量，结果为 2c±1，用 p 分之一尺长测度，结果与整尺测度时的比值十分接近 pn。

3.2.6.3　基于尺度计算的分割

对于线，用 GIS 技术可以计算长度，甚至可以计算 3D 线的长度，因此可以通过计算方法进行测度。采用不同的尺度进行尺度测度实际上是对于线长度除以一个数值(作为测尺长度)，并且采用上入方式计算结果段数。

计算方式的分割方法是对于线的长度除以尺长度取得分段数。这种方法的长处是仅需要对属性表字段进行计算，不需要实际分割线，可以不在编辑状态下进行，也避免了逐条选线问题。而尺度测度最大的问题与分割情况相同。

3.2.6.4　示例

对丁 1000×1000×200 的点阵，按照编号特征选点，建立选择字段的方法。建立一个选择字段。在字段计算器中，使用 python 的数学取模运算，math. fmod(！Id!，110)，得到列号，取最小整数，得到行号。math. ceil(！Id！/110)。见图 3-24。

FID	Shapa	Id	row	col	md
420	点	0	3	93	1
421	点	0	3	94	1
422	点	0	3	95	1
423	点	0	3	96	1
424	点	0	3	97	1
425	点	0	3	98	1
426	点	0	3	99	1
427	点	0	3	100	1
428	点	0	3	101	1
429	点	0	3	102	1
430	点	0	3	103	1
431	点	0	3	104	1
432	点	0	3	105	1
433	点	0	3	106	1
434	点	0	3	107	1
435	点	0	3	108	1
436	点	0	4	0	0
437	点	0	4	1	0
438	点	0	4	2	0
439	点	0	4	3	0
440	点	0	4	4	0
441	点	0	4	5	0

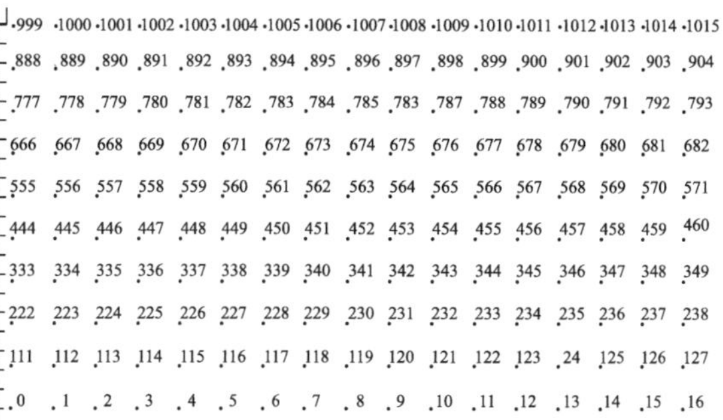

图 3-24　测度示例图

对于尺度最小的点，选择 2 倍尺度的点，即相间选取一个点，若选择偶数点，则选的是偶数行和偶数列。这种选择通过属性表进行。

新建两个选择字段 W、L，用表达式：

$$math.fmod(\ !\ row!,\ 2)$$

计算结果，显然结果为 0 的是偶数，其他为奇数，对列也可类似选择。在此基础上，选择 W、L 皆为 0 的记录，表达式为：

$$[W]=0\ and\ [L]=0$$

选择奇数，表达式的等于变为 ≠ 即可。

对于其他尺度，也用上方法，只不过把用相应的尺度倍数求模。对于三维点阵，需要对第三维做类似处理。

3.3　三维测度实施

上两节分别分析了三维测度的技术方法和计算问题，本节研究应用上述方法进行的三维测度的 GIS 实施过程。

3.3.1　三维测度

三维测度实质上是用三维多面体形成的盒子对三维对象进行分割，在 GIS 中，有一种三维空间叠加功能，可以把多面体和三维线叠加，生成被多面体分段的三维线，这正符合三维分形测度需要。

3.3.1.1　三维线测度

对于测度，应用线与多面体相交方法。在 GIS 中，可以把两个多面体图层进行取交集、并集等的运算，在三维测度时，通过符号设置方法把图形转变为多面体，然后进行相应运算。

这个测度中要求线必须是三维的。三维线以二维线为基础通过进行三维编辑生成，另一种方法是利用 DEM 获得高程数据。

3.3.1.2　三维多面体测度方法

利用三维线和多面体相交工具，进行多面体和三维线相交。相交的本质是用每个多面体盒子单元截取三维线。

对于 GIS，输出项具有选择性，对于分形测度，需要选择输出为要素类，对于点用点要素类，对于线用线要素类。地形用 Tin 或 terrain 格式，也可由栅格转换生成。然后进行三维空间分形测度。GIS 中三维测度的参数见表 3-7。

三维测度的参数　　　　　　　　　　　　　表 3-7

参数	说明	数据类型
in_ surface	输入不规则三角网(TIN) 或 terrain 数据集表面	Terrain Layer; TIN Layer
in_ feature_ class	输入面要素类	Feature Layer
out_ feature_ class	输出多面体要素类	Feature Class
max_ strip_ size (可选)	控制用于创建单个三角条带的点的最大数。请注意, 每个多面体通常由多个条带组成。默认值为 1, 024	Long
z_ factor (可选)	Z 值将乘上的系数。此值通常用于转换 Z 线性单位 来匹配 XY 线性单位。默认值为 1, 此时高程值保持 不变	Double
area_ field (可选)	输出字段的名称, 其中包含所得多面体的平面(或 2D)面积	String
surface_ area_ field (可选)	输出字段的名称, 其中包含所得多面体的 3D 面积。 该面积考虑到了表面的波动。如果表面是平的, 则该 面积与平面面积两者相等, 否则它总是大于平面面积	String
pyramid_ level_ resolution (可选)	此工具将使用 terrain 金字塔等级的 z 容差或窗口大 小分辨率。默认值为 0(z 容差), 或全分辨率(窗口 大小)	Double

3. 3. 1. 3　脚本

GIS 提供了应用编程语言, 其为 python, 建立的程序称为脚本。在 gis 分形计算中, 很多情况需要通过脚本方式进行处理。下为脚本的一个例子。

```
# Import system modules
import arcpy
from arcpy import env

arcpy. CheckOutExtension("3D")
# Set environment settings
env. workspace="C: /data"

# Set Local Variables
inTerrain="sample. gdb/featuredataset/terrain"
inPoly="polygon. shp"
outMP=arcpy. CreateUniqueName("out_multipatch. shp")

#Execute InterpolatePolyToPatch
arcpy. InterpolatePolyToPatch_3d(inTerrain, inPoly, outMP, 1024, 1," Area"," SArea", 5)
```

3. 3. 1. 4　栅格数据转为三维盒子

把栅格数据转为三维盒子是进行三维测度的另一种数据处理途径。通过 GIS

可以把栅格数据转为盒子，但是由于栅格数据的一个特征，对于连续性栅格，没有属性表，而使用栅格转面需要选择一个字段，因此不能用连续栅格转换为面。栅格转面针对整型栅格。若把连续栅格转换为整型栅格，又会产生数据误差。这里可以考虑一个解决方法：利用栅格计算功能，给栅格乘以一个数值，比如 100，成为整数栅格。乘数选择考虑需要的精度即可。

这样的栅格虽然数值上是整数，但是结构为连续型。因此还需要通过转换为整型，变为整数栅格数据。

栅格数据转换为面，出现属性数据，在属性字段把原栅格值扩大的倍数缩回，即除以扩大倍数。其中，由于转换为整型栅格，因此栅格值转换为面的值字段为整型，除后小数失去，可以另建一个浮点型字段计算结果。栅格转面的示例见图 3-25。

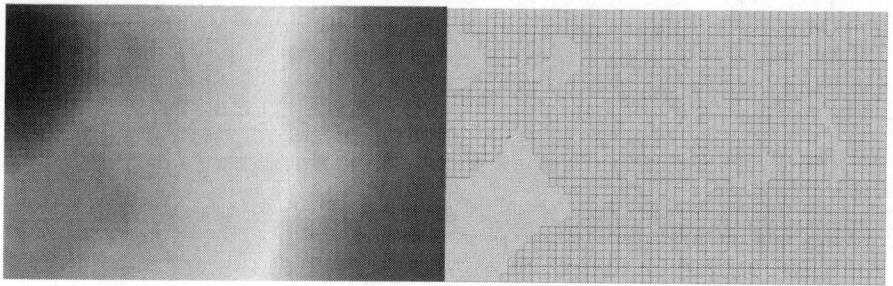

图 3-25　栅格转面

栅格数据转换的多边形要素类的直接图形表现为二维，第三维为栅格值，在要素类中保存在属性表的一个字段中。把转换获得的多边形要素类在 3D 中拉伸，然后再把拉伸的符号图层转换为多面体。

需要注意的问题，可以根据值字段进行栅格值设置和拉伸，虽然拉伸有较好效果，但是用这种拉伸结果转换为多面体，不符合应用需要，由于没有参数设置项，无法设置。对于拉伸，取位是以最低点作为起点而不是从海拔起。

另一种方法，对于面用在三维显示中设置以地形面为基本高度，然后转换为多面体，满足应用需要，见图 3-26。

图 3-26　栅格的三维显示和转换要素类的三维显示

对于三维测度，形成计算数据，这个数据采用三维特征，例如，在尺长维 r 测度时的结果与尺长折半的结果之间是拓扑维是三维的。

3.3.2　案例

以三维线与多面体三维叠加为例，进行测度计算。需要说明的是，也可以用两个多面体空间相交方式进行分形计算，这需要把线设置为三维符号，然后转换为多面体，用三维空间相交运算即可。显然，后一种方式工序多，另外，对于线，可以设置为三维管子，但是在转换为多面体时失效。

3.3.2.1　读取要素范围

测度针对三维线，因此第一步建立三维线，对于二维线，转换为三维线，在二维线转三维的过程中，如果有三维地形面，可以以地形面为参照，获取三维数据，生成三维线，或者以某一字段或恒定值为第三维值，然后进行节点编辑生成三维线。然后进行线与多媒体相交运算，见图 3-27。

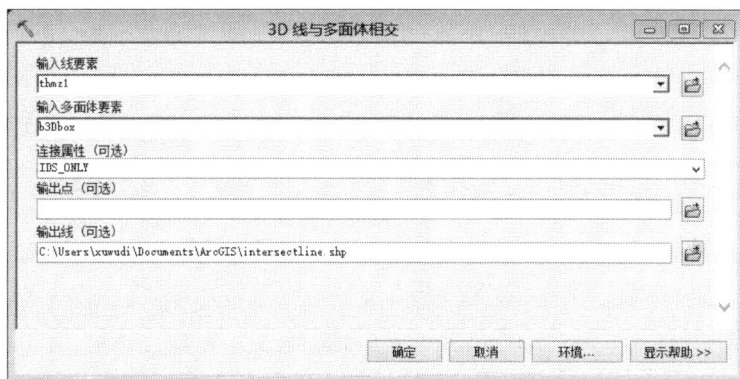

图 3-27　三维线与多面体相交工具对话框

对于三维线作为测度对象，测度盒子范围要与线的范围一致，而由于三维盒子的程序构建具有参数选择性，需要读取三维线图层的图形范围和高程范围。

对于线的三维测度，建立三维盒子，需要确定盒子范围与测度线范围一致，提高效率。因为生成的三维盒子数量极大，系统消耗大，选择恰当范围，提高效率。

3.3.2.2　生成盒子

可以用 python 脚本生成三维点坐标文件。本章附录 1 为生成三维坐标点的脚本。依据前述方法，生成三维点，然后设置符号，选三维简单符号，其中选择正立方体，再转换为多面体，图 3-28 左边为生成三维点，右图为用三维点设置立方体符号生成的多面体。

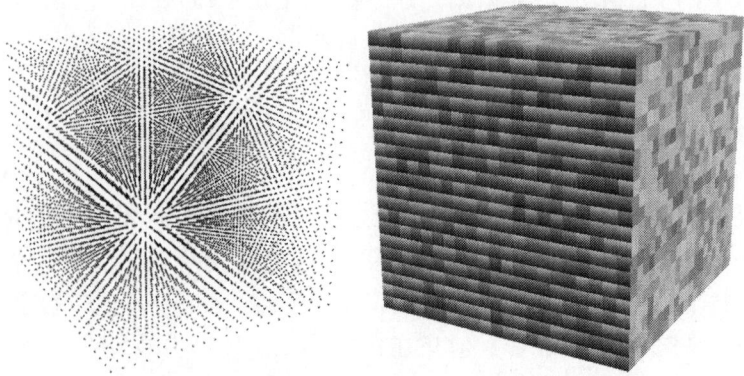

图 3-28　三维点阵和三维盒子

3.3.2.3　三维测度

通过节点编辑或其他方式生成三维线，然后采用三维线与多面体相交运算，形成三维线的多面体分割成段，见图 3-29。在 GIS 中，形成一个独立要素图层，该图层把分割的每一段作为一个独立图元，进行属性记录，见表 3-8。

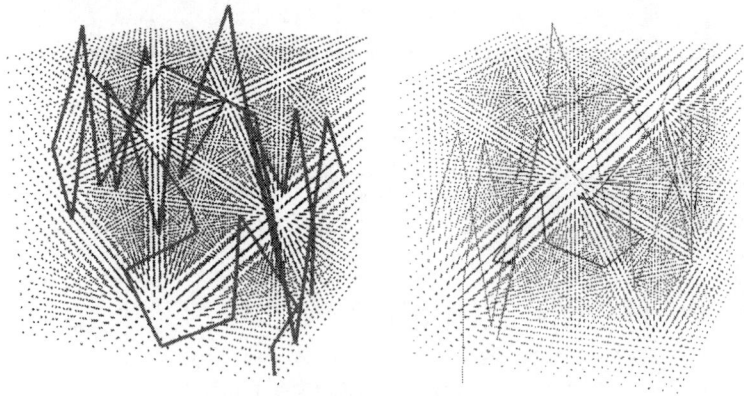

图 3-29　三维线和与多面体叠加 (多面体掩盖线, 此处用点阵衬托)

三维线与多面体叠加结果要素属性表　　　　　　　　　　　表 3-8

OID *	Shape *	ID	LINB_ OID	FROM_ MP_ ID	TO_ MP_ ID	DIST_ 3D	LBNG TH_ 3D
1	折线 Z	2	0	−1	5094	0	46. 99347
2	折线 Z	3	0	5094	5094	46. 99347	. 549962
3	折线 Z	4	0	5115	5115	47. 543432	. 699952
4	折线 Z	5	0	5556	5556	48. 243383	. 999931
5	折线 Z	6	0	5556	5556	49. 243314	0
6	折线 Z	7	0	5556	5261	49. 243314	44. 610334
7	折线 Z	8	0	5261	5261	93. 853648	1. 004131
8	折线 Z	9	0	4820	4820	94. 857779	1. 004131

续表

OID *	Shape *	ID	LINB_ OID	FROM_ MP_ ID	TO_ MP_ ID	DIST_ 3D	LBNG TH_ 3D
9	折线 Z	10	0	4379	4379	95. 861909	. 081467
10	折线 Z	11	0	4378	4378	95. 943376	. 963239
11	折线 Z	12	0	4357	4357	96. 906616	. 681509
12	折线 Z	13	0	4798	4798	97. 588125	1. 153639
13	折线 Z	14	0	5239	5239	98. 741764	. 176536
14	折线 Z	15	0	5218	5218	98. 918299	. 977104
15	折线 Z	16	0	5218	5638	99. 895403	1. 03458
16	折线 Z	17	0	5638	5638	100. 929983	. 119059
17	折线 Z	18	0	5638	6731	101. 049042	15. 071928

对于分形计算，通过上述方法实现测度。改变盒子边长，形成不同大小盒子下的三维线测度序列数据，进行分维数计算，具体计算方法见有关研究。此处需要强调的是，按最小密度生成三维点阵，而建立不同尺度的盒子，可以不再需要另外建立点阵，而只要在点阵中进行选择，生成盒子即可。比如，采用隔行、隔列、隔层（高度）的方式选点，可以生成邻点 2 倍尺度的盒子，间隔大小可以按照需要选择，而选择一定要注意点的间隔相等和盒子边长倍增，使盒子相连，无隙无重。

分形测度以 GIS 技术为基础，三维盒子方法使三维测度简便可行，也使分形测度更加贴合应用实际。对于线文件和多边形文件，本文不涉及故不列出。

3.3.3 三维线盒维数测度操作过程

三维盒子与三维线相交，需要的数据为三维盒子和三维线，对于河流、道路一类要素数据集的二维状态要转变为三维，然后进行三维设置和测度。

3.3.3.1 三维设置

地图图层在 GIS 中都是二维表达形态，若要三维表达，需要在三维环境中进行设置。对于三维测度，需要对测度图层进行三维设置，然后才可以进行三维操作。例如，对于河流、道路等一类二维图层，通过一 DEM 为基础进行三维设置，把 DEM 的地形第三维高程传递到二维图层，变为三维。操作过程是，在 DEM 图层名右键"属性"，在"基本高度"中选择浮动在自定义表面上，图 3-30 是对地形图层的三维显示设置及显示状况。

3.3.3.2 生成三维线

对于测度线，当没有第三维坐标时，不能进行三维测度，解决的方法是用二维平面线从 DEM 获取高程，生成三维线，具体操作为加载线图层，三维设置高程取地形面高程生成三维线。

设置后，线成为三维显示状态，但此时还不是三维结构，需要通过要素输出成为三维线，见图 3-31。

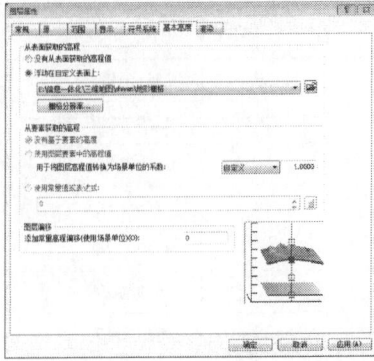

图 3-30　DEM 三维显示设置

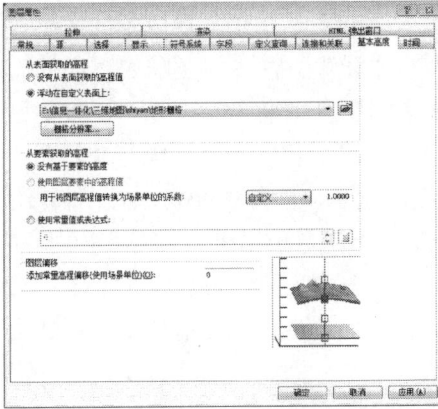

图 3-31　二维线三维显示设置

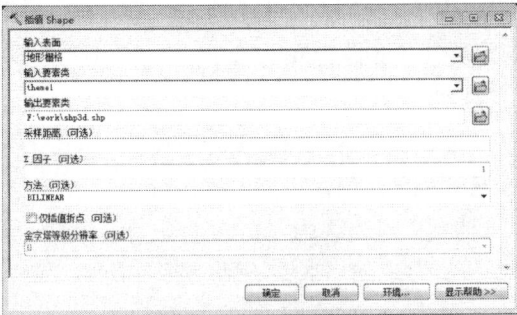

图 3-32　输出三维线

3.3.3.3　线要素输出成三维线

对于具备三维显示特征的线，选择可以输出为三维线，图 3-32 输出三维要素的工具操作窗口，用二维图层从地形 DEM 上获取高程，生成三维要素图层并输出。

3.3.3.4　生成三维点坐标文件

三维点图层绘制耗时耗力，可用程序生成。用 python 脚本，该脚本的基本过程如下：

1. 启动 python。

2. 打开 box3D. py 脚本（查看前面的脚本）。

3. 修改脚本中的高程、平面范围数值，即用第三步的 3 获得的数值修改坐标范围，同时修改 cellsize，例如设置三维空间范围如下：

minx = 5000

maxx = 5020

miny = 4000

maxy = 4020

minz = 200

maxz = 220

cellsize = 1

4. 修改输出文件路径和名称。

5. 脚本运行，生成点坐标 txt 文件。

6. 编辑文本文件。

对于 GIS 通过文本生成图层，对文本数据格式有一定规定，生成的文本文件中含有一些特殊字符，需要删除，可以通过以下的方法实现，具体操作是：打开生成的 txt，选择编辑→替换，分别用空格替换"［"和"］"，然后存储 txt 文件。这个操作见图 3-33。

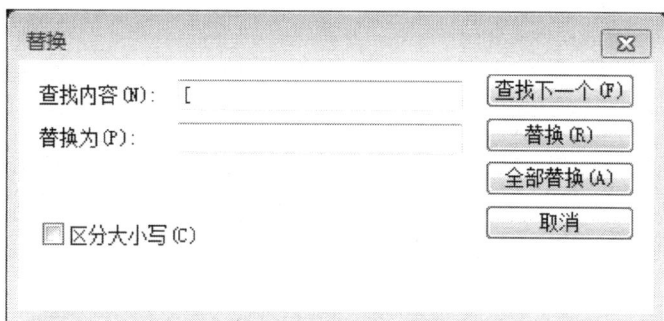

图 3-33　整理 txt 文件

这一步可以通过程序语句完成。

3.3.3.5　生成三维盒子要素数据集

对于生成的二维点坐标文件，需要通过一定的过程形成三维点阵图，然后再生成三维盒子，其步骤如下：

1. 导入坐标点文件

在 GIS 制图环境中，选择 3D ASCII 文件转要素工具，把生成的点坐标文件导入成点位图。这个工具与直线界面见图 3-34。

2. 设置点三维符号

把点图层通过符号设置，形成三维图形符号显示图层。选择点为图层下符号，点击出现符号设置选择对话框，选择编辑，选择立方体，尺寸为点位距离尺寸，

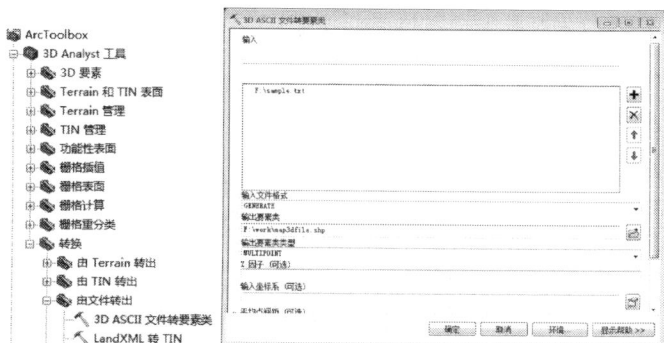

图 3-34　生成三维点阵图

见图 3-35。

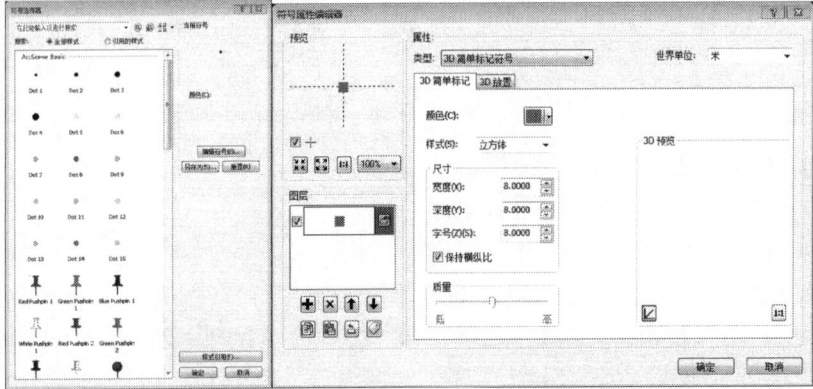

图 3-35　设置符号和选择立方体符号

3. 转变为多面体要素图层

把设置了三维立方体符号的点图层，转换为多面体图层。选择数据转换，把三维符号图转换为三维要素类，转换操作见图 3-36。

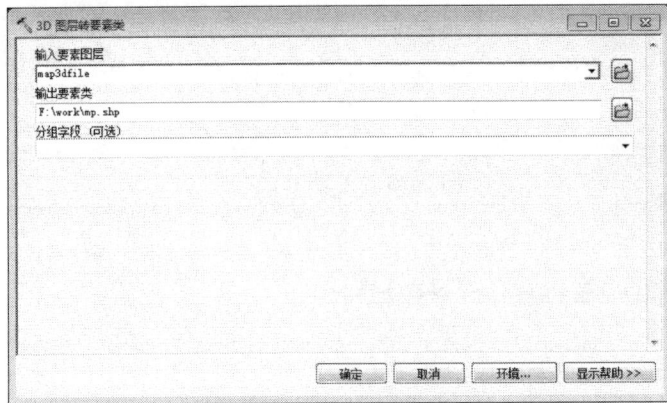

图 3-36　3D 图层转要素

3.3.3.6　分形测度

1. 选择多面体与三维线空间相交功能，输出一个要素图层，这个操作界面见图 3-37。

2. 对于要素图层选择属性字段，进行统计，获得线段数量。

3. 按测度尺寸和数量进行分形计算。

3.3.3.7　按照测度尺寸，重复第三步到第四步

在点生成的脚本中，每次修改测尺，生成不同尺度的点，进而生成相应的盒子进行测度，用(一)的方法要多次重复，可以用测尺为一个栅格大小生成点，在建立盒子时，通过选择改变盒子大小，例如，可以隔行选择，隔多行选择。然后设置点的立方体符号大小使盒子相连即可。当然这里问题就转移为属性字

段选择问题。

图 3-37 三维线与多面体相交

本章小结

客观世界本质是三维的，在一些应用中为了方便和简单，把三维对象抽象为二维对象，这样更容易把握。但是对于分形分析，测度对象的二维和三维特征有时具有较大差别，因此通过三维测度能够更加充分的反映测度对象的本质。本章以三维测度问题为研究对象，探讨了用 GIS 技术进行三维地图数据处理的一些方法和思路，其中对于盒维数的地理信息属性表计算方法，极大简化了分析计算的数据处理问题，提高了计算效率。

参考文献

[1] 范林峰等 . 基于 GIS 和 DEM 的水系三维分形计盒维数的计算 [J] . 地理与地理信息科学，2012，28(6)：28-30.

附录：几何计算

（一）三维点文件生成脚本

```
#box3d.py
import numpy
#
# define variations, these parimeter come from map, cellsize has a default
```

```
value,
    # and also by inport
    #
    minx=350400
    maxx=361420
    miny=4174172
    maxy=4184967
    minz=1123
    maxz=1342
    cellsize=10

    # set size
    width=(maxx-minx)/cellsize+5   #add 1 make points cover map area
    height=(maxy-miny)/cellsize+5
    elevation=(maxz-minz)/cellsize+5

    # set values, genarate one layer for x and y
    xyz=[[0]]*4
    xyz[0]=range(width*height*elevation) # has for all layers
    xyz[1]=[minx+cellsize*i*j for i in range(1, width+1) for j in[1]*
height]
    xyz[2]=[miny+cellsize*i for i in range(1, height+1)]*width
    xyz[3]=[minz]*width*height
    # for more layers
    xyz[1]=xyz[1]*elevation
    xyz[2]=xyz[2]*elevation
    # xyz[3]=[10]*width*height
    for i in range(1, elevation):
        # a=[i]*width*height
        xyz[3]=xyz[3]+[minz+i*cellsize]*width*height

    szmap=map(list, zip(*xyz))

    fd=open('E://gisstudy//sample.txt',' w')
    for i in xyz[0]:
        print>>fd, szmap[i]
        #print szmap[i]
    print>>fd,"end"
    fd.close()
    print "OK"
```

（二）要素类几何计算

1. 选择计算对象

在属性表中选择一个字段，再选择需要计算的几何内，见图 3-38。

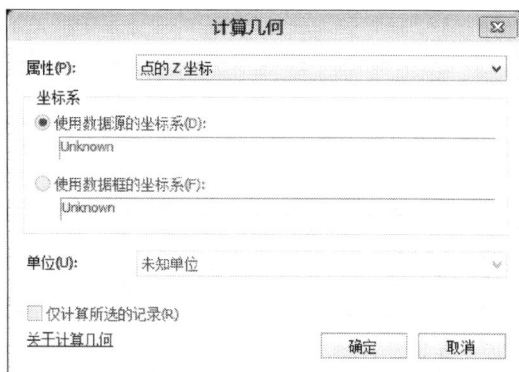

图 3-38　几何计算选择

2. 生成 x、y、z 字段

创建一个字段的过程见图 3-39。

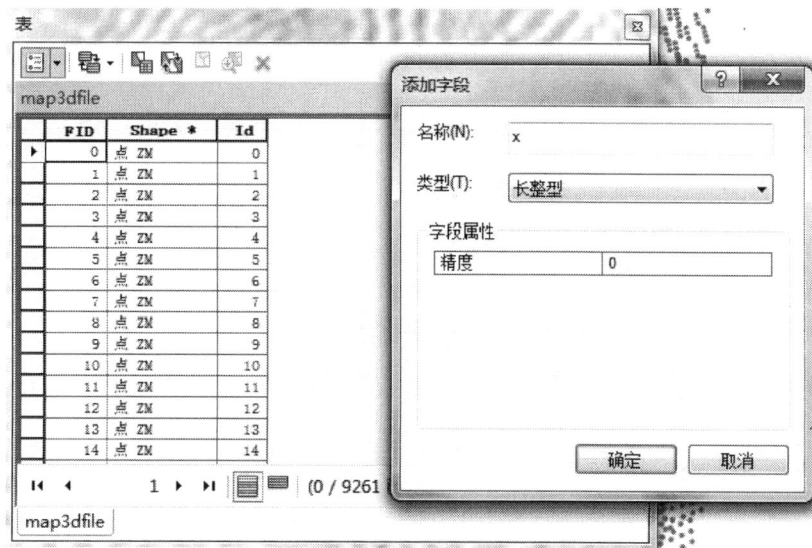

图 3-39　生成坐标字段

3. 字段值计算

进行字段计算，计算为几何方式，计算图形的尺寸，包括多边形面积、周长等，还包括多边形质心等。通过几何计算，获得计算需要的几何数据，用于测度。

说明：三维测度的一个问题就是数据量极大。生成三维点对于系统消耗巨大，以面积 $5km^2 \times 5km^2$，高差为 200m 的地块为例，以 1m 尺度生成三维点，则有：5000×5000×200＝5，000，000，000，共 50 亿个点，由于点为有序号、三组坐标，则按一个点 10 个字节计算，共有约 50G 数据，系统资源不够，通常可能超过记事本容量。

对这种情况的解决方法可以采用分块生成多个数据文件，分别省成三维盒子，然后拼合盒子进行测度，或者分盒子计算，统计汇总计算分维数。

以汇总表为基础的测度数量计算。

（1）新建字段 H 和 L。

（2）分别计算按尺度就是得高值和低值。

例如，某一线段的最高值为 457.34，最低值为 430.78，测尺长度为 20m，则最高值处于该格网的

$ceil(457.34/20)＝23$ 个立体盒子内，最低值位于 $floor(430.78/20)＝21$

（3）计算 H-L，为这一段纵跨的盒子数。

第4章

地貌分形

　　研究认为，地貌是分形的[1,2,3,4]。地貌的分形是由其动力学机制所决定的，并且通过地貌形态反映这种特征。地貌的不同形态，通常有一般的形态直接描述属于，如高山、河谷、丘陵等。对于形态的表达，可以通过分维数。用分维数表达不同的地貌类型，是地貌研究的一种深入。因为以往对于地貌形态只有定性的描述。对于地貌的分形研究，在于从分形角度解析地貌形态，分析地貌形态。

4.1　地貌发育理论

　　地貌的形态、结构是一个不断发展演化的过程，这个过程非常缓慢，因此一般认为地貌形态是不变的。地貌实际上是由地球内部和外部的各种营力共同作用的结果，由于内外营力的地球地理空间位置的差异，因此地貌具有一定的地域特征。

4.1.1　地貌营力

　　地貌营力是地貌形态形成、发育和演化的动力。地貌营力的复杂性，形成地貌形态的复杂性，因此难以用通常的数量方法进行描述，采用分形理论，分析地貌的分形特征。从分形角度，可以分析地貌形态、结构、空间组织甚至动力学特征[5,6,7,8]。本节线分析地貌营力问题，地貌营力分为外营力和内营力两种。

4.1.1.1　内营力

　　地貌形态形成的内营力指由地球内部机制形成的营力，包括地震、火山等。这些营力是剧烈的内营力，这种营力一般会形成地形塌陷、突起、堆积等。

　　在地球发展历史中，地貌内营力分为几个重要阶段，即几次大的造山运动，形成了地球表面起伏褶皱，形成了很多山脉、裂谷。如喜马拉雅造山运动形成了喜马拉雅山。

　　内营力是地貌形态形成的基础，为后续的外营力对地面形态的进一步塑造奠定了地形基础甚至应力基础。

4.1.1.2　外营力

　　地表的流水、风、雪等为地貌形态形成的外营力，外营力一般是进行地貌形态改造的营力，这种营力一般具有削高填低作用。

　　本课题研究区域主要为黄土高原地区。我国的黄土地貌，就是外营力形成的典型地貌形态。黄土高原的地貌形成的外力有风成说和水成说。在黄土高原地区，外力侵蚀动力一般是水力作用，依据地面形态和外营力作用的基本原理，流水首先在坡度不大的地块表面形成细沟，细沟进一步形成冲沟，冲沟下切，然后侧蚀，形成河谷，沟谷扩展，大片的平原被分割，形成分离的塬，在进一步的水蚀作用下，塬变为梁，梁变为山脊，或者塬被分割成丘陵沟壑，同时使整个地块平面降低。

4.1.1.3　地貌演化

内外营力相互作用和反馈，造成了地面形态演化，形成各种各样的地貌形态。大的地貌形态有板块运动挤压形成高山，水流进行地形切割、冲沟、扩展，使地块碎化，高程降低。这种演化经常是循环往复的，造成"高山为谷，深谷为陵"的沧海桑田变化。

地貌的演化过程是持续进行的，而强度是不断变化的，这就形成多样的地貌。

4.1.2　侵蚀循环学说

地貌发育状况的区域性，表明相对的发育阶段，即不同区域的地貌形态不同，表明地貌发育处于不同阶段。黄土地貌有塬区、丘陵沟壑区，是地貌发育的不同阶段的表现。地貌发育有一种侵蚀循环理论[9]。这种理论是对地貌形态和发育的一种解释。

4.1.2.1　侵蚀循环说

侵蚀循环学说是美国地理学家戴维斯于 1884~1899 年间提出的一种地形发育理论。这个理论认为地块开始上升与被逐渐剥蚀夷平，并降低到起伏不大的地面或接近基面的准平原之间，存在着连续的剥蚀过程和地表形态[8]。

戴维斯强调地形侵蚀循环发育过程中有 3 个要素，即构造、作用和阶段。他将循环过程中地形的发展分阶段。即幼年期早期地块急速抬升，地形起伏不大，排水不畅。随着剥蚀作用的加强，形成深切"V"形峡谷，但河间地仍非常广阔而平坦；幼年期末，谷坡地形占优势，河间地变窄；随着抬升作用的削弱，剥蚀作用进一步加剧，地形切割达最大深度，地面主要由谷坡及狭窄的分水岭构成，地形发育进入壮年期；随着抬升作用及剥蚀作用平息，形成具有残丘的准平原，进入老年期。侵蚀循环往往因气候变迁或基面变化而中断，当气候由间冰期向冰期转化，或侵蚀基面下降时，会出现回春现象。戴维斯的侵蚀循环说，虽盛行半个多世纪，但对地形发育的过程描述得刻板、简单。因以均匀岩性及急速抬升为前提来演绎地形发育，且所描述的过程并不总是循环的，过程有可逆的，也有不可逆的。再者物质运动不只是由高处向低处一种形式，以沉降作用为主的地形发育无法用学说解释。

戴维斯认为，地貌是构造、作用和时间的函数，地貌描述就是要阐明在一定构造和营力下的演化过程，因此"时间"是地貌解释性描述中最常用、最有实践价值的因素。根据这一思路，戴维斯具体地提出来陆地和流侵蚀地区(他称之为"常态侵蚀区")的地理循环理论。该理论认为，陆地的抬升导致侵蚀，侵蚀又使陆地变低，因此陆地地形的演化是抬升—侵蚀—夷平的周而复始的运动；在每一次理想的地理循环中，地貌发育都有三个阶段：地形起伏迅速加大的幼年期，起伏最大、地貌类型最复杂的壮年期以及起伏微弱的老年期。

4.1.2.2 地貌发育过程

按照戴维斯地貌发育学说，对于原始地块，通过长期侵蚀，形成各种地貌形态。从侵蚀过程来看，在侵蚀初期，地形还保持较平缓的形态，如果用黄土地貌的术语表述，就是黄土塬形态，随着侵蚀的进一步增强和时间持续，地块被分割，形成塬、梁、沟壑的地貌形态，再后的侵蚀，使地面高低起伏，支离破碎，成为丘陵沟壑状态[8]，见图4-1。

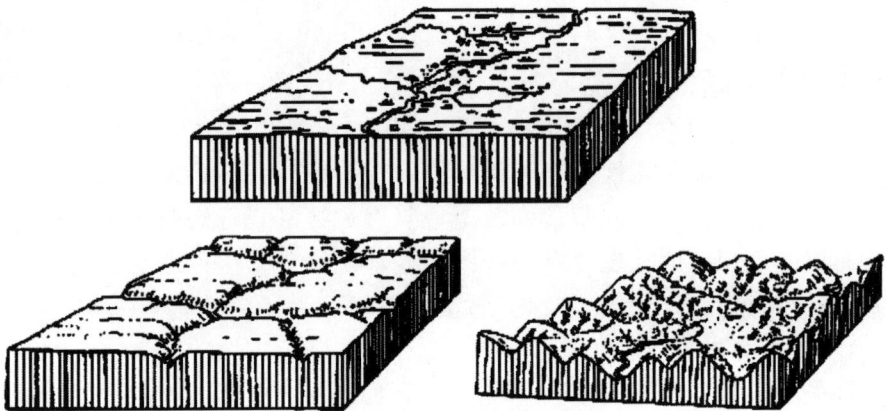

图4-1 侵蚀旋回说原理图

4.1.2.3 地貌形态的演变分布

以黄土地貌为例，黄土地貌类型分为塬梁峁沟，对于流水地貌而言，流水形成沟谷，沟谷进行地块深切和旁向展宽，对塬面的切割形成梁面，梁面受沟谷侵蚀，按照水蚀原理，梁会越来越窄，最后称为分水岭，梁面降低。

基于此，可以研究分析地貌发展过程和阶段，也可以分析一个区域地貌的发展阶段分区。显然，黄土塬区是地貌发育的初级阶段，梁峁区位中级阶段，丘陵沟壑区位最后阶段，继续发育，形成沉积平原，将开始新一个循环。

在湿润气候区，地貌的塑造的基本动力为流水侵蚀和侵蚀物质搬运，方式是平面切沟，分塬成梁，梁边后退，由宽变窄，最后成分水岭，再继续侵蚀，分水岭降低。这样形成了各种流水地貌类型。

平台地块的流水侵蚀，是一种随机的不确定的过程，其有降水强度和分布要素作用，有物质抗蚀强度不同，有地貌营力的抬升作用的差别，因此表现为非线性随机过程。

根据黄土堆积环境的不同，可将中国黄土发育分为三个时期：早更新世，相当于第一次冰期，气候比新第三纪干寒，发生午城黄土堆积；中更新世，发生第二次冰期，气候进一步变干，堆积了离石黄土，范围广、土层厚；晚更新世第三次冰期，气候更加干寒，堆积了马兰黄土，厚度虽小，但分布范围更广，南方称下蜀黄土。进入全新世，气候转为暖湿，疏松的黄土层，经流水侵蚀，形成了沟壑纵横、塬、峁广布的破碎地表。

对于陕北黄土高原，以这种理论，分析地貌形态变化以及阶段和发展。对于一个局部地块，以最高点为原始地块的塬面，虽然可能已经是地面侵蚀变低的情形，但是对于区域地貌发展生成而言，这种观点可以成立。

地表的原始地貌是具有一定坡度的斜平面（即还未受到任何外在动力因素影响）。之后，在重力、降雨、径流、地表微地形不均匀性、土壤（岩体）抗侵蚀能力不均匀性等多种因素的作用下，原本"平坦"的地面中的某些区域首先成为"突破点"，产生地形上的微小变化。而这些突破点与周围地表的差异所形成的地形梯度反过来又将使更多的水流集中于此，并在更加集中的水动力作用下进一步扩张，从而形成明显区别于初始状态的侵蚀流路，于是最初的水流输运通道便就此产生。另一方面，侵蚀流路不仅沿着总体地形梯度方向（这里定义为"纵向"）扩展，同时，水流还将在输运过程中产生一个附加效应，即：不断侧向冲刷已形成的水流输运通道的"岸壁"导致"岸壁"塌陷，从而使侵蚀流路在横向产生扩张乃至摆动，由此产生了交错纵横的沟道系统[10]。

4.1.3 地貌发育的时空特征

从地貌发育过程来看，地貌发育实际是一个时空过程，这个过程的时间比较长，而空间形态一定程度反映了时间特征。对于地貌时空分布形态的了解，有助于了解和理解地貌营力的时空分布状态。

4.1.3.1 黄土地貌的时间发育特征

黄土高原地区，对于流水形成的地貌，地貌类型空间分布可以以高程变化为一个反映标识。从河流分布状况而言，在河流上游，地貌为塬，在河流中游有梁、峁。河流的发育显然在上游是初级阶段，由此说明地貌发育也处于初级阶段。在河流中游的地貌类型发育阶段为中级阶段。

4.1.3.2 黄土地貌发育的空间特征

黄河、长江在中下游宽广壮丽，但是追踪到源头，不过是一条小小的溪流。小溪汇流成大河。从地貌发育上，也有类似的特征。以侵蚀循环理论机制来说，对于流水侵蚀，有水流汇集过程，水流作为外营力的强度也有上下游的不同，这种侵蚀特性的不同，必然导致地貌形态不同，并且一致于河流发育过程，形成地貌的空间分布特征。

黄土高原虽然千沟万壑，但是地貌形态的分布还是具有一定的空间分布和结构特征。

4.1.3.3 地貌类型

地貌类型的划分依据一定的原则，就是依据地表起伏形态划分的类型。一般认为，普通地貌类型应按形态与成因相结合的原则划分，但由于地貌形态，地貌营力及其发育过程的复杂性，目前尚没有一个完全统一的分类方案，一般采用形态分类和成因分类相结合的分类方法。

地貌形态类型指根据地表形态划分的地貌类型。目前世界各地的形态分类并不统一。我国的陆地地貌习惯上划分为平原、丘陵、山地、高原和盆地五大形态类型。由中国1：1 000000 地貌图编辑委员会审定的《中国1：1 000 000 地貌图制图规范》(科学出版社 1989 年版)确定了平原、台地、丘陵和山地四个基本形态类型。在这一形态分类中，把盆地和高原视为有关形态类型的组合。较小的形态类型，大多与其成因结合起来进行划分，如新月形沙丘、冰斗、溶斗等，只有这种形态—成因结合的分类，才能更好地反映这些形态类型的特点[11,12]。

4.1.4　地貌面积高程分维数

对于地貌的分形分析有不同的方法。地貌起伏，形成高程与面积的变化，这种变化一定程度反映地貌的形态特征，用高程面积方法计算分维数。其中涉及一些 GIS 技术。本节介绍地貌高程面积分维数计算。

4.1.4.1　高程面积积分方法

面积高程积分方法是一种地貌形态分析和评判方法[13]，这种方法的理论依据是基于侵蚀形成的地貌形态改变，在不同的高度处，地面的面积之间与高程之间有一个变化比例，反映地貌的发育形态。具体的计算方法是：

1. 选定一根等高线，计算其之上的面积和与流域最低点的高差。

2. 分别计算该等高线的面积和高差比值。

$$S_a = a/A, \quad S_h = h/H \tag{4-1}$$

其中　A——流域面积；

　　　a——等高线以上面积；

　　　S_a——等高线面积与总面积比值；

　　　h——选择等高线的相对高差；

　　　H——流域相对高差；

　　　S_h——高差比。

显然，两个比值都在 0 和 1 之间。

3. 计算不同等高线的相应值，在坐标系绘制出比例高差面积曲线。

4. 进行曲线与坐标轴积分。计算曲线左下方与坐标轴之间的相对面积即为高程—面积积分值。

4.1.4.2　数据处理问题

地形面一般是浮点型的连续栅格，连续栅格没有属性表，属性表记录分类栅格数量，对于离散栅格，栅格取整数值，其属性表记录字段为 value 和 count

两个字段, 其中 value 是分类的, 一个栅格值一条记录, 而 count 记录一类值的数量而不考虑是否区域相连, 即对于栅格区域, 同一值的栅格单元的数量, 无论这个值的栅格是否连接成片。这就为面积高程统计奠定基础。对于地形, 栅格值为高程, 用栅格数量与分辨率可以计算某高程以上的面积。

在实际应用中, 对于连续栅格可以转换为离散栅格, 利用前面介绍的方法, 把连续栅格转换为整型栅格进行分析计算。

4.1.4.3 例

对于地形栅格, 先乘以一个数值进行夸大, 本例对于栅格乘以 100, 见图 4-2。然后取整。取整操作在 GIS 中是另一个工具。

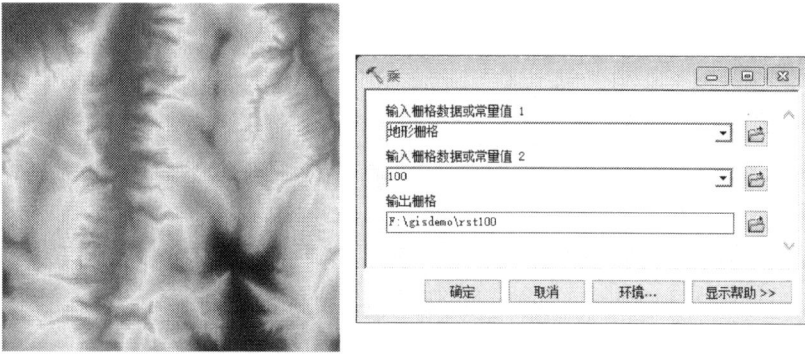

图 4-2 栅格数据及处理

对于取整以后的栅格, 打开属性表, 建立两个字段, 分别为高程 m 和面积 area, 然后进行计算。对于 value 除以 100, 还原为正常地形高程, 用栅格分辨率乘以 count, 得到面积。在属性表中, 一行就代表相应高程记录, 包括高程、面积, 在此基础上进行高程面积积分计算, 见图 4-3。

本例采用的数据, 高程范围从 930.37~1194m, 总面积 $A = 4000000 \text{m}^2$, $H = 263.63$, $h = H_i - 930.37$, H_i 为需要计算的高程, 在栅格属性表中, 每一级高程对应的面积是本高程面积, 不包括该高程以上面积, 如图 4-4, 对于一个高程, 面积仅仅是该高程的面积, 高于计算高程的面积需要计算, 可以形成面积高程分布图, 见图 4-5。在栅格属性表中, 通过选择计算。

Rowid	VALUE	COUNT	AREA	H
0	93037	11	7.04	930.37
1	93038	5	3.2	930.38
2	93039	3	1.92	930.39
3	93040	4	2.56	930.4
4	93041	2	1.28	930.41
5	93042	3	1.92	930.42
6	93043	3	1.92	930.43
7	93044	8	5.12	930.44
8	93045	8	5.12	930.45
9	93046	7	4.48	930.46
10	93047	4	2.56	930.47
11	93048	6	3.84	930.48
12	93049	4	2.56	930.49
13	93050	5	3.2	930.5
14	93051	3	1.92	930.51
15	93052	11	7.04	930.52
16	93053	10	6.4	930.53
17	93054	9	5.76	930.54
18	93055	6	3.84	930.55
19	93056	6	3.84	930.56
20	93057	6	3.84	930.57
21	93058	5	3.2	930.58
22	93059	4	2.56	930.59
23	93060	16	10.24	930.6
24	93061	10	6.4	930.61

42 (0 / 26355 已选择)

intrst

图 4-3 地形栅格属性表

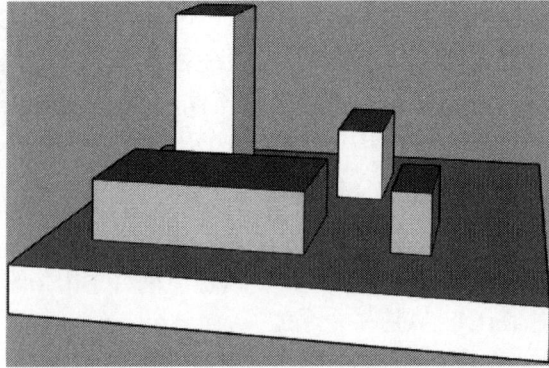

图 4-4　高程面积计算说明

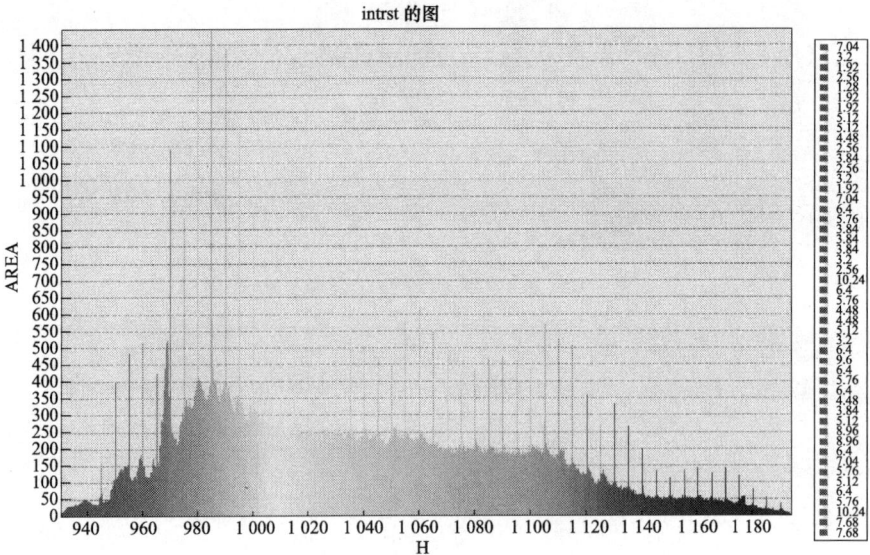

图 4-5　高程面积分布图

等高线以上面积计算方法采用如下步骤：

1. 读取数据

对于生成的数据，通过脚本读取数据，包括最小高程 H_{min}，A_{sum}，面积字段 area 和高程字段 elev 记录读到列表。

2. 计算面积比值

对于面积字段进行累积，用 sum(area [0：i])，对于高程以上面积，有 A−sum(area [0：i])，对于面积比例，有 $S_a = 1 - \text{sum}(\text{area}[0:i])/A$，记录每一个值到列表；

3. 计算高程标识

直接有 $S_h = h/H$；

4. 用 Sa，Sh 作为坐标轴，构造曲线

5. 高程面积积分

$$AH = \int_{H_{min}}^{H_{max}} A dA \qquad (4\text{-}2)$$

对于离散数据采样求和方法，有：

$$AH = \sum_{i=H_{min}}^{H_{max}} A_i \qquad (4\text{-}3)$$

对于列表，具体的计算是：sum(B [i：n])。在 excel 中，通过公式可以进行累加计算得到。结果见表 4-1，用散点图表达见图 4-6。

地貌面积高程表　　　　　　　　　　表 4-1

VALUE	COUNT	AREA	H	SUM_ V
93037	11	7.04	930.37	7.04
93038	5	3.20	930.38	14.08
93039	3	1.92	930.39	17.28
93040	4	2.56	930.40	19.20
93041	2	1.28	930.41	21.76
93042	3	1.92	930.42	23.04
93043	3	1.92	930.43	24.96
93044	8	5.12	930.44	26.88
93045	8	5.12	930.45	32.00
93046	7	4.48	930.46	37.12
93047	4	2.56	930.47	41.60
93048	6	3.84	930.48	44.16
93049	4	2.56	930.49	48.00
93050	5	3.20	930.50	50.56
93051	3	1.92	930.51	53.76
93052	11	7.04	930.52	55.68
93053	10	6.40	930.53	62.72

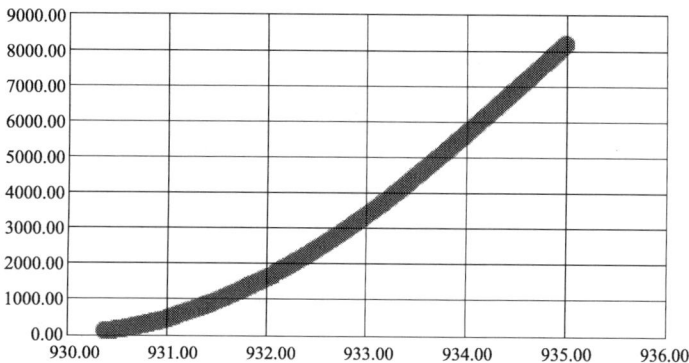

图 4-6　地貌高程面积散点图

通过公式 $S_a = a/A$，$S_h = h/H$ 进行计算。面积计算中有如下问题在计算中需要考虑：

1. 利用高程反向进行面积累加，则每一个高程有以上的面积值，如果从小向大累积，则由于总面积一定，因此某高程以上的面积等于总面积 A-累积高程面积。

2. 对于某一高程，建立字段 Sa 和 Sh，分别计算 a/A 和 h/H。

3. 用 Sa 和 Sh 拟合曲线，进行所围面积计算，其实也可以用属性字段进行累积计算。

问题归结为累积计算的方法，这里的累积是逐记录累积。通过如下脚本进行地面高程面积计算。

高程面积脚本

```python
import arcpy
rows = arcpy.UpdateCursor(" F: /gisdemo/fishnet2.shp")
A = 2000
H = 300

i = 0
h = []
l = []

for row in rows:
    i += 1
    l.append(row.getValue(" l"))
    h.append(row.getValue(" h"))
print h, l

a = [0] * len(h)
for i in range(len(h)):
    a [i] = 1 - sum(h [0: i]) / A
    h [i] = (h - hmin) / H
    l = sum(a [0: i])
```

对于栅格属性表，导出为文本格式：

```
," 93, 037", 11, 7.0400000, 930.3699951, 7.040000000000000
," 93, 038", 5, 3.2000000, 930.3800049, 3.200000000000000
," 93, 039", 3, 1.9200000, 930.3900146, 1.920000000000000
," 93, 040", 4, 2.5599999, 930.4000244, 2.560000000000000
," 93, 041", 2, 1.2800000, 930.4099731, 1.280000000000000
," 93, 042", 3, 1.9200000, 930.4199829, 1.920000000000000
," 93, 043", 3, 1.9200000, 930.4299927, 1.920000000000000
```

通过文本编辑器的编辑替换功能，把其中的"，"用空格代替。用直接读取 dbf 文件方法，对于栅格数据，可以把属性表导出为 dbf。脚本为 dbf. py，运行速度快。

4.1.4.4　地貌高程面积矢量图法计算方法

对于用等高线矢量数据进行高程面积积分，数据处理步骤如下：

1. 等高线编辑

由于要计算面积，因此需要把等高线图转换为多边形类型，而多边形类型要求线闭合作为边界，但等高线不一定闭合。根据等高线特征，等高线应当是闭合的，如果不在本幅图内闭合，则会在相接的图幅中闭合，或者闭合到图廓。据此，对于等高线图，绘制一个图廓，使在图边的等高线闭合到图廓。

2. 线图转换为多边形图层

等高线图层转换为多边形，编辑多边形高程，计算面积，后续建设同于栅格数据。

4.1.4.5　高程面积积分的分形问题

高程面积积分是地面形态的一种表示方法，从分形考虑，这也是具有某种分形特征，可以作为地貌形态的一种度量。

4.1.5　地貌发育的分形特征

地貌发育显然也有一定的分形特征。本节介绍面积高差比例积分方法进行地貌发育形态计算和分类。

4.1.5.1　高差面积指数与地貌发育阶段

从地貌发育过程来看，在外力作用下，主要是削高填低过程，这个过程造成了地貌在不同发育阶段的形态特征，这个特征可以用面积高差比例表达[14]。高差面积积分指数具有地貌形态和发育阶段的分类含义，这种指数的地貌分类和特征状况见表4-2。

地貌高程积分和发育阶段　　　　　　　　　　　　　　　　表 4-2

高程面积积分	发育阶段	地貌形态特征
0.00~0.25	老年期	以准平原、残丘为主流域侵蚀微弱
0.25~0.35	老年(偏壮)期	低山丘陵与准平原共存，流域侵蚀较弱，原始地面荡然无存
0.35~0.45	壮年(偏老)期	流域侵蚀缓和，中低山发育原始地面仅有局部残留
0.45~0.60	壮年期	水系、坡地基本地形基本稳定，流域侵蚀变缓稳定，中山地貌
0.60~1.00	幼年期	水系扩展分支，坡地变形迅速，流域侵蚀强烈

4.1.5.2　在 GIS 中高差面积指数计算

面积高程地貌计算涉及地图，对于在 GIS 中进行计算，需要考虑数据处理的具体方法。一般的地貌发育过程为水蚀过程，因此地图处理涉及水文流域分析，而水文与地貌有一定的关联，因此可以通过水文的一些空间分析了解和分析地貌特征。

对于水文地貌分析，GIS 提供了一些工具，可以用来进行地貌数据处理。对于地貌面积高差分形分析，一流域为空间单元，因此首先要确定一个流域。通过水文分析方法生成流域，具体方法参见下一章。

在确定流域后，还要计算流域面积。具体计算有两种方法，一种是按照栅格的流域分类值进行计算，另一种是转为矢量多边形计算面积。图 4-7 是一个区域的流域划分，其中右图为研究的流域。

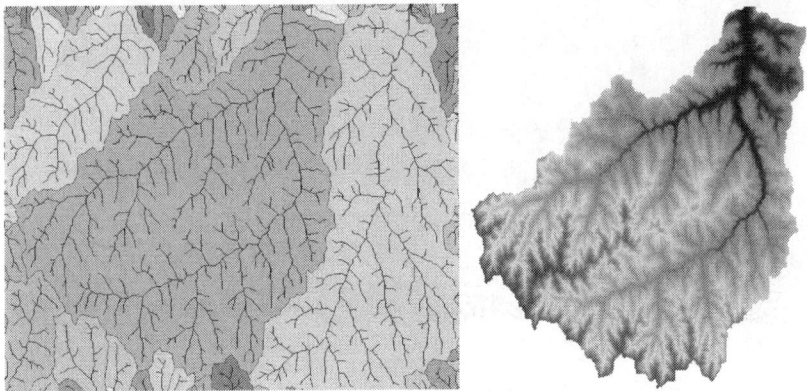

图 4-7　流域划分

该流域最高点 1612m，最低点 1120m，高差 $h = 492m$，面积 $A = 655476m^2$。对于流域面积高差计算，需要采用矢量方法，因此可以把流域栅格图转为矢量图。

4.1.5.3　等值线生成

采用等高线计算面积高程，需要以等高线数据为基础，而当没有等高线数据，只有 DEM 数据时，可以从 DEM 提取等高线。通过栅格数据生成等值线方法，可以实现这个目标，操作工具见图 4-8。

图 4-8　生成等值线

等高线转为线图层，在面积高程计算时，需要转为多边形。通过把等高线转为面要素类就可实现。但是需要注意，由于等高线图一般不包括边界，需要把边界线复制过来，同时，面域要求边界线的闭合性，因此对于等高线转面要检查闭合状况，对于不闭合的等高线，在转面时丢失。等高线闭合可以到边界。

4.2　黄土地貌类型

陕北的地貌以黄土地貌为主，并有部分风沙地貌。黄土地貌具有不同于其他地貌的特征和类型。对于黄土地貌类型的了解，有助于研究黄土地貌的分形特征。

4.2.1　黄土地貌

黄土地貌是我国特有的一种地貌类型，分布于黄土高原地区，陕北是黄土高原的主要构成部分，地貌类型多种多样[15,16]。

4.2.1.1　黄土生成说

黄土地貌的形成有水成说和风成说两种观点，并且都有一定的依据。黄土风成说是黄土成因说之一。1877 年由李希霍芬(F. Richthofen)提出，认为黄土来源于大气粉尘降落。粉尘受到雨水、霜雪、生物活动等作用，发生次生碳酸盐化、碳酸盐与黏粒物质构成微团粒或集合体，附着于堆积物根孔或虫孔内，形成大孔构造；又与氧化铁、锰等一起包裹粉尘颗粒而呈黄色，成为黄土并被搬运到沙漠以外的附近地区堆积而成的。风成说观点被多数学者所接受，是黄土形成的主流学术观点。

黄土水成说是黄土成因说之一，认为黄土物质的堆积以流水作用为主，其中包括冰水沉积作用、冲积作用、洪积作用和坡积作用以及海相、湖相沉积等不同的认识。海相、湖相沉积说，在黄土研究领域内未得到广泛的认同[15,16]。

4.2.1.2　黄土峁

黄土峁简称峁，是椭圆形或圆形的黄土丘陵。峁顶面积很小，呈明显的穹起。由中心向四周的斜度一般在 3°~10°。峁顶以下直到谷缘的峁坡，面积很大，坡度变化于 10°~35°之间，为凸形斜坡。峁的外形呈馒头状。两峁之间有地势明显凹下的窄深分水鞍部，当地群众称为"墕"。

黄土峁分布有的呈散列的，也有呈线状延伸的，后者称连续峁，它往往是黄土梁被横向沟谷分割发育成的，见图 4-9[15,16]。

4.2.1.3　黄土滑坡

黄土具有松散性，尤其吸水后更松软，因此黄土高原的水土流失极为严重。黄土谷坡部位的沉积堆积物质在重力作用下，顺坡向下运动，形成平面侵蚀，

图 4-9　黄土峁

而成块的松动地貌块体运动，是谷坡扩展的主要形式，其中，滑坡是常见的一种。

黄土坡面滑坡发生后，在谷坡上部遗留下圆弧形的黄土陡崖（滑坡壁）与坡脚的庞大滑坡体。黄土高原沟壑区和丘陵沟壑区分布着许多微地貌，常见的有黄土墙、黄土柱、黄土桥等。图 4-10 是黄土滑坡和黄土桥地貌状况。

图 4-10　黄土滑坡和黄土桥

4.2.1.4　黄土坪

分布在黄土高原河流两侧的平坦阶地面或平台，称为黄土坪，简称坪，见图 4-11。有些黄土坪即是黄土梁峁区河流的阶地，沿谷坡层层分布。另一些是由于现代侵蚀沟的发展使黄土塬遭到切割而残留的局部条带状平坦地面。黄土地区的河流阶地，每一级平台的下方有明显的陡坡，平台面向河流轴部方向倾斜[15,16]。

4.2.1.5　黄土陷穴

黄土陷穴是黄土区地表出露的一种圆形或椭圆形洼地，我国西北称为龙眼或灌眼，深度大的称为黄土井，分布很广，见图 4-12。由于黄土的湿陷性，黄土陷穴是由地表水和地下水沿黄土垂直节理进行侵蚀，并把可溶性盐类带走，下部黄土层被水流蚀空，表层黄土发生坍陷和湿陷而形成的。黄土陷穴往往出现在水流容易汇集的谷间地边缘地带，谷坡坡折的上方和冲沟中跌水和沟头陡崖的上方，常呈串珠状分布[15,16]。

图 4-11 黄土坪

图 4-12 黄土陷穴

4.2.1.6 黄土塬

黄土塬简称塬，是黄土高原谷间地地貌的一种类型。由于流水对黄土的侵蚀形成沟谷切割，形成四周为沟谷蚕蚀的黄土高原。在我国西北，由于长期沟谷蚕蚀，塬面大多已经破损，目前面积较大的塬已保存不多。

面积大、形态完整的塬，目前在黄土高原已不多见，分布较多的是经破坏而残留的支离破碎的塬，称为破碎塬。破碎塬是由塬四周沟谷源侵蚀分割塬而形成的，它基本上保留塬的主要特征：塬面平坦，塬边坡折明显。破碎塬面积明显地比塬小，见图 4-13。

4.2.1.7 黄土墹

黄土墹简称墹或墹地，它是黄土覆盖的古河谷，形成宽浅长条状的谷底平地，又与两侧谷坡相连，组合成宽线的凹地，宽度一般数百米至几公里，长度可达几十公里。多出现在现代河流向源侵蚀尚未到达的河源区，平面图形常呈树枝状，见图 4-14[15,16]。

图 4-13 黄土塬

图 4-14 黄土墹

4.2.1.8 黄土梁

黄土梁简称梁，是长条形的黄土丘陵。黄土高原地貌组合可分为两大类型：一类是高原沟壑区；一类是丘陵沟壑区。前者由黄土塬和沟谷组成，后者由梁、峁和沟谷组成。无论上述哪一个类型，梁是其中面积最大、分布最普遍的谷间地地貌。

从地貌的发育过程来看，在黄土高原由于水流切割形成台面的分割，由于水流的不断深切和扩展，形成深谷，深谷之间的地块称为塬。随着深谷的扩展，塬面不断缩小。由于沟谷的基本平行分布状况，使谷间塬面成长条形，当长条形塬面变得较窄时，称为梁，在侵蚀更强烈的地方，形成丘陵沟壑。

图 4-15 黄土梁

梁可分为 3 种：平顶梁、斜梁、起伏梁。分布在高原沟壑区的主要是平顶梁（简称平梁），分布在丘陵沟壑区的以斜梁和起伏梁为主。黄土谷间地地貌是由黄土堆积而形成的，它一方面受黄土堆积前古地貌形态的影响，另一方面，在黄土堆积后的沟谷发育过程中，也相继出现各种谷间地地貌。由于上述原因，谷间地地貌在地域分布上往往互相交错，在个体形态上也存在许多过渡形式，虽然各种形态的主要差别是客观存在的，但严格的界限目前还无法确定。黄土梁的状况见图 4-15[15,16]。

4.2.2　流水地貌

河流流水形成的地貌形态称为流水地貌。流水是一种地貌外营力，对地貌进行刻蚀塑造。在黄土高原地区，流水形成了形形色色的黄土地貌形态[15]。

4.2.2.1　河流阶地折叠

河流在发育过程中，既有下切，也有旁蚀。下切使河谷加深，旁蚀使河谷展宽。由于河流的溯源侵蚀特征，在下游的深切沟谷会向上游延伸，使宽阔的河谷水流汇入沟谷，留下河谷两侧台阶，这种台阶称为河流阶地。

河流发育过程可能形成多级阶地。河流阶地即反映河流的地貌形态，也反映河流发育的过程。阶地在河谷地貌中较普遍，每一级阶地由平坦的或微向河流倾斜的阶地面和陡峭的阶坡组成。一条经历长期发展过程的河流，两岸常出现多级阶地，由河流河漫滩向谷坡上方，依次命名为一级阶地、二级阶地、三级阶地等。位置愈高的阶地形成的时间愈久，因而受破坏程度也愈大，反映在形态特征上也往往很不明显。阶地的形成，主要是因为河流在以侧向侵蚀为主扩展谷底的基础上，转为深向侵蚀为主加深河谷，前者形成河漫滩或谷底平原，后者将河床位置降低到河漫滩或谷底平原以下。因此阶地面实质上是古老或早期的河漫滩，而阶坡则是河流深向侵蚀作用所形成的谷坡。河流侵蚀作用改变的原因往往是地壳运动或者相当大范围气候的变化[16]。

4.2.2.2　河漫滩河谷折叠

河流长期侧向侵蚀作用的结果使谷底加宽，形成河漫滩河谷。河流在谷底仅占一部分面积，其余都是河漫滩。河谷谷底宽度与河流大小、发育的时间长短、地壳运动稳定与否等等许多因素有关。形成河漫滩河谷后，河流在自己形成的谷底平坦地面上蜿蜒流动，完全不受谷壁的限制，这种河曲称为自由河曲，图 4-16 为河曲形态。

图 4-16　河曲形态

4.2.2.3　自由河曲折叠

自由河曲是性线状流水侵蚀作用所形成的一种狭窄的沟谷地形。主要发育在植被稀少、物质疏松，地面有一定坡度的地方。冲沟的形态与本身发育时间性有关，而地面起伏形态(坡度、坡形)也直接影响冲沟的形态和冲沟的组合形状。

冲沟又名雏谷，它是暂时性有槽流水侵蚀的典型形态。冲沟横剖面呈陡峭狭窄的"V"字形，与两侧斜坡地面有非常明显的坡折，冲沟纵剖面与所在斜坡坡面明显的不一致，一般呈上陡下缓的凹形曲线。冲沟发展到衰老阶段称为坳沟或坳谷。此时，沟的横剖面"V"形明显加宽，两壁坡度变缓，沟缘转折已不明显，整个剖面呈线槽形，沟底平坦，纵剖面十分平缓。

初期阶段的冲沟是指由片流汇合而成细流切割坡面而成的细小沟谷，通常称之为两裂，在地貌学上称为细沟。其最主要特征是横剖面呈浅"V"字形，沟的纵剖面基本上与所在斜坡的坡面一致。航摄像片的山坡上条纹状影像就是细沟。在航片的右上方显示出许多条长度大的细沟的影像。图4-17为细沟图像。

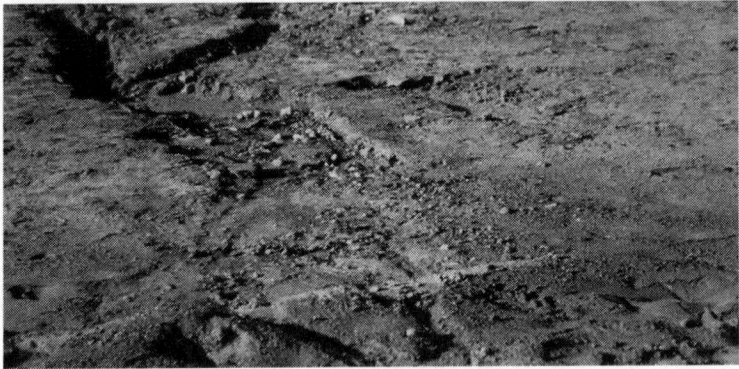

图4-17　细沟形态

4.2.2.4　"V"字形河谷折叠

"V"字形河谷是山区最常见的一种河谷，又称为峡谷。这类河谷具有"V"形河谷横剖面，谷地两壁险峻陡峭，谷底几乎全部被河流占据。谷地狭窄，深度大于宽度。其中谷坡陡直，深度远大于宽度的峡谷称为嶂谷。

从河流发育阶段看，"V"形谷属幼年河谷，它反映了河流处于幼年发育阶段，河流以加深河床的深向侵蚀为主，侧向侵蚀作用不明显。在构造运动上升区域，河谷谷坡由坚硬岩石组成的地段，当地面抬升速度与河流下切作用协调时，最易形成"V"形谷。河流上游深向侵蚀作用十分显著，河谷横剖面也多呈"V"字形。图4-18为

图4-18　V字河谷形态

"V"形河谷。

4.2.2.5　洪积扇折叠

在上游河谷两岸，由于风化作用，河岸陡坡风化物滚落到河沟，逢到雨季洪水季节，洪水携带这些风化物流动，到出山口，由于河床变缓，水流面增大，水流携载泥沙能力减弱，携带物质在山口形成堆积，由于堆积体的力学形态和水流作用，形成扇形堆积，由于是暂时性的洪水作用的结果，称为洪积扇，见图 4-19。

洪积扇是暂时性流水作用在谷口形成的堆积地貌。它是半干旱、干旱地区山麓地带分布相当普遍的地貌。以谷口为顶点，向外围倾斜，坡度由大变小，逐渐过渡到周围平地。洪积扇上广泛发育放射状沟谷。这种地貌风化强烈，山地形态险峻。相邻洪积扇连接成倾斜平原，外缘呈波状弧形轮廓。

图 4-19　洪积扇

4.3　地貌测度方法

地貌测度有多种方法，其中有以等高线为测度对象的等高线法。而用等高线进行测度又有不同的方法。

4.3.1　等高线分形计算

等高线是地貌三维形态的一种表达方法，这是用水准面与地形的接触线表达地形。等高线以相同等高距的一系列曲线表达地貌形态[13]。

4.3.1.1 等高线表达的地貌形态

用等高线在二维平面上表达三维地形形态是一种创造。对于地形，密集的等高线表示地形陡峻，稀疏的等高线表示地形平缓，等距直线表示斜坡，不同形式的等高线反映不同的地貌形态。用等高线表达的地貌形态，不但可以以之进行地貌类型识别，还可以在地图上进行精确度量，如坡度量测，高程量测等。用等高线在二维平面表达三维地形的一些特殊地貌现象，见图4-20。

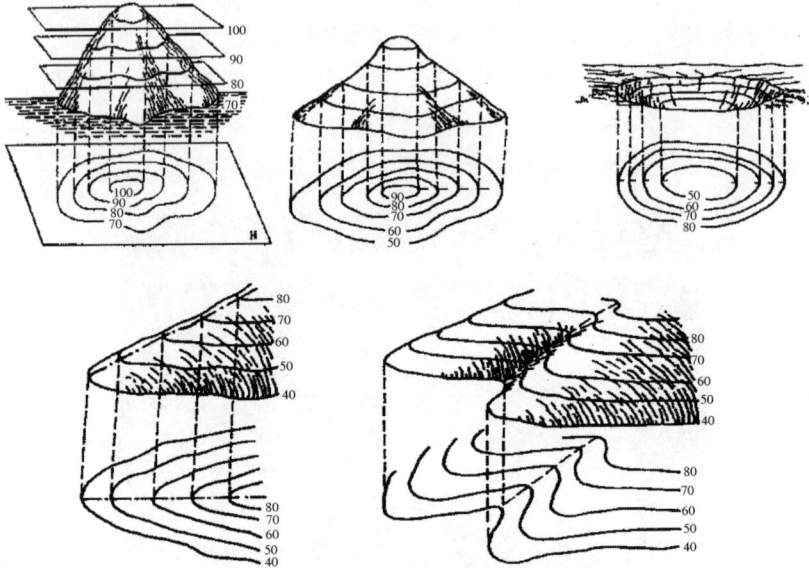

图4-20 机制地貌形态的等高线

等高线的地图表达的扩展使等值线，可以把具有数值形态的地理事物或现象用等值线表达，反映类似地形的三维形态，如气温等值线，气压等值线等。在 GIS 中，可以对等值线作类似地形分析。

4.3.1.2 等高线原理

从形态上，不同的地貌类型，其等高线形态不同，因此可以通过等高线形

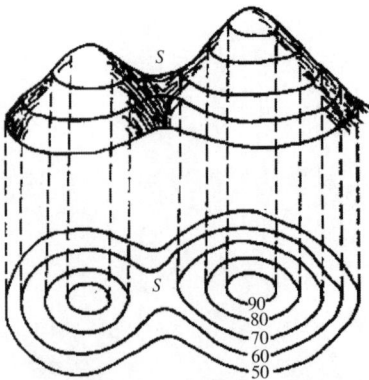

图4-21 地形等高线生成原理

态来反映地形形态。等高线形态具体可以分解为等高线的曲折程度和等高线的空间结构，这样，可以从分形角度来分析等高线，进而分析地貌，见图4-21。

地貌分形分析的一种方法是等高线方法，这种方法就是把等高线作为曲线进行分维测度。等高线本身也是一种曲线，可以按照曲线方法计算分维数，同时等高线反映地形状态，因此等高线的分维数反映地形状况。在 GIS 中，采用盒维数方法进行等高线测度。

GIS 中等高线以两种形态表现，一种是对等高线栅格化，形成等高线的盒维数测度，另一种是等高线插值，形成三维地形。在 DEM 中，可以提取等高线，这时可以自由选择等高线的等高距，这样等高线具有任意选择性。

虽然等高距可以任意选择，但是对于不同的地形，等高线分布的相对疏密程度与等高距无关而是与地形的坡度及特殊地形有关。坡度越陡，等高线相对越密集；地形越平缓，等高线越疏。但是另一方面，等高距越大，等高线密度就小，当选择的等高距较大时，即使很陡的坡度可能也没有几条等高线。

等高线的另一个特征是虽然等高距越小，地貌越详尽，从等高线形态上，曲折性也越大；等高距越大，地形越粗略。可以利用这一点进行分维数计算。图 4-22 是某地的等高线空间分布和结构图。

图 4-22　等高线形态和分布

等高线通过单条线的曲折性，反映在一个水平面地形的边缘伸缩状态，而一组等高线足以表达地形形态。实际上，在 GIS 的三维环境显示等高线，等高线能够表现出地貌形态[13]。

4.3.1.3　方法设计

等高线分维数反映地形状况，对于各种地貌类型，通过计算等高线分维数来反映地貌形态。

对于一个区域，设置一个最小等高距，然后进行分形测度，比如，以 1m 等高距设置等高线，然后分别选择 5m、10m、20m 等的等高距进行计算，相当于不同分辨率的测尺选择。可以分别进行栅格化，也可以一次栅格化后分别计算。因为在 GIS 中，矢量数据栅格化按照类型记录属性，直接是统计值，见图 4-23。

4.3.1.4　等高线法应用要求

对于等高线计算分维数，有一些特定要求。要求等高距要相同。因为不同的等高距的地貌形态密度不同。

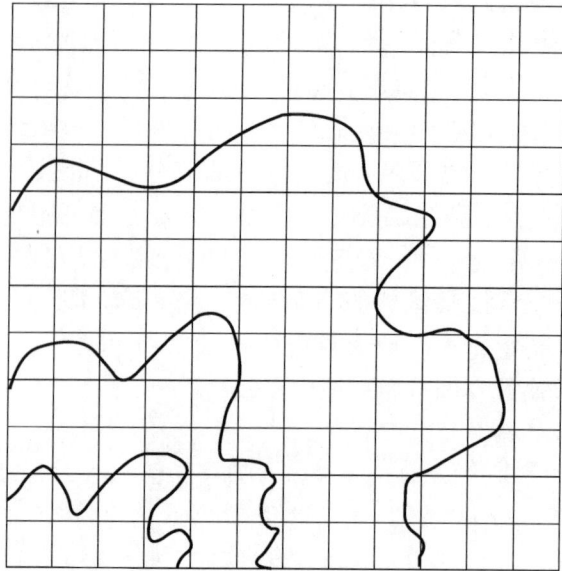

图 4-23 等高线盒维数计算方法

等于等高线分形测度，李猛确定等高线在不同地貌状态的分维数关系，认为在 0.1~10 标度下，类型的平均分维值显示出中低山区 K>高山区 K>沉积盆地的特点[13]。

从宏观上看，地貌内营力主要形成地表基本起伏状态，形成巨型、大型地貌形态，向着增强地势的趋势发展；而外营力则趋向于削平地表的基本起伏（即夷平作用），向着减弱地势的趋势发展。但从微观上看，外营力却表现出一种相对随机的正反馈机制（侵蚀作用），使地表起伏加剧，上述作用贯穿于地球形成以来的一切地貌过程中，由于现今大多数地貌是新第三纪以来特别是第四纪发展起来的，因而研究地貌要充分而慎重地估计新构造运动的影响。

等高线是一定分辨率下（忽略某些细节）地表高程相同点的连线，一定高程的等高线是与一定地貌类型相联系的，这正是用等高线分形计算地貌形态的依据。对于自相似自仿射分形曲线来说，分维的大小表征了曲线的复杂程度，或者说曲线对平面的填充能力。

在隆起剥蚀区，凡等高线遇到规模不同的侵蚀沟谷时，等高线就会向高处侵蚀源产生大小不同的曲折；在沉积凹陷区，由沉积作用形成平缓的沉积盆地，或者在盆地边缘把搬运带来的物质堆积在沟口处，形成不同规模的冲洪积扇、锥，这样等高线就会向沉积中心凸起，形成不同规模的曲线[13]。

4.3.1.5 等高线分维计算技术

对于等高线分形计算，有一种方法，就是分别计算不同高程的等高线，计算出分维数，然后对于一个区域，计算等高线平均值。

在 GIS 中，进行地貌分形计算的数据处理过程要经过几个步骤，每个步骤实际是不同的数据处理方式。这种等高线分维数的计算步骤是：

1. 提取等高线

对于一个图层，等高线数量较多，另一方面，等高距不尽相同，例如有间曲线、助曲线，还有在地形级陡的地方，等高线中断，只有计曲线。根据分形计算对于等高距相同性的要求，需要在等高线中提取满足分形计算需要的曲线。

对于分形计算，需要挑选其中的一些曲线进行计算，在 GIS 中，这种挑选的方法是提取。提取等高线依据属性表，对于等高线选取一定等高距的等高线，比如 20m 一根的，这时在属性表添加一个字段，用于标识需要提取的等高线。对于高程字段进行取模运算，当模数取某一值，则当等高线高程为模的倍数时，余数为 0，其他非倍数的高程，余数不为 0，于是标识出需要提取的等高线。用属性选择方式，选取余数为 0 的图元，另存为新的图层，作为分形计算图层。

2. 测度

对于提取的等高线，用对待曲线一样的方法进行测度，即对等高线栅格化，形成不同位置不同高程的栅格，对栅格属性表进行等高线单元统计计算。

曲线作为矢量要素，需要转换为栅格，对于等高线分形测度，需要选高程字段，这样转换的栅格含有高程值，这样虽然一个图层包含不同的等高线，但是通过栅格分类代码可以标识，而对于没有等高线的位置形成一个 nodata 栅格单元。

由于选择的等高线一般为整数，因此转换的栅格为整型，可以通过属性表进行计算。对于不是整数的等高线，可以通过一定的数据处理变为整型。这时，只需要生成少量的图层。对 n 次测度，生成 n 个图层。

3. 优化方法

对于等高线栅格化分形测度，可以仿照前面的三维分形测度优化方法，可以一次采用最小尺度进行矢量栅格化，然后按照属性字段进行合并分析统计计算，这样可以提高工作效率。

4.3.1.6　地貌类型的分形评价指标

陈燕等研究地貌形态的分形指标[6]，经过研究，认为如果图形边界比较平滑，分维度 D 将趋于 1；如果边界特别复杂，分维度将趋于 2。经过多次实验确定：当 SI < 0.915 且 FD ≤ 1.015 时，图形为近圆岽；当 0.915 < SI < 0.99 且 1.001 6 < FD < 1.015 时，图形为椭圆岽；当 0.99 < SI < 1.05 且 0.990 8 < FD < 1.001 6 时，图形为不规则近圆岽；当 1.05 < SI < 1.2 且 0.967 1 < FD < 0.990 8 时，图形为不规则近椭圆岽；当 1.2 < SI < 1.35 且 0.944 3 < FD < 0.967 1 时，图形为不规则线性岽。当 1.35 < SI < 2.1 且 0.836 3 < FD < 0.944 3 时，图形为简单单维梁；当 2.1 < SI < 3.15 且 0.745 5 < FD < 0.836 3 时，图形为简单树枝状梁；当 3.15 < SI < 4.0 且 0.660 1 < FD < 0.745 3 时，图形为树枝状梁；当 4.0 <= SI 且 FD < 0.660 1 时，图形为树枝状梁群(组)。

4.3.2 表面积体积法

地貌体有曲折起伏的表面，作为三维也有体积。按照分形理论，对于表面测度，计算曲面的分维数，也可以计算体积分维数，并且，对于一个地貌块，表面分维与体分维有一定的关联，因此可以采用表面体积法进行分维计算。

4.3.2.1 表面体积方法

对于栅格数据，GIS中提供了多种运算方法，但是如果想要进行类似逐栅格单元的运算，还需要把数据导出到文本，利用程序语言组织成数组再运算。这种运算把与GIS相关的功能摒弃了，例如，用滑窗方式计算栅格数据某一部分的表面积和体积。

对于体积，用栅格值之和即可，对于某高度地形，可以计算以上或以下的体积。以上的体积的栅格数据处理运算是对栅格图层减去需要计算高度的栅格值，然后计算体积。在GIS中，可以通过工具对话框选择参数进行运算，也可以通过属性表选择高度，乘以栅格面积。

表面积体积计算在GIS中，有专门的表面积、体积计算工具。对于等高线分维计算，有一种滑窗方法。滑窗是一种对于图像栅格数据的处理方法，用一个小的矩阵，一般有3×3、5×5、7×7等不同尺寸，形成一个规则结构的模板，提取栅格矩阵的同样大小一块，进行运算处理，由于这种处理一般栅格矩阵对象进行遍历，故此称为滑窗。在GIS中，对于滑窗，不便直接使用GIS的表面积体积工具，因为其中的表面积体积计算工具针对一个图层。虽然可以把一个图层分割成多个块形成多个图层，在分形计算中，需要用不同的分辨率，即尺寸不同的多个滑窗，因此直接用GIS表面体积计算工具需要生成极大量的滑窗大小的栅格图层，因而形成大量计算机碎片，显然这不是一种好的方法。

4.3.2.2 表面体积分维

为了克服生成多个图层的问题，可以通过程序方法进行计算，用滑窗法对表面体积分维计算步骤如下：

1. 把栅格数据导出为文本。
2. 读入文本成矩阵。

1	2	3
4	5	6
7	8	9

图4-24 栅格数据计算示例

3. 体积计算。
4. 表面积计算。

表面积计算以3×3栅格为例，见图4-24，外侧面积不计，内部面积包括顶面积和侧面积。侧面积包括：每个数字之间的侧面积和底面积之和。

4.3.2.3 地貌模拟计算例子

对于地貌分形计算，需要具备地貌图层，当缺少这种图层时，可以进行面积计算，即用程序生成一个随机地貌图层进行计算。

这种模拟的意义在于调试程序，并可以生成多种形态的地貌。地貌模拟计算采用如下步骤：

第一步：生成一个随机地形栅格矩阵作为模拟地形

这个过程采用 python 语句较为方便，因为可以自动遍历栅格矩阵。语句如下：

import numpy

a = numpy. random. randint(L，H，size = [m，n])

其中：

L：生成矩阵元素的最小值

H：生成矩阵元素的最大值

m：生成矩阵的行数

n：生成矩阵的行数

a：生成的矩阵

通过上述语句生成一个栅格矩阵，如式 4-4。

$$A_{i,j} = \begin{pmatrix} a_{00} & a_{01} & \cdots & a_{0n} \\ a_{10} & a_{11} & \cdots & a_{1n} \\ \cdots & \cdots & \cdots & \cdots \\ a_{m0} & a_{m1} & \cdots & a_{mn} \end{pmatrix} \tag{4-4}$$

第二步，建立滑窗，分别计算表面积和体积

采用 3×3 滑窗，形如式 4-5。

$$w = \begin{pmatrix} w_{00} & w_{01} & w_{02} \\ w_{10} & w_{11} & w_{12} \\ w_{20} & w_{21} & w_{22} \end{pmatrix} \tag{4-5}$$

对于 A 矩阵数据，设位置为 ij，对应 w 的 11 位置，于是通过 ij 的一个步长增加，进行循环，遍历矩阵。

4.3.3　地貌体积与表面积的关系分维数

地貌形态起伏不定，形成的表面曲面面积大于投影面积，从分形角度，具有分形特征，按照面积与边长关系，可以表达为：

$$r^D = \sqrt{A} \tag{4-6}$$

式 4-4 虽然关系明确，但是对于表面积计算采用 GIS 技术，直接计算出来，并不知道 r 值，当然 r 值采用原来栅格分辨率。

另一种方式是采用体积方式，对于地貌体，可以计算体积，作为地貌分形特征的表达，体积和表面积的分维线性值应当相同，即：

$$r^D = \sqrt[3]{V} \tag{4-7}$$

基于同样的 r 值，可以联解，计算 D 值。

4.3.3.1 示例

对于某一区域地形 DEM 进行表面体积计算。区域形态见图 4-25。采用表面体积功能进行表面体积计算（图 4-26）。

图 4-25 地貌体块

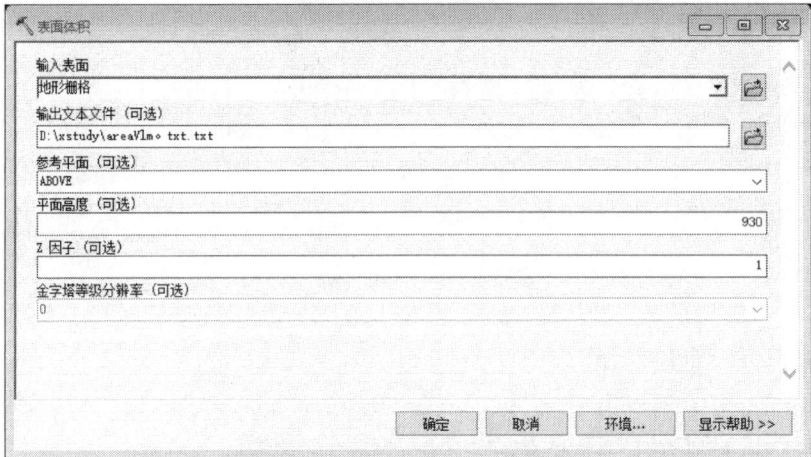

图 4-26 表面体积计算对话框

计算结果如下：投影面积 = 4001874m²，表面积 = 4727156m²，体积 = 424712848m³。按照分形模型进行计算：

投影面积开方：2000

表面积开方：2174

体积开立方：751

$$L\infty\, S^{1/2} \infty\, V^{1/3} \infty\, X^{1/D}$$

对于表面积，有：

$$L\infty\, S^{1/2} = X^{1/D}$$

表面积分维数：$D = \mathrm{len}(4727156)/\mathrm{len}(2174) = 1.75$

体积分维数：$D = \mathrm{len}(424712848)/\mathrm{len}(751) = 3$

4.3.3.2　体积计算的基面选择

对于地貌块体，计算的基面高程可以选择，因此不同的选择就有不同的体积和不同的表面积，这种数值变化必然导致分维数的变化，即形成分维数的不定性。这是因为，地貌体积在区域最低点之上有一个值，在最低点之下，体积随所取深度增加，但是表面积不变，因此没有一个确定的表面积体积对应性。

另一方面，对于一个区域，如一条较大的河流区域，作为一个整体地貌，在不同的区域位置，地貌形态有区域特征，这种特征的分形特征需要选取一个统一的基面进行计算。具体的基面选择可以从如下方面考虑：

1. 计算区域最低点

所谓计算区域指在计算范围之内的区域。区域最低点分析计算区域内的相对高差下的体积，这种选择的分维数计算表明地面破碎度，对于体积，分维数在3~4之间，越接近3，表明地形越平坦，越接近4，表明地形越复杂。这种方法的不足是不能通过分维数反映一个区域的内部分为差异。

2. 研究区域最低点

研究区域范围可能大于计算区域范围，比如对于一条河流，分为上中下游，计算区域范围可能是三游之一。在这个范围内的最低点选择，分析的是研究区域的分部位状况。如黄土高原是一个整体，通过以整个区域的最低点作为计算点，考察计算区域范围在研究区域范围的特征。

3. 海拔高度的基准面

对于从海拔高程0点起的计算，可以考察侵蚀基准对地貌发育的影响。这样选择的优点和不足的共性表现为，对于，当区域最低点高于海拔为零时，从最低点以下，表面积不变，但是体积却有增加，从而影响分维数。

4.3.3.3　表面体积理论

对于地貌，由于外营力的侵蚀，造成梁塬峁等不同的形态，这些形态具有三维体特征，并且表示规则的形状，是一种分形体。从分形角度，分形体的不同维度度量数据不具有规范几何体的比值。基于此，用表面积与体积比值反映地貌体分形特征。

表面积与体积具有分维关系，不同的地貌类型，表面积与体积的分维数不同，相同的地貌类型有相近的表面积体积分维数。这就是通过表面体积分形计算地貌形态的理论依据。

4.3.4　地貌分形计算

地貌表面体积反映地貌特征甚至地貌演化过程和特征，建立表面积体积的函数关系，作为地貌分析测度计算方法。

4.3.4.1 理论分析

地貌分形，以一个几何体分析，假定一个正立方体，表面积为一个单位(不计侧面)，体积为一个单位，如果在这个块体中挖一个深井，从表面到底面，显然这个几何体的体积减小，表面积增加，随着深井数量增加，表面积与体积增减更显著，由此可以构造分形测度方法。

对于一个实际的地貌区域，把区域最高点作为原始地形平台面，以最低点作为块体计算点，这个假定从地貌发育的戴维斯理论上是可行的。

以研究区域地貌块体为基础，以表面积、体积计算分维数[17]，也是可行的，但是不能区分区域分异，根本解决之道还在于元分维途径。

若以块体的表面积与体积形成指标，则滑窗的基础一致，这样，以表面积确定地形复杂性，以体积确定地貌发育状态。

用尺度为 $\varepsilon \times \varepsilon$ 的盒子(为像元尺度 r 的整数倍)覆盖整个流域 DEM。统计每个盒子内所有像元高程值的总和 H_{ij}，并除以全流域所有盒子内全部像元高程值的总和 $\sum H_{ij}$，得到每一个盒子内的高程分布概率 $P_{ij}(\varepsilon)$ 的计算公式为：

$$H_{ij} = \sum h_{mn} P_{ij}(\varepsilon) = \frac{H_{ij}}{\sum H_{ij}} \tag{4-8}$$

式中 h_{mn}——第 (i, j) 个盒子内某一点 (m, n) 处像元高程值；

     H_{ij}——第 (i, j) 个盒子内所有像元高程值的总和；

   $\sum H_{ij}$——全流域所有盒子内全部像元高程值的总和；

$P_{ij}(\varepsilon)$——表示第 (i, j) 个盒子内的高程分布概率。

改变盒子尺度 ε 并重复以上计算，即可得到不同盒子覆盖条件下的高程分布概率 $P_{ij}(\varepsilon)$ [17]。

4.3.4.2 公式推导

对于地貌体，投影面积 A 可以表达为 $A = L^2$，其中 L 为测度尺度，一般可以认为正方形边长。从运算关系上，也可以用 L 表达表面，表面有：$S = L^D$，即 $A^{-2} = L$，$S^{-D} = L$，于是有：

$$A^{1/2} = S^{1/D} \tag{4-9}$$

当 A 已知，S 已知，则可以计算 D：

$$\frac{1}{2}\ln A = \frac{1}{D}\ln S \tag{4-10}$$

$$D = 2\frac{\ln S}{\ln A} \tag{4-11}$$

由于 $S \geqslant A$，因此 $D \geqslant 2$，表明表面的维数大于二维。这也符合分形理论，曲面维数大于平面维数，并且，分维数越大，表面地形起伏越大。

对于体积，类似有：

$$D = 3\frac{\ln V_2}{\ln V_1} \tag{4-12}$$

其中：V_1为地貌理论块的体积，可视为投影面积下高度为区域最高高程−最低高程值，V_2为最低点以上的实际体积，相当于土石方量，显然 $V_1 \geqslant V_2$，因此有 $D \geqslant 3$。

从地貌发育角度，原地貌块体可视为原始地貌形态，实际地貌为原始地貌形态经侵蚀后的形态，显然有物质流失，因此体积减小。分维数表示地面发育程度，分维数越小，侵蚀强度越大，因此这个反映地貌的分维数一定尺度表达了地表侵蚀状况。

于是，有表面积分维数与体积分维数关系：

$$V^{1/D1} = S^{1/D2} \tag{4-13}$$

4.3.4.3 计算方法

按照式 4-13，用一个地块进行推导计算，结果见表 4-3。

一个地块的分形测度　　　　　　　　　　　表 4-3

投影面积	表面积	Ln	Ln	D
4001544	4726825	15. 20219084	15. 36876429	2. 021914
2690005	3306399	14. 80505361	15. 01137024	2027871

从面的角度而言，地貌是一个复杂曲面，从体的角度而言，则是一个复杂三维体，无论从面和体方面，这种复杂性都需要通过分形测度分析。

按照投影面积，投影面积等于边长平方，体积等于边长 3 次方，而表面积的分维性，应当是处于边长的 2~3 次方之间的一个分数。其中，表面积越大，曲面越曲折，分数值越趋于 3，而曲面积等于投影面积时，分维数趋于 2。

4.3.4.4 实例

选择一个区域，数据状况为：坐标（368996，4053999），（371000，4056001），于是计算出区域宽度 = 371000 − 368996 = 1004m；区域高度（实为长度）= 4055001 − 4053999 = 1002m；区域最大高差 = 1194 − 930 = 264m。见图 4-27。

用 GIS 的表面积体积工具计算结果见表 4-4。

图 4-27 表面积体积计算区域地形

地块表面积体积计算结果　　　　　　　　　　表 4-4

lane_ Height	Reference	Z_ Factor	Area_ 2D	Area_ 3D	Volume
931. 00	ABOVE	1. 000000	4001544	4726825	4207
1000	ABOVE	1. 00000	2690005	3306399	1739

依据计算的表面积、体积，进行分为数计算，有

$Ln(4001544) = 15.20219104$

$Ln(4726825) = 15.3687644$

$A = 0.989161565.$

由此计算的到该地块的分维数为：

$D = 1.8637$

4.4　地貌三维填充测度

地貌三维填充测度是基于这样一种思路，对于地貌体，其形态不规则，用规则的几何体堆积，形成与测度对象接近的形状，而规则堆积体便于计数，这实际是覆盖原理的三维状态分形测度。

4.4.1　地貌体三维测度操作

对于地貌三维测度，从 GIS 方面，涉及一系列的数据操作技术。由于 GIS 尚未提供直接的进行一些计算的功能，因此需要通过一定的数据加工方式进行数据处理，满足分形测度要求。

4.4.1.1　栅格数据导出为文本

对于栅格数据进行分块计算，GIS 提供了栅格分块操作，但是分块会形成多个数据文件。按照滑窗计算原理，需要分成 3×3 大小的栅格数据，则一个栅格图层要分成很多破碎栅格数据图层，而每次改变滑窗，都要生成很多栅格图层。解决的方法是把栅格数据导出到矩阵，利用矩阵方法继续程序计算。

GIS 中提供了栅格导出为文本的功能，把栅格数据导出为文本文件，该操作见图 4-28，然后程序化读入文本形成矩阵，再进行计算。

图 4-28　导出栅格到文本

用 python 脚本实现栅格导出的脚本见下：

```
上工具操作可以用脚本实现，可以把下脚本加载到计算地貌体积脚本之前

# Name: RasterToASCII.py

# Import system modules
import arcpy
from arcpy import env

# Set environment settings
env.workspace = " C: /data"

# Set local variables
inRaster = " elevation"
outASCII = " c: /output/elevation.asc"

# Execute RasterToASCII
arcpy.RasterToASCII_ conversion(inRaster, outASCII)
```

栅格转为 ascii 的文件格式比较简单，包括行数、列数、坐标起点、栅格尺寸等，数据文件的数据记录格式和内容如下：

```
NCOLS 480
NROWS 450
XLLCORNER 378922
YLLCORNER 4072345
CELLSIZE 30
NODATA_ VALUE -32768
43 2 45 7 3 56 2 5 23 65 34 6 32 54 57 34
35 45 65 34 2 6 78 4 2 6 89 3 2 7 45 23 5...
```
注意：NoData 原用-9999

4.4.1.2　测度计算

对于地貌体，用正立方体填充法计算分维数，一种方法是把栅格转换为矢量多边形，再拉伸形成多面体，另一种方法就是栅格矩阵计算。

用尺长等于 n 个栅格长度的尺子，构造一个三维盒子，进行栅格测度。操作时，把栅格分割成 $n×n$ 的块，再在每个块中获取最大栅格值。比如，栅格块为 10×10，计算某个块最大栅格值为 327，减去栅格区域最小值 251，得到 76，作为栅格的形态值，用 10×10×10 的盒子填充，用 76÷10，得到填充计算数，需要 7.6 个盒子。由于栅格计算因为测度盒子不能分割，因此用整数，按照分形测度的一般方法，上入为 8 个盒子。

如图 4-29 是这种测度的原理示意图。以用规则的立方体测度栅格块，从底面起，立一个盒子，把栅格柱放置在内，如果栅格填满了一个盒子，则在上再

立一个盒子，直到所有的栅格体被装入。

对于测度，只计算需要盒子的数量，对于栅格计算，取一个正方形范围，选择其中栅格最大值，然后除以立方体高度，即计算出需要盒子数量。对于数值计算，可能出现小数，在分形测度中用上入求整。

对于一个区域，选择不同大小的窗口遍历区域，计算出每一个窗口的盒子数，作为分形测度计算的数据。

4.4.1.3　三维测度脚本

地形的三维 DEM 模型可以仿照三维盒子方法进行测度，鉴于 DEM 模型的数据特征，可以仿照盒维数方法，也可以称为三维填充方法。基本原理是：以栅格数据值为高程，三维多面体为一个柱子，可以用高度等于栅格边长的正立方体量测，假定栅格值为 h，栅格大小为 w，则 $h \div w$ 为一个栅格需要 w 边长立方体填充的数目，当然可以用编程进行填充计算。这样，程序需要考虑如下步骤：

1. 栅格转文本。
2. 文本到矩阵。
3. 确定块大小。

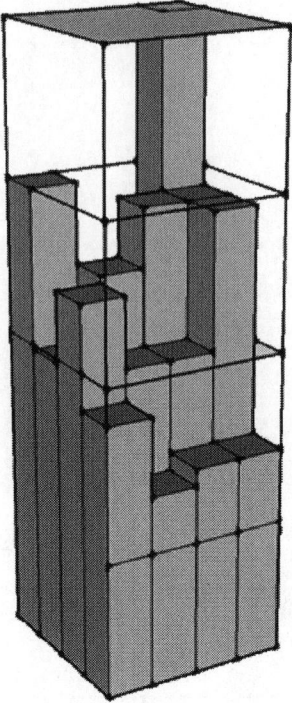

图 4-29　三维填充分形测度

4. 遍历计算块的最大值。
5. 最大值减去最小值后除以测尺，得数上入取整。
6. 分行列累计，计算总数。
7. 改变尺度，从 3) 循环。

其中，上述的 1、2 步可以在程序之外，但纳入程序，操作更流畅。上述计算的脚本如下。

```
#
# read data from txt file to list
#
# read and process head
fshd = []
f = file(' f: //wspace//grd1.txt' )
w = f.readline()
h = f.readline()
minx = f.readline()
miny = f.readline()
cellsize = f.readline()
nodata = f.readline()
```

```
w = w. replace(" ncols"," ")
w = w. replace(" "," ")
w = w. replace(" \ n"," ")
w = int(w)

h = h. replace(" nrows"," ")
h = h. replace(" "," ")
h = h. replace(" \ n"," ")
h = int(h)

# read and process coordinates
slst = [] #string list
while True:
    line = f. readline()
    if len(line) = = 0: # Zero length indicates EOF
        break
    d = line. split('   ' )
    del d [-1]
    slst. append(d)
f. close() # close the file

#
# list string to float
#
flst = [ [float(slst [i] [j]) for j in range(w)] for i in range(h)]
del slst
minv = min(min(flst))

#
# convert list tu tuple
#
import numpy as np
arraydata = np. array(flst)
arraydata = arraydata-minv
del flst
#
# computing volume
#
rslt = []
for s in [3, 4, 5, 6, 7, 8]:
    thebox = 0
    for i in range(0, 34, 4):
        for j in range(0, 56, 4):
            a = arraydata [i: i + s, j: j + s]
            b = a. max() / s
            if b > 0:
```

```
                              thebox = thebox + b
        #rslt.append(s)
        rslt.append(thebox)
print rslt
```

4.4.2　地貌三维测度示例

本节用一个例子说明盒子填充栅格分形计算过程。对于一个栅格，其大小记为边长 L，则一个栅格可以分割处的盒子数为：v/L，对于栅格地形，盒子数有：

$$N = \text{Sum}(V_i)/L, \ i = 1, \ 2, \ \cdots, \ M$$

这也是填充需要的三维盒子个数。具体的计算，对于栅格数据，变为整数型，然后用 value 字段×count 字段÷L，得到填充需要的盒子数量。

4.4.2.1　栅格数据输出为 ascii 文件

按照前述的问题，需要把栅格数据转换为 ascii 文本文件。GIS 提供了这个操作。操作过程为：

1. 栅格转为为本

通过 GIS 的数据转换工具，选择由栅格转出的栅格转 ascii 功能，生成 ascii 文件，作为计算的数据基础。

2. 运行脚本，进行地貌测度

需要通过一个脚本，进行地貌滑窗计算。

4.4.2.2　栅格转换的示例数据

栅格数据转换为文本数据有特定的格式，需要依据这种格式编写脚本。其基本结构是，前两行为数据的列数和行数，分别有 ncols、nrows 标记，三四行为坐标，对于分形计算，可以不考虑坐标，第五行为栅格尺寸，技术可以跳过，第六行为 NoData 值，其后为栅格单元值。建立转换的示例数据如下：

```
ncols        56
nrows        34
xllcorner    6295219.753333
yllcorner    1979069.665273
cellsize     4
NODATA_ value  -9999
854.5769 853.9276 852.761 851.0297 849.4195 848.1374 846.7239 845.2146
843.6182 841.9742 840.342 839.147 838.0381 837.0103 836.2255 835.4575
834.4531 833.1969 831.4162 829.3937 826.5723 823.9774 821.1817 819.4528
818.4767 817.4887 816.5059 815.4694 814.4131 813.3207 812.1625 811.0035
809.788 808.4473 807.1355 805.8555 804.5734 803.3177 802.0704 800.923 799.6866
```

```
798.0792  796.4326  794.7484  793.0052  791.1948  789.7139  788.8668  788.0192
787.1724 786.3268 785.4813 784.6387 783.798 782.959 782.1451
857.5386  857.1025  855.8661  854.0958  851.7799  849.5182  847.9964  846.3818
844.7302  843.0522  841.4561  839.9704  839.1556  838.3708  837.5909  836.9349
835.8502  834.4221  832.4714  830.4446  827.9791  825.2808  822.5903  819.9703
818.9834  817.9514  816.9397  815.8376  814.6917  813.5597  812.3138  811.0915
809.8105  808.4243  807.0381  805.6904  804.3649  803.0189  801.7516  800.481
799.0361  797.476  795.9131  794.2809  792.6138  790.9001  789.5882  788.7436
787.899 787.0549 786.21 785.3655 784.5213 783.6663 782.8112 781.956
```

4.4.2.3　脚本过程

依据文本数据格式，编写脚本语句，首先需要把文本数据用 python 读出到列表，列表是 python 语言中类似数组的一种数据类型。脚本基本内容为：

第 1 步：读出文本文件，并把数据组织到列表

```
f = file('f:\ wspace\ grd.txt')
xlst = []
# if no mode is specified,'r'ead mode is assumed by default
while True:
    line = f.readline()
    if len(line) == 0: # Zero length indicates EOF
        break
    d = line.split('')
    del d [-1]
    xlst.append(d)
f.close() # close the file
```

第 2 步：将列表转为元组。元组是 python 语言的另一种数据类型，与列表在运算性能上有所区别，而在本计算中，需要应用到元组，因此需要转换。把二维列表转为元组。

```
import numpy as np
a = np.array(xlst)
```

第 3 步：把元组转为数字型。这个元组仍为字符串，进行数学运算需要用到数字类型，因此把文本数字转换为浮点性数据。转换的一个例子如下：

```
array( [ ['32.20709', '31.12598', '30.04487', '28.96376', '-9999'],
[' 30.04861', '26.92361', '23.79861', '22.06194 , '20.98083'],
['29.35417 , '26.22917 , '23.10417 , '19.97917 , '16.85417'] ],
dtype=' |S8')
```

第 4 步地貌体计算。

125

本章小结

地貌具有分形特征，对于城乡空间分布和结构具有主导和制约作用。研究认为一定的地貌形态决定了城乡分布的空间结构，甚至规定了城市的内部形态。本章从地貌角度进行分为特征的分析研究，并提出了有关地貌三维测度的一些技术方法。

参考文献

［1］陈燕，齐清文，杨志平等．数学形态学在黄土地貌单元分类学上的应用［J］．山地学报，2005，23(1)：96~100．

［2］陈燕，齐清文，杨志平，纪翠玲等．数学形态学在黄土地貌单元分类学上的应用［J］．山地学报，2005，23(1)：96~100．

［3］姜鲁光，张祖陆．鲁中南山地流域地貌的高程—面积分析［J］．山东师范大学学报(自然科学版)，2003，18(1)．

［4］李锰等．地形等高线的分形特征及其动力学含义［J］．西北地震学报，第24卷，97-10．

［5］冯平，冯焱．河流形态特征的分维计算方法［J］．地理学报，1997，52(4)：324-330．

［6］陈燕，齐清文，杨志平，纪翠玲，梁雅娟．数学形态学在黄土地貌单元分类学上的应用［J］．山地学报，2005，23(1)：96~100．

［7］李后强，艾南山．分形地貌学及地貌发育的分形模型［J］．自然杂志，1991，15(7)：516 – 519．

［8］励强，陆中臣等．地貌发育阶段的定量研究［J］．地理学报，1990，45(1)：110 – 119．

［9］史同广，景才瑞．戴维斯学说与现代地貌学［J］．华中师范大学学报(自然科学版)，1990(3)：391-395．

［10］http：//wenku. baidu. com/view/757fd565783e0912a2162a52. html.

［11］中国科学院地理研究所．中国 1：1000000 地貌图制图规范(试行)［M］．北京：科学出版社，1987．

［12］高玄彧．地貌类型主维分类法的研究［D］．成都：成都理工大学，2006．

［13］李锰，朱令人．地形等高线的分形特征及其动力学含义［J］．地震工程学报，2002，24(2)：97-103

［14］常直杨，王建，白世彪等．面积高程积分值计算方法的比较［J］．干旱区资源与环境，2015，29(3)．

［15］严钦尚，曾昭璇．地貌学［M］．北京：高等教育出版社，1985-9.

［16］http：//amuseum. cdstm. cn/AMuseum/renyushengtaihuanjing/docc/stxtbrow. asp-id＝1466&classid＝191. html.

［17］周侗. DEM 元分维模型的构建方法与应用研究［D］．南京：南京师范大学，2007.

第 5 章

水系分形

河流从另一个角度反映地貌形态，同时河流是一种典型的分形形态，对于河流的分形计算，从计算对象上，有针对流域形状的，有针对河流长度的，还有针对流域周长以及河流比降的，从计算方法上，有采用盒维数方法，也有采用流域形状的关联维数方法等各种方法[1,2,3,4]。

5.1 河流的形态特征

河流是水系的主要构成部分，河流的构成包括流域、河道。河流发育包括三个阶段：河流发育的前期，河水主要向下侵蚀，使河流向纵深方向发展；在后期则主要侧向侵蚀，使河流加宽；在一定情况下还会沿着河道往源头侵蚀，即溯源侵蚀[5]。这些过程形成了水系体系，也形成了河流地貌体系。

5.1.1 河流地貌发育

河流的发育，一般而言，在上游侵蚀，中游搬运，下游沉积，对应形成的河流形态是上游的高山峡谷，中游河道变宽，下游成为冲积平原、河口三角洲、冲积岛等。

5.1.1.1 河流发育过程

河流地貌是由于河流作用于地球表面，经侵蚀、搬运和堆积过程所形成的各种侵蚀、堆积地貌类型的总称。

河流作用是地球表面最经常、最活跃的地貌作用，它贯穿于河流地貌的全过程。无论什么样的河流均有侵蚀、搬运和堆积作用，并形成形态各异的地貌类型[2]。

河流的形成有融冰雪，有降水汇流的，其中以降水形成的河流较为多见。河流地貌的发育表现出一定的时空特征，在上游，水流开始汇集，河床比降较大，水流对地面冲刷，形成细沟，这时的河流还是细小的，对地面侵蚀以下切为主，形成 V 形谷；到中游，水流汇集形成一定规模，河流比降减少，形成河流侧蚀，旁向变宽；到下游，河床比降更小，水流速度缓慢，河流携带的泥石物质经常会形成沉积，河床抬高，甚至形成悬河。这就是河流发育的特点和河流地貌的基本状态，见图 5-1[2]。

5.1.1.2 河流构成体系

依据河流的形成时空特征和动力学特点，一般把河流分为上游、中游与下游 3 个部分。这一般针对较大规模的河流，由上游向下游，水流的侵蚀能力减弱，水流的泥沙携带状态也由侵蚀逐渐转变为堆积作用[2]。

河流的形态具有平面形态、河型动态和分布区域的不同，从而形成不同的河流类型。依平面形态可分为顺直型、弯曲型、分汊型和游荡型；按河型动态

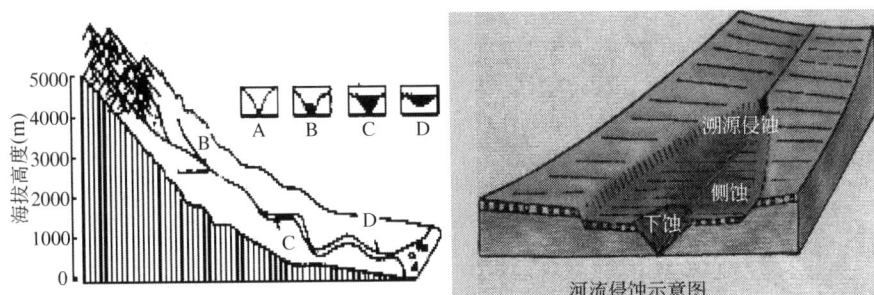

图 5-1　河流地貌发育

主要分为相对稳定和游荡型两类。

山区河流与平原的河流的地貌形态各自有着不同的发育演化规律与特点。山区河流谷地多呈"V"或"U"形，纵坡降较大，谷底与谷坡间无明显界限，河岸与河底常有基岩出露，多为顺直河型；平原河流的河谷中多厚层冲积物，有完好宽平的河漫滩，河谷横断面为宽"U"或"W"形，河床纵剖面较平缓，常为一光滑曲线，比降较小，多为弯曲、分汊与游荡型河型。

河流地貌类型中包括侵蚀与堆积地貌两类，前者有：侵蚀河床、侵蚀阶地、谷地、谷坡；后者含：河漫滩、堆积阶地、冲积平原、河口三角洲等。河流阶地是河流地貌中重要的地貌类型，可以分为：侵蚀阶地、堆积阶地（分上叠与内叠阶地）、基座阶地和埋藏阶地。对河流阶地的类型及其河谷的结构的研究，可以分析河流地貌的过去，了解现在，预测河流发育的未来[2]。

5.1.2　水系构成

地表接收降水的区域以及降水到达出水口前所流经的河流网络被称为水系。水系是河流的地貌形态、流域分为和河道体系的总称。流经水系的水流就是通常的水文循环的一个子集，水文循环还包括降雨、蒸发和地下水流。在 GIS 中，有针对水文问题进行分析和处理的工具集，包括对地表水的分形处理和对地下水的一些分析处理。

5.1.2.1　水系的构成部分

流域盆地是将水和其他物质排放到公共出水口的区域。流域盆地的其他常用术语还有分水岭、盆地、集水区或汇流区域。该区域通常定义为通向给定出水口或倾泻点的总区域。倾泻点是水流出某个区域的点。该点通常是沿流域盆地的边界的最低点。两盆地之间的边界称为流域分界线或分水岭边界。水系构成见图 5-2。

5.1.2.2　流域分级

在起伏不定的地面，当降水到达地面后，除被拦蓄截留部分外，会形成地表水流，水流顺坡而下，不断汇集，形成河流。

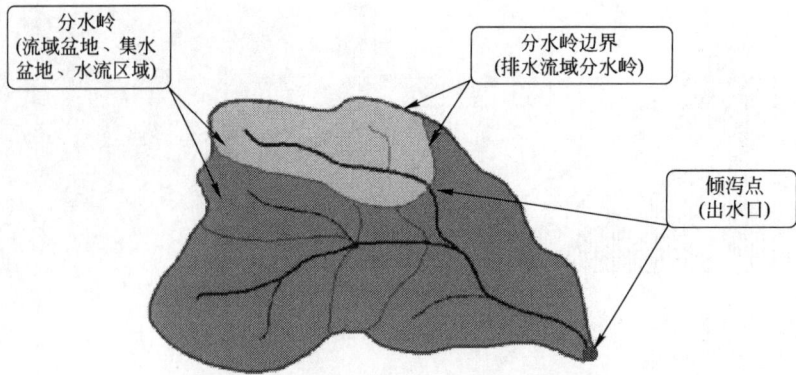

图 5-2　水系构成

对于地面任一点，汇流进入的水流是上游一定区域产生的水流，这个汇流区域可以作为一个流域。流域以分水岭划界，流域可以划分为不同级别。以一个区域的水流汇集过程为例，在相邻两条沟谷之间的山脊线是其分水岭，降到一边的水流入一条沟，而降到另一边的水流入相应所在沟谷，这就形成了两个不同的流域。但当这两条水流流出沟谷后，可能汇入到同一条较大的河流，这样对于这条较大河流而言，两条沟所有的流域是同一个流域。因此，流域是分为等级的，对于流域分析，需要确定不同的流域等级。

5.1.3　河网分级

河流有主干有分支，构成河网体系，在河网体系中，河流分为不同的级别。河系从上游到下游，分支河流形成大的分支，大的分支再汇流，最后形成主流。河网分级是一种将级别数分配给河流网络中的连接线的方法。此级别是一种根据支流数对河流类型进行识别和分类的方法。仅需知道河流的级别，即可推断出河流的某些特征。

5.1.3.1　河网分级问题

河流网分为主流和支流，支流又有更低一级的支流，主流与支流形成河系。如黄河的一级支流有渭河和汾河，渭河又有泾河、浐河、灞河等支流，这些支流还有更次一级的支流。主流一般按河流长度定义，以流长为主。

对于河网，水流有一个汇集过程，因此把河流分为不同的等级。对于河网分级，有 strahler 法和 Shreve 法两种方法。

河流分级便于对不同河流状态进行观测、分析、研究和利用。河流分级相应的有流域分级。从分形角度，对于河流分维计算，有的方法需要考虑河网的级别。同时，在 GIS 中，可以通过河流级别确定流域范围。

5.1.3.2　Strahler 法

在 Strahler 河流分级中，定义的基本分级法则是：

1. 所有没有支流的连接线都被分为 1 级，它们称为第一级别。这一级别没有支流，显然本身是一条支流；

2. 当级别相同的河流交汇时，河网分级将升高。两条一级连接线相交会创建一条二级连接线，两条二级连接线相交会创建一条三级连接线，依此类推；

3. 级别不同的两条连接线相交不会使级别升高。例如，一条一级连接线和一条二级连接线相交不会创建一条三级连接线，但会保留最高级连接线的级别。

Strahler 法是最常见的河网分级方法，见图 5-3。但是，由于此方法只在同级相交时才会提高级别，因此它并不考虑所有连接线，且会对连接线的添加和移除非常敏感。

5.1.3.3 Shreve 法

还有一种分级方法，称为 Shreve 河网分级法，该方法考虑网络中的所有连接线。与 Strahler 法相同，所有外连接线都被分为 1 级。但对于 Shreve 法中的内连接线，级别是增加的。例如，两条一级连接线相交会创建一条二级连接线，一条一级连接线和一条二级连接线相交会创建一条三级连接线，而一条二级连接线和一条三级连接线相交则会创建一条五级连接线。

因为级别可增加，所以 Shreve 法中的数字有时指的是量级，而不是级别。在 Shreve 法中，连接线的量级是指上游连接线的数量，见图 5-3。

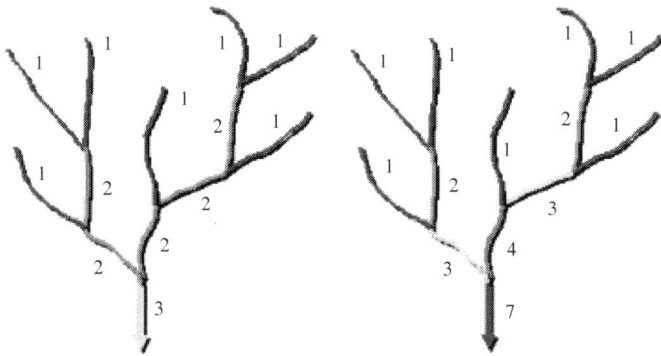

图 5-3 Strahler 河流分级方法和 Shreve 河流分级方法

用分形方法研究河流分维特征的科学意义在于通过地表水系的分形维数大小反映流域地貌发育程度，河网密度越大，河流发育越成熟，分形维数值就越高。因此，对于河流分级，需要进行级别标识。

5.1.3.4 河流发育的分维数

对于河流地貌进行的分类，按照何隆华的研究，给出的流域地貌发育阶段的划分方法按照分维数，有：$D < 1.6$ 时，流域地貌处于侵蚀发育阶段的幼年期，此时的地表水系尚未充分发育，河网密度较小，地面比较完整，河流深切侵蚀剧烈；当分维数范围为 $1.6 < D < 1.89$ 时，流域地貌处于侵蚀发育阶段的壮年期，地势起伏大，地面切割支离破碎，河流的侧蚀作用明显；$D > 1.89$ 时，流域地貌处于侵蚀发育阶段的老年期，河流作用主要为旁蚀和堆积，下蚀作用比较微弱，地势起伏微缓[4]。

5.2 GIS 的水文分析

水文以水流为基础，水流流动，在地表形成河网。水流的重力引导作用，使"水往低处流"，由于水流的冲击携带作用，水流对河道进行改造，造成与水流动力学状态相一致的地貌形态，这样就形成了水流对地面的改造和地形表现的与水流现象相应的一些特征。因此，对于水文分析，GIS 采用地形和河流两种要素，在此基础上提供了进行水文分析的方法和工具。

5.2.1 水文分析过程

水文与地貌密切相关，在水文分形分析中，要进行流域划分，水流长度计算，河流分级，流域面积计算等。利用等高线、高程点以及相关的区域范围、河流、断崖、湖泊等可以生成三维地形面，水文分析依据三维地形面生成流向图、汇流量图、流域图、分水岭以及河流分级图。

5.2.1.1 数据处理流程

水文分析以地形为基础，然后按照水流状况，进行水文下垫面特征分析。在 GIS 中，水文分析以 DEM 为基础，通过 DEM 生成流向图，通过流向图生成汇流图，通过汇流图进行流域和河流分级等。GIS 的水文分析过程见图5-4。

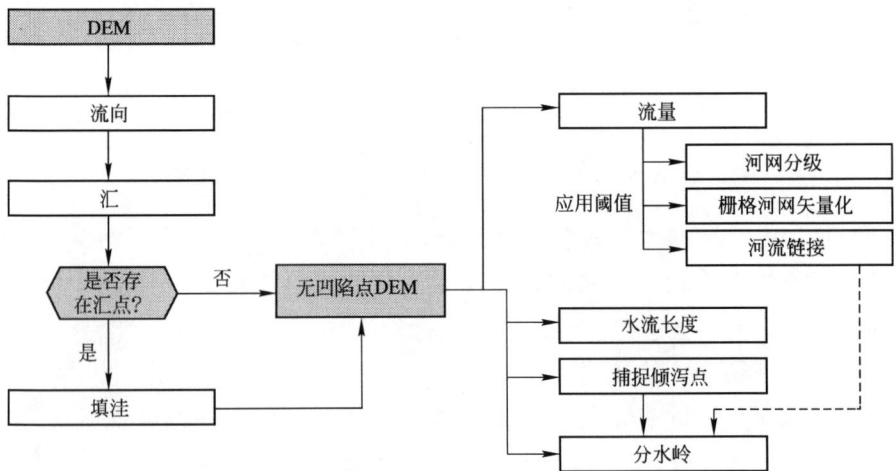

图 5-4　水文建模流程图

5.2.1.2 水文分析方法

对于以地形为基础的水文分析，首先要考察生成地形的水流适宜性。因为

水文分析

- 分水岭
- 填注
- 捕捉倾泻点
- 栅格河网矢量化
- 水流长度
- 汇
- 河流链接
- 河流分级
- 流向
- 流量
- 盆域分析

图 5-5 ARCGIS 水文分析工具

在用高程点、等高线生成地形 DEM 过程中，由于数据之故，需要通过插值生成，这种方法形成的 DEM 经常会出现与水流状态不一致的情况，即会出现在河流线上，地形出现局部起伏的高处或洼地，导致河流流向的改变。而这种状况一般并不是河流地貌的自然状况，而是由于数据以及插值方法形成的错误状态。

虽然在正常情况下，也会出现这类情况，但插值生成的 DEM 造成河流地貌表达矛盾现象。在 GIS 中，对这类情况有所考虑，即提供一定的方法进行数据处理。

GIS 的水文分析提供了一些关于水文的数据处理工具，结合地形分析和栅格分析，能够解决水文分析数据处理问题，这些工具有生成分水岭、河网分级、计算水流长度，计算流量等，见图 5-5。

5.2.2 水文分析原理

地表水一种重要的形成过程是天空降水，如雨雪等，这些水到地面，在地面上的降水受重力作用，向地形低处流动，由于地形起伏，形成汇集。对于水文的一些分析以地形数据分析为基础。

5.2.2.1 水流方向

流向分析是其他水文分析的基础。用 DEM 可以直接生成流向图。其中，在生成流向图后，还要进行洼地检查，生成无洼 DEM，即检查数据错误和汇点，进行填洼生成无汇的地形面。这个过程是为了便于水文分析对地形的一种改造。改造后再生成流向图，参与其余的水文分析。依据流向图再生成汇流图、河网、汇水区等。

流向采用编码方法，对于一个地面点，从栅格数据角度，中心产生的水流总是流向 8 邻中比中心栅格高程低且高差最大的栅格。为此进行栅格编码，用 2 的 n 次方形成编码单元，依次为 0、1、2、4、8、16、32、64、128，向右为 1，右下为 2，下为 4 等等，见图 5-6。

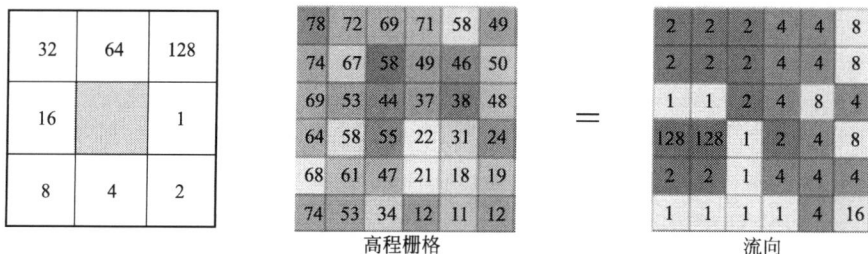

32	64	128
16		1
8	4	2

78	72	69	71	58	49
74	67	58	49	46	50
69	53	44	37	38	48
64	58	55	22	31	24
68	61	47	21	18	19
74	53	34	12	11	12

高程栅格

=

2	2	2	4	4	8
2	2	2	4	4	8
1	1	2	4	8	4
128	128	1	2	4	8
2	2	1	4	4	4
1	1	1	1	4	16

流向

图 5-6 流向图

5.2.2.2 汇流过程

依据流向图,可以生成汇流图,其原理是,对于一个汇流单元(一个栅格单元),如果没有更上游的流入单元,则这个单元是分水岭单元;若有汇入单元,则两个单元形成一条流水路径,在更上,汇入的单元可能有更上一级的汇入单元,而被汇入的单元可能还会更下一级汇流,这就形成了水流过程,见图5-7。

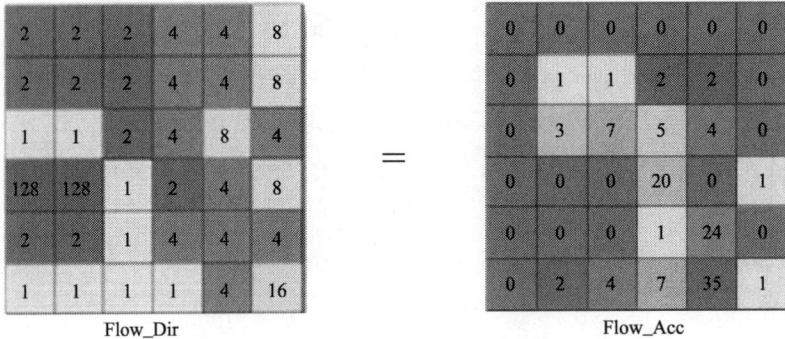

图 5-7　地表水汇流的栅格数据生成

5.2.2.3 水流长度与汇流量

有了汇流过程图,可以生成水流长度图。其原理是,从最大汇流点(即只有流入没有流出的点)或者分水岭点开始,按水流方向进行追溯,并记录追溯栅格单元的数量,对于每一个栅格单元,记录其汇入路径最长的值作为栅格值,就生成了水流长度图。需要强调的是,在栅格数据中,对于每一个栅格单元,都进行了河流长度编码,形成河流是一个平面覆盖的体系,与一般认识的河流状况不同,这是地图数据处理的特点所致。

用水流长度图可以生成河流图,即把相互连接的有汇流关系的栅格提取。也由于栅格数据河流长度的平面覆盖性,因此在河流提取时,需要指定最小河流长度,这样就能生成与观念上一致的河流网。

对于汇流量,也从汇流图和流向图产生,对于汇流,在栅格数据处理中并不实际考虑流量,而是代之以汇入的栅格单元数量。对于一个栅格单元,可能有多个汇入单元,比如对于8邻栅格,可能有对于1个的相邻汇入,这时记录汇入单元值之和,例如,有两个汇入单元,一个值为20,一个值为15,则汇入的单元的值为20+15=35。每一个栅格单元这样记录栅格值,结合汇流过程,生成汇流量图。

对于实际的地面汇流计算,给栅格赋以权重参与运算,这样可以计算实际的汇流状况,在汇流的基础上,可以计算流量,这涉及栅格数据的另外处理方法,没有现成的GIS工具,单可以通过模型和脚本解决,此处不再深入。

5.2.2.4 河流连接

河流依靠水流汇流建立连接关系,在GIS中,"连接"是指连接两个相邻交汇点、连接一个交汇点和出水口或连接一个交汇点和分水岭的河道的河段,在此基础上进行河流分级。对于河流，从图形上可以容易识别分级、支流，但是对于计算机数据，需要有数据之间的联系，否则不能识别。

对于河流，通过输入河流栅格数据，可为流量工具的结果"设置阈值"来创建河流连接，在 NoData 的背景上，河流栅格线状网络应表示为大于或等于一的值。河流连接状况见图 5-8。

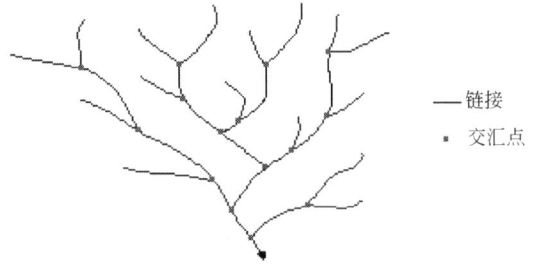

—— 链接
▪ 交汇点

图 5-8　河流连接

河流连接作为一种水文数据处理方法，在分形分析值可以用来确定河流连接点。在本书中认为河流交叉点所在的区域一般对应一定级别的居民地。

5.2.3　水文分形分析内容

水文分析从分形角度，着重水系和水流。水系用河流网表达，而水流与河网密切相关，通过水文分析，研究河网的水系特征和水流特征。本块体分析针对水系。从 GIS 角度，就是以地形数据为基础，进行水文特征分析。

5.2.3.1　水系分析

水系分析从如下几个方面着手：

1. 河网密度

河网密度是水系总长与水系分布面积之比，表示单位面积面积上河流的长度，面积一般以 km² 为单位。河网密度和大小与地区的气候、岩性、土壤、植被覆盖等自然环境以及人类改造自然的各种措施有关。在相似的自然条件下，河网密度越大，河水径流量也越大，河系越发达。

2. 河系发育系数

河流发育有严格过程，这个过程与河网的主流、支流有关，因此可以用各级支流总长度与干流长度之比表现河系发育状况。其中，在分形分析中，以一级支流总长度与干流长度之比作为一级河网发育系数，二级支流总长度与干流长度之比称为二级河网发育系数，等等。河流的发育系数越大，表明支流长度超过干流长度越多，这时河流对径流的调节作用越有利。

3. 河系不均匀系数

河系发育受各种自然环境影响，形成河流发育的非均匀性。所谓非均匀性一般指干流左右两岸的支流发育状况差异，可以使用左岸支流总长度和右岸支流总长度之比，表示河系不对称程度。不均匀系数越大，表明两岸汇入干流的水量越不平衡。

4. 湖泊率和沼泽率

水系中的湖泊沼泽有河流水文调节作用，用水系内湖泊面积或沼泽面积与水系分布面积(流域面积)之比作为这种调节能力的一个指标。由于湖泊或沼泽能调节河水流量,促使河流水量随时间的变化趋于均匀,减少洪水灾害和保证枯水季节用水。因此,湖泊率和沼泽率越大,对径流的调节作用越显著。

图5-9是采用GIS计算分析方法,通过地形数据得到的流域划分图;图5-10是分水岭和河流分级情况。

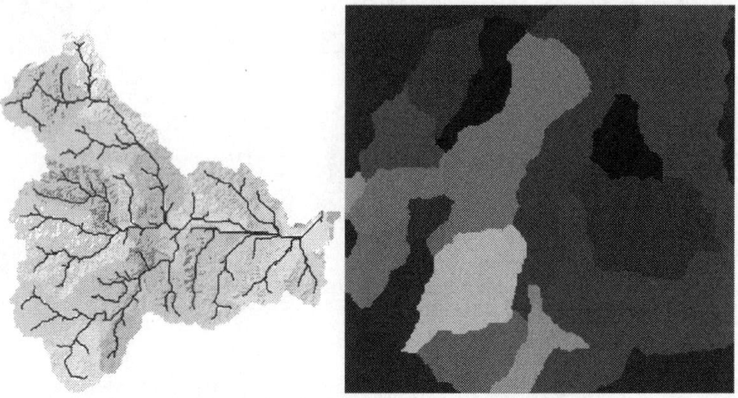

图5-9 通过高程模型得到的河流网络和流域

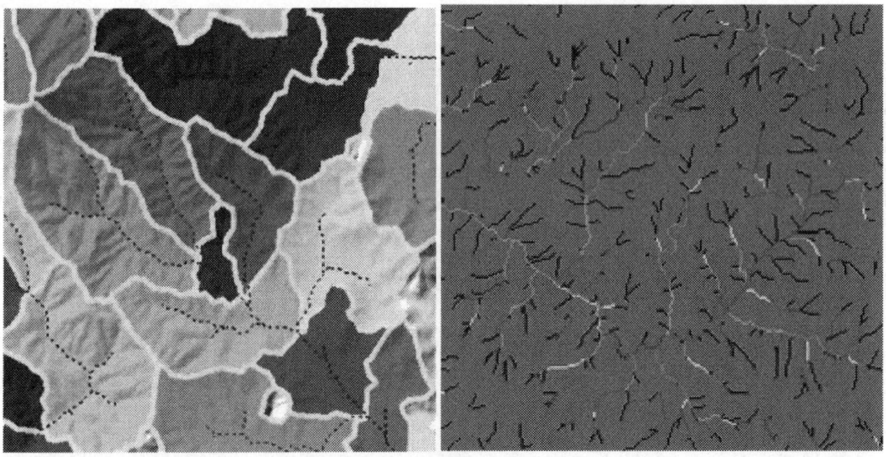

图5-10 分水岭河网分级

5.2.3.2 水流分析

水流分析以水系为基础,分析一条河流的水流状况。水流分析内容包括水流的流量、流速、水位、水量等,在此基础上研究诸如水淹没问题、暴雨期的洪水等。

当前基于GIS的水流分析有专业软件,通用的软件在这方面比较欠缺,如ARCGIS软件提供的与水流分析有关的只有汇流分析,是针对汇流总量进行的计算,即在汇流图上每一点从降水汇集角度的上游栅格数量,作为该栅格的值。对于需要更进一步的水文分析,利用此点,可以扩展进行有关的水文分析。

对于汇流量，以流域面积乘产流量，获得上游汇入的水流量。对于下垫面的降水产流状况，用一个产流栅格进行计算。具体可以以土地利用为基础，按照产流能力进行分类，形成产流系数栅格图层，与汇流量合并计算。

对于流过一个断面的流量，还需要计算水流汇集的时间有多长，一般采用等流时线，可以通过 GIS 方法进行这方面的研究。关于具体的水流分析不是研究重点，不再涉及。

5.3　河流分形计算方法

河流分形计算的重点是对河流地图数据的处理，要按照分形计算的不同方法，准备相应的数据。在 GIS 中，按照分形计算的方法和需要的数据，进行数据组织和处理，形成适宜于分形计算的数据。

5.3.1　河流分形计算基本原理

从分形角度，认为河流的空间分布具有分形特征，这种分布可以通过对河流长度的测度进行计算，也可以通过流域面积构成状况进行计算，具体的计算方法取决于数据状况和计算要求，一般采用盒维数方法。

5.3.1.1　河流分形测度计算

按照对于河流分形计算的有关方法和理论，可以对于河流长度进行测量，然后依据测量次数与流域图比例尺的关系，就可以确定河流的长度。即有：

$$L = N \cdot r \tag{5-1}$$

式中　L——长度；

　　　N——测度数；

　　　r——测尺长；

对于不同比例尺的流域图，由于比例尺表达的精细程度以及制图综合造成的忽略河道弯曲程度，使得对于不同比例尺地图，测得的河长的结果不同，即河流长度是不定的，按照分形理论称为无标度性。当比例尺比值 r 趋近于 0 时（$r_0 \to 0$），应测得到收敛的真正河流长度，有：

$$L_0 = \lim_{r_0 \to 0} N_0 r_0 \tag{5-2}$$或

$$N_0 = L_0 r_0^{-1} \tag{5-3}$$

通过研究发现上式常不收敛。原因是式中 r_0 的指数可能不为 1。若令 r_0 的指数为一分数 d，则有：

$$N_0 = L_0 r_0^{D} \tag{5-4}$$

河长分维的河系定律法是，如果一个水系是按 Strahler 分级原则来划分河流级别，那么根据 Horton 对数百条河流分析从而总结出的河系定律，就有[8]：

$$N_k = R_B^{\Omega-k}$$
$$L_k = L_1 R_L^{k-1}$$ (5-5)
$$A_k = A_1 R_A^{k-1}$$

其中：

N_k、L_k、A_k 分别为 K 级河流的数目、平均河长和平均面积

R_B、R_L 和 R_A 分别为河流分枝比、长度比和面积比

Ω 为河流的最高级。

对高河长 L 和流域面积 A 的关系，通常采用下列形式：

$$L \sim A^a$$

式中参数与河长分维 d 的关系，取为[7]：

$$d = 2\alpha$$

5.3.1.2 河流分形的特征

关于分维值所揭示出的流域地貌发育的信息，何隆华等通过对基于 Horton 定律和计盒方法的分维值进行分析得出了一些结论。在理想情况下，两种分维值差异不大，冯平等的研究可以初步验证这个结论。何隆华等最终得出的结论为：

1. 当水系的分维 $D<1.6$ 时，流域地貌处于侵蚀发育阶段的幼年期。此时，水系尚未充分发育，河网密度小，地面比较完整，河流深切侵蚀剧烈，河谷呈"V"形。分维值越趋近 1.6，流域地貌越趋于幼年晚期，河流下蚀作用逐渐减弱，侧蚀作用加强，地面分割得越来越破碎。谷坡的分水岭变成了锋锐的岭脊。此时地势起伏最大，地面最为破碎、崎岖。地貌发展到 $D=1.6$ 这个时期，标志着幼年期的结束，壮年期的开始。

2. 一个地势起伏大、地面切割得支离破碎、崎岖不平的山地地貌，在河流的侧蚀、重力作用和坡面冲刷下，尖锐的分水岭山脊不断蚀低，谷坡变得缓平，山脊变得浑圆，地面由原来的峭峰深谷，变成低丘宽谷。处于流域地貌壮年期的水系分维值 $1.6<D<1.89$。

3. 当 $1.89<D<2.0$ 时，流域地貌处于侵蚀发育阶段的老年期。河流作用主要为侧蚀和堆积，下蚀作用已经很微弱，地势起伏微缓，形成宽广的谷底平原。

5.3.2 河流面积长度分维数

可以用河流面积和长度进行分维计算。因为一定的河流长度对应一定的流域面积，河流发育的不同阶段，这个对应状况有所不同；河流分布的不同区域，这个对应情况也有所不同。在水源丰富的地方和水源稀少的区域，这样的分维数不同。

5.3.2.1 原理

以流域面积和河流长度计算分维数，河流长度与流域面积是一种分形关系。方法上把一个区域分为多个小流域，获得每个小流域的河长和面积，以河长进行流域面积河流长度排序，将面积累加得到 a_1，a_2，$\cdots$，a_n，将河长和河网密度也累加，得到累计值，用来进行分维计算。

累计数据相当于概率分布函数，面积和流长当于密度函数，因此这种计算具有概率方法依据。由此，可以计算累计值和一阶累计值。这里具体的数据与处理需要用 DEM 进行水文分析，获得流域面积和河流长度。

5.3.2.2 测度与公式

对于河流的分维计算采用盒维数方法，首先对河流进行测度，在 GIS 中，对于矢量数据的河流栅格化，由于采用变尺度方法，因此需要用不同大小的栅格进行矢量转栅格。

对于河流用不同分辨率栅格化，形成一组分辨率分别为 a_1，a_2，$\cdots$，a_n 的栅格数据图层，其中的河流网格数量为 $N(a_1)$，$N(a_2)$，$\cdots$，$N(a_n)$，然后以点 $\ln a$ 和 $\ln N(a)$ 为坐标作双对数图，以最小二乘法拟合一条直线，计算分维数。有：

$$\ln N(a) = A - D\ln a \tag{5-6}$$

式中　　A——截距；

　　　　D——水系分维数。

5.3.2.3 水系分维计算公式

水系级别的分维数以水系为基础，分水系级别进行分维计算。这种分维数反映河流发育程度。李后强、艾南山提出水系级别分维计算公式[5]：

$$D_s = \frac{2(s-i)}{i} \times \frac{\ln(L_i/L_0)}{\ln N_i} \tag{5-7}$$

式中　　L_0——最小河道的平均长度；

　　　　i、s——为水系级别，s 为水系的最大级别，代表河流发育程度。

对于水系，在 GIS 中用地形转栅格方法生成河流而不用数字化追踪的河流，河流分级用河流分级模型。

励强等曾求得黄土高原侵蚀积分 P 与河网密度 d_s 的关系为[6]：

$$P = 0.194 d_s^{0.679} \tag{5-8}$$

式中　　d_s——L/A；

　　　　L——流域长度；

　　　　A——流域面积。

并确定了黄土高原丘陵沟壑区流域发育阶段划分方法：侵蚀早期的侵蚀积分 $0 \leqslant P < 0.30$，侵蚀中期的侵蚀积分 $0.30 \leqslant P < 0.70$，侵蚀晚期的侵蚀积分 $0.70 \leqslant P < 1.00$[6]。

5.4 水系分形 GIS 数据处理样例

对于水系的分形分析，涉及水系的不同数据，如河流分级、河流长度、流域面积、流域形状等。本节用一个实例，表述在 GIS 中进行水文分形分析计算所涉及的数据及数据处理方法和过程。

5.4.1 基本数据处理

降水到达地面，受力的作用产生流动，而这个作用力主要是重力。地表重力分布通过地形地貌形态体现，因此可以通过地形进行水文分析。实际上，GIS 中的水文分析就是以 DEM 数据为基础的。对于水文分析的内容有多个方面，其中对于数据的基本处理也包含几个过程，数据经过一定的处理，反映水文状态。

5.4.1.1 填洼

实际的地形从水文角度，可能存在洼地，这种洼地不利于水文分析的程序化计算，因为会生成不连续的河道，使水文分析程序复杂化。于是考虑了一个解决的方法就是填洼，把洼地按照水流顺序关系，进行填充，即把洼地填平，便于后续计算。填洼的首要任务是识别区域的洼地，然后填充，形成适应水流流径的栅格数据图层。在 GIS 值，填洼的方法就是修改洼地的栅格单元值。

填洼针对的是原始 DEM，经过填洼，生成无洼 DEM，可作为后续的水文分析。图 5-11 是进行填洼后的一个样例，从图中可以看出，对于这个区域作为一个流域，水流能够顺畅流动。如果不填洼，水系河道成间断情况。

图 5-11　无洼 DEM 数据

5.4.1.2 提取洼地

虽然对于水流计算需要填洼，但是对于一些应用研究，则需要提取洼地，洼地识别工具提供了提取洼地的方法。GIS 洼地提取操作见图 5-12，提取洼地示例图见图 5-13。

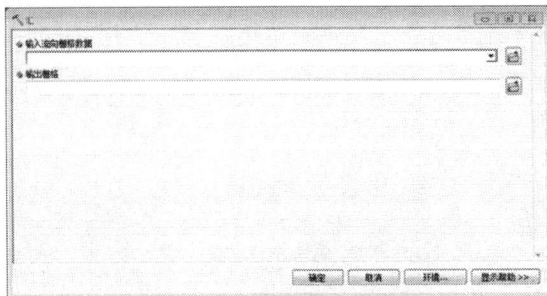

图 5-12　洼地识别工具

5.4.1.3　生成流向图

填洼后的地形数据可以直接用于生成流向图，用地形直接生成流向图。流向图是水文分析的基础，用 GIS 生成的一个流向图见图 5-14。

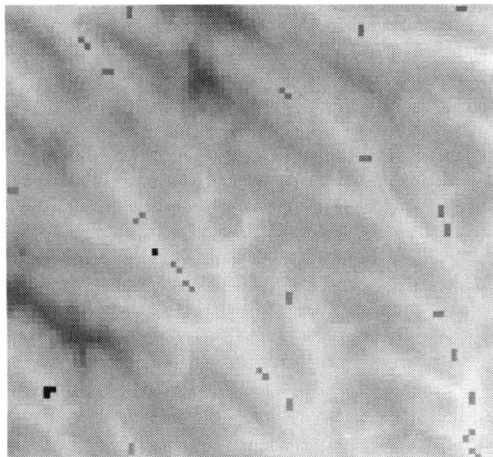

图 5-13　洼地图

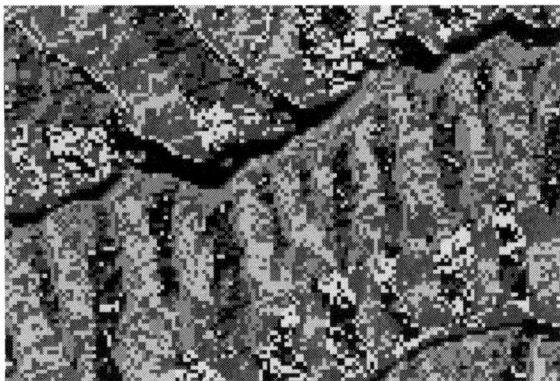

图 5-14　流向栅格

5.4.1.4　汇流量

用流向图可以直接生成汇流量图。算法原理是，对于一个栅格，没有相邻栅格流入的为分水岭点，若有相邻栅格流入，则可以计算流入的相邻栅格数。比如，从角点开始，流入邻接栅格，邻接栅格值变为 1，当再有流入同一栅格的单元，栅格值增加，每一个栅格值是流入相邻栅格值之和。

显然，汇流量隐含了分水岭(无流入的栅格)、河流(汇流顺序栅格)，甚至隐含了水流量。对于流量，可以按照栅格产量能力化为权重计算。同理，可以进行土壤侵蚀强度计算，以下垫面的抗蚀能力作为权重。GIS 的汇流量出来对话框见图 5-15，生成的一个区域的汇流量图见图 5-16。

图 5-15　汇流量计算界面

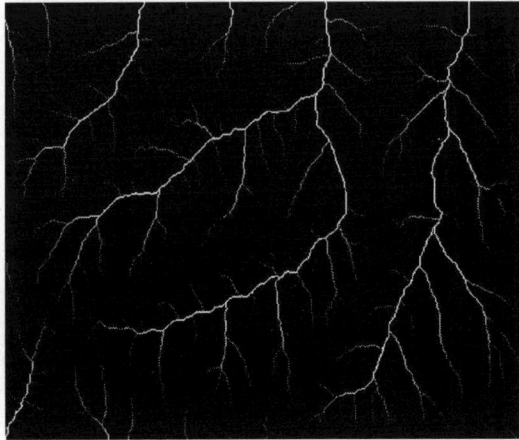

图 5-16　一个区域的汇流量图

5.4.2　区域水文分析

按照水文分析的方法与原理，分析一个区域的水系状况，进行分维数计算。区域水文特征包括流域、流长、河流分级等。

5.4.2.1　盆域工具

流域盆地是由分水岭分割而成的汇水区域。它通过对水流方向数据的分析确定出所有相互连接并处于同一流域盆地的栅格。图 5-17 是盆域分析的 GIS 工具。

图 5-17　盆域分析工具

经过上一步得到的流域盆地是一个比较大的流域盆地，在很多的水文分析中，还需要基于更小的流域单元进行分析，那么就需要将这些流域从大的流域中分解出来，就需要进行流域的分割。由于流域以倾泻点为区域确定标识，因此通过识别倾泻点。

如果没有出水点的栅格或矢量数据，可以用已有河网数据进一步生成的 stream link 数据作为汇水区的出水口数据。因为 stream link 数据中隐含着河网中每一条河网弧段的联结信息，包括弧段的起点和终点等，相对而言，弧段的终点就是该汇水区域的出水口所在位置。

5.4.2.2　捕捉倾泻点

一个汇水区有一个出流点，为水流出口点，称为倾泻点。一个流域由一个倾泻点决定，因为流域分为不同等级，因此需要指定倾泻点。GIS 提供了捕捉倾泻点的工具，见图 5-18，捕捉到指定范围内累积流量最大的像元。

倾泻点捕捉有如下特征：

1. 捕捉倾泻点工具用于确保在使用分水岭工具描绘流域盆地时，选择累积流量大的点。捕捉倾泻点将在指定倾泻点周围的捕捉距离范围内，搜索累积流量最大的像元，然后将倾泻点移动到该位置。

2. 如果输入倾泻点数据是点要素类，则会在内部将其转换为栅格数据以进行处理。

3. 在将原始倾泻点位置捕捉到累积流量更大的位置后，输出为整型栅格。

4. 如果只有一个输入倾泻点位置，则输出的范围是蓄积栅格数据的范围。如果有多个倾泻点位置，则输出的范围由输出范围环境中的设置决定。

5. 当指定输入倾泻点位置作为要素数据时，默认字段将为首个可用的有效字段。如果不存在有效字段，则 ObjectID 字段(如 OID 或 FID)将为默认字段。

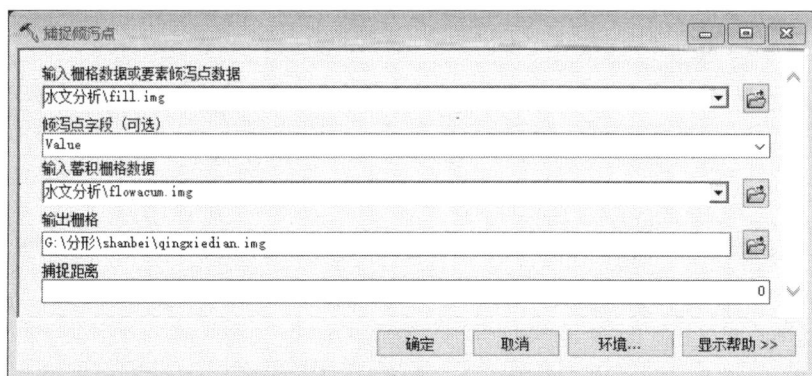

图 5-18　捕捉倾泻点工具

5.4.2.3　生成流域

利用 GIS 的流域构建功能，以流向图和汇流量图为基础，生成流域图，见图 5-19。其中，这种流域的划分有时不符合具体的应用需要，例如，对于一条从区域流出的河流，流域应当是该河流水系包含的所有流域，而上述划分却分为多个小的流域，需要进行调整。

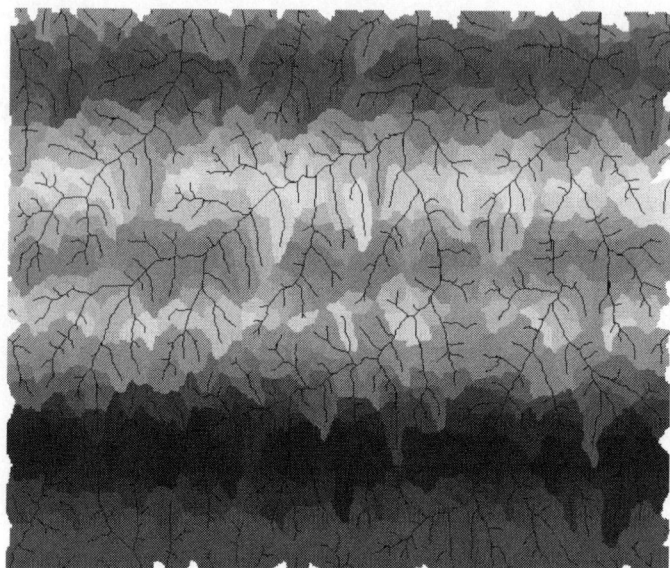

图 5-19　某区域的流域划分结果

对图 5-19 所示的区域进行调整，具体的调整是进行一条水系的流域进行合并，形成一个水系的完整流域。调整后的流域见图 5-20。

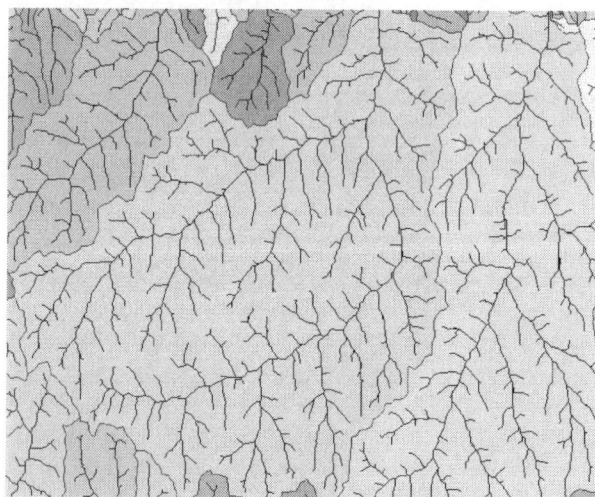

图 5-20　调整后的流域图

5.4.2.4　分水岭

流域具有面的特征，流域的边缘分界线是分水岭，对于作为流域分形计算，还需要分水岭线图层，进行流域线测度计算。

分水岭和流域一样，也分为级别，需要指出倾泻点，依据倾泻点位置计算分水岭范围。倾泻点指一个流域的水流出口位置点。

利用 GIS 的分水岭生成工具(见图 5-21)可以生成分水岭。

图 5-21　分水岭生成工具

另一种生成分水岭的方式是利用栅格转要素的方法。基本的步骤是先把流域栅格转换为多边形图,再把多边形要素转为线要素即可。对于上述流域,不管是对调整前或调整后的流域都可使用。

5.4.2.5　河流长度

河流长度也是河流分形计算的对象,需要计算河流长度。河流长度的计算在 GIS 中有自身的法则和工具,它以流向图为基础,形成流径图,这个流径图是包含流域一切栅格单元的图层,显然直接以其作为河流进行流程计算并不适宜,因此需要考虑河流长度。直接的水流长度工具(见图 5-22)生成的河流长度图不能直接作为流长计算使用。

图 5-22　河长生成工具对话框

生成的河流通过追踪方式确定长度,追踪方向有顺流和逆流两种方式,相应生成的河流长度有顺流和逆流两种,具体生成哪种应视应用需要而定。图 5-23为顺流追踪形成的河流网长度图。

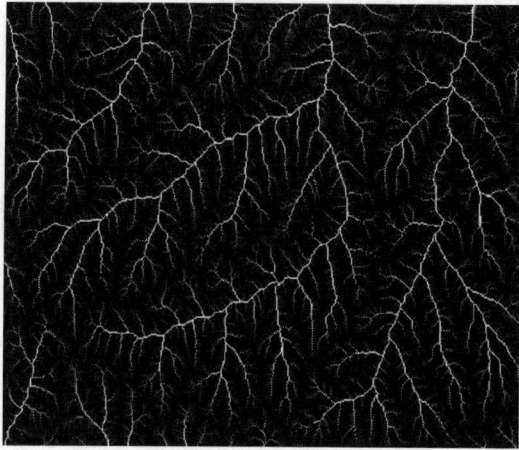

图 5-23   河流网长度图

5.4.3   河流网

河流网具有连接和分级结构，对于分形分析，需要划分出这种结构，然后进行计算。河流网包括个河流网络、矢量河流、河流链接和河流分级。

5.4.3.1   河流网络

河网的生成是基于汇流累积矩阵的，因此在 GIS 中，河流通过汇水量确定，首先需要计算出研究区域的汇流累积矩阵，然后针对汇流量给以阈值，大于该值者为河流，小于者为非河流，这样就提取了具有某种特征的河流。

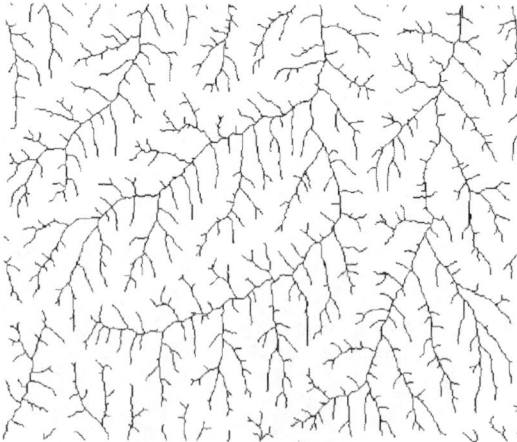

图 5-24   河流网络

需要强调的是，在 GIS 的数据处理中所认为的河流与一般观念上的河流还有一定的区别，因为针对汇流量是指一指定点上游可以汇集水流的栅格数量，不是指实际的汇水量。后者需要在前者的基础上，进行另外的计算。GIS 中把与河流向连接的沟谷也视为河流，并且由于阈值的选择性，可以选择某一规模的沟谷，这对分形分析是有利的。某区域生成的河流网络间见图 5-24。

5.4.3.2   矢量河流

河流网络是在栅格数据的基础上生成的，其图层数据类型为栅格形，对于河流链接和分级等，需要使用矢量格式的数据，因此还需要进一步把栅格河流转换为矢量河流。这种转换虽然是栅格转矢量，但是基于水文分析的独特之点，因此在 GIS 的水文分析中有专门的工具，是针对河流特征进行的转换，这种转换的工具执行界面见图 5-25。

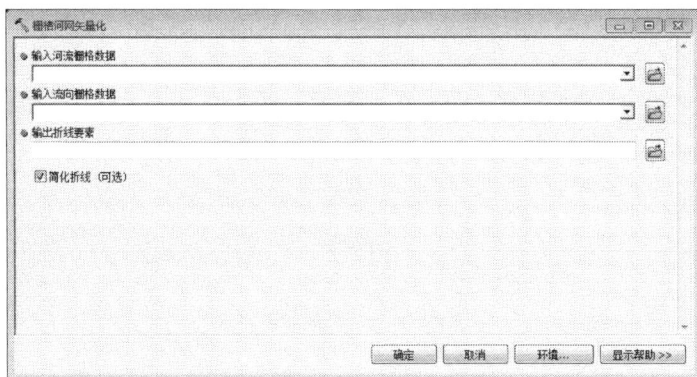

图 5-25　栅格河流网络转为矢量河流工具对话框

5.4.3.3　河流链接

河流链接用于把河流按照连接关系连接起来，这种连接不是简单的图形线条相连，同时记载连接关系。河流链接工具运行界面见图 5-26。

图 5-26　河流链接工具界面

5.4.3.4　河流分级

河流分为不同级别，有主流，有支流，支流之下还有次级支流，形成河流网络系统。这种层次网络关系从形态上反映河流的空间组织结构，也一定程度反映河流的水文特征。河流链接在 GIS 中有专门的执行工具，见图 5-27。

河流分级对于一个流域执行的结果是把河流分为不同的等级系统，河流等级依据河流分级类型。图 5-28 是一个区域的河流网络分级状况。

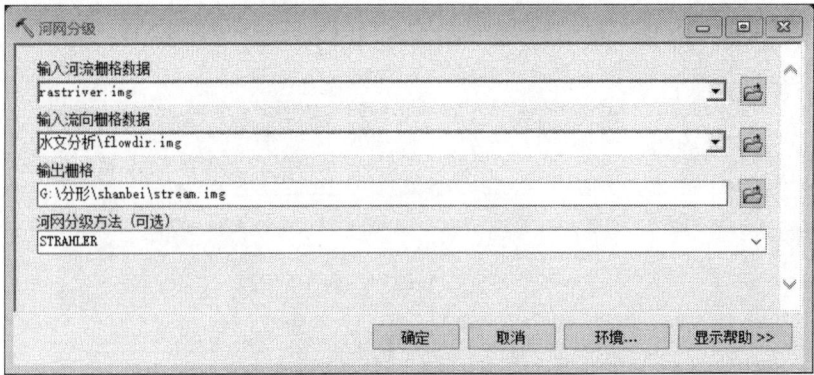

图 5-27　河流分级

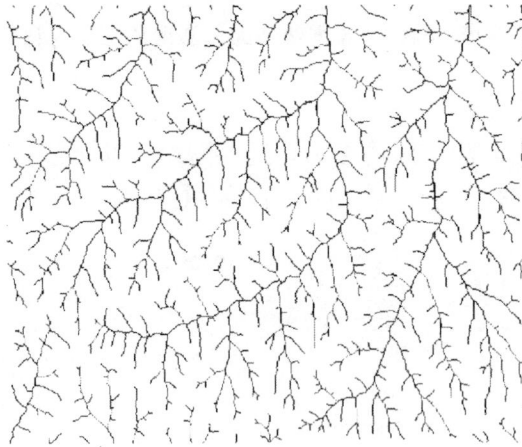

图 5-28　河流分级状况

5.5　河流三维与二维分形比较

水系从分形测度角度，具有二维和三维的差异，而三维是水系状态的较为适宜的表达。通常认为，河流上游河床比降比中下游大，则上游河道或水流的长度就大。简单的计算是，设上游河床平均比降为 a，中游为 b，下游为 c，则一般的有：

$$a>b>c$$

所以有：

$$\cos(a)<\cos(b)<\cos(c)$$

对于水平长度相同的河道，设为 L，则河道长度为：

$$S=L/\cos(\alpha) \tag{5-9}$$

分子一定，分母越小，分数值越大，因此，对于不同位置的河流水平长度，有：

$$Sa>Sb>Sc$$

河床比降是水流速度的一种控制因子，坡度越大，流速越快，从而形成了一系列水文和河流地貌特征：流速大，水流相对集中，河流成束状，动量大，冲刷能力大，形成河流的下切特征，河道相对较窄。

河流的形态可以通过分维数描述，而分维数可以一定程度反映这种情况。从分维数计算角度，三维形态更能表达这种观念。

5.5.1 二维测度

作为测度试验的示例河流见图 5-29。利用 GIS 技术，通过脚本可以进行数据迅速处理。测度的方法就是采用矢量数据栅格化，按照分维数计算原理，通过变更测尺长度，形成一系列对应的测度数量，然后进行回归统计计算维数。

5.5.1.1 脚本

河流分形测度采用脚本，该脚本把河流栅格化，对于分形测度，需要实现不同分辨率的栅格化，因此采用脚本是效率高的方式。脚本中通过循环栅格化河流，生成尺度不一的栅格数据，一次生成多个栅格图层。技术上采用循环语句，用语句：

图 5-29 示例河流

```
for x in range(20, 220, 20):
```

实现循环。该语句对于河流矢量数据进行栅格化，从尺度为 20 到 220，每隔 20 个单位生成一幅栅格图层。脚本内容如下：

```
# Name: PolylineToRaster.py
# Description: Converts polyline features to a raster dataset.

# Import system modules
import arcpy
from arcpy import env

# Set environment settings
env.workspace = " D: /xstudy"

# Set local variables
inFeatures = " lx.shp"
valField = " CODE"
```

```
for x in range(20, 220, 20):
    d = " D: /xstudy/r" + "% i"% x + " .tif"
    outRaster = d
    assignmentType = " MAXIMUM_ COMBINED_ LENGTH"
    priorityField = " LENGTH"
    cellSize = x

    # Execute PolylineToRaster
    arcpy. PolylineToRaster_ conversion(inFeatures, valField, outRaster,
                            assignmentType, priorityField, cellSize)
print " OK"
```

5.5.1.2 工具批处理

GIS 的工具箱的工具有一种批处理模式，就是一批处理多个数据。这里河流栅格化可以用折线转栅格工具的批处理方法，选择折线转栅格工具条，右键选择批处理菜单条，出现参数输入窗口，在需要输入的格中点击，出现选择条，可以选择输入要素、字段值等，而输出数据、象元大小需要填写。可以通过窗口右侧工具按钮添加、删除或移动行顺序，可以选择一行，在选择状态下点击"+"，形成行复制性添加，然后改动需要改变的填写数据，见图 5-30。

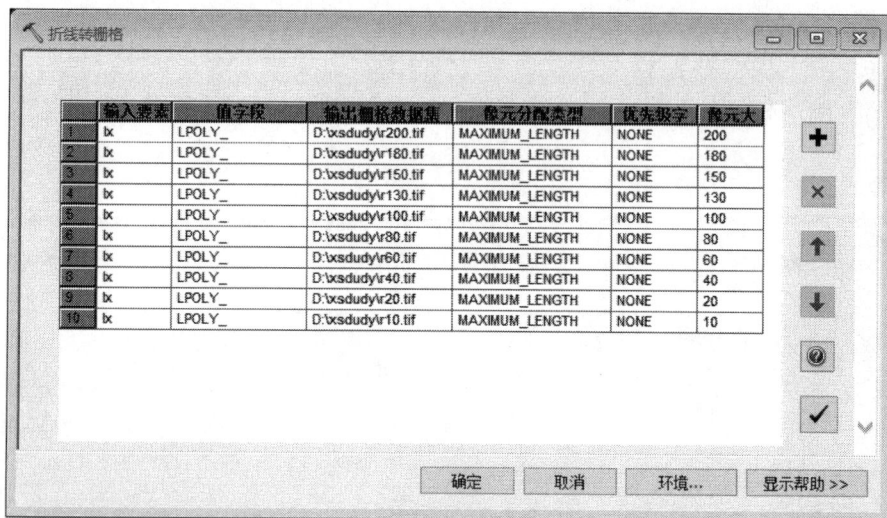

	输入要素	值字段	输出栅格数据集	象元分配类型	优先级字	象元大
1	lx	LPOLY_	D:\xsdudy\r200.tif	MAXIMUM_LENGTH	NONE	200
2	lx	LPOLY_	D:\xsdudy\r180.tif	MAXIMUM_LENGTH	NONE	180
3	lx	LPOLY_	D:\xsdudy\r150.tif	MAXIMUM_LENGTH	NONE	150
4	lx	LPOLY_	D:\xsdudy\r130.tif	MAXIMUM_LENGTH	NONE	130
5	lx	LPOLY_	D:\xsdudy\r100.tif	MAXIMUM_LENGTH	NONE	100
6	lx	LPOLY_	D:\xsdudy\r80.tif	MAXIMUM_LENGTH	NONE	80
7	lx	LPOLY_	D:\xsdudy\r60.tif	MAXIMUM_LENGTH	NONE	60
8	lx	LPOLY_	D:\xsdudy\r40.tif	MAXIMUM_LENGTH	NONE	40
9	lx	LPOLY_	D:\xsdudy\r20.tif	MAXIMUM_LENGTH	NONE	20
10	lx	LPOLY_	D:\xsdudy\r10.tif	MAXIMUM_LENGTH	NONE	10

图 5-30 批处理

5.5.1.3 测度结果

对于示例数据进行栅格化，形成一系列栅格图层，对于每个图层，通过其属性表，获得对应尺度的有效栅格数量，结果见表 5-1。

	二维测度结果	表 5-1
序号	尺码长度	测度数量
1	200	373
2	180	410
3	160	459
4	140	529
5	120	621
6	100	750
7	80	933
8	60	1248
9	40	1877
10	20	3755

5.5.1.4　分维数拟合

利用不同分辨率的测度数据进行曲线拟合，对于指数曲线，采用对数坐标系，用最小二乘法拟合函数，计算分维数。用表 5-1 的数据拟合的函数图像见图 5-31。

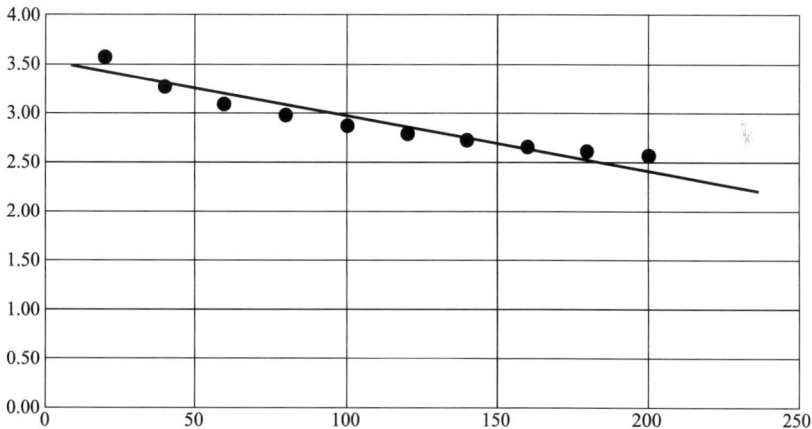

图 5-31　拟合函数曲线

按上述拟合曲线计算的分维数为：0.005。

5.5.2　三维盒子测度

本节三维测度采用第四章介绍的生成三维盒子的方法。基本过程是先把作为二维测度对象的河流线要素类转换为三维，其次建立三维盒子，然后进行三维盒子与三维线相交运算，进行三维线分割，对三维分割线段计数，拟合分维数。

5.5.2.1 维数据转换为三维

在 GIS 中把二维矢量图层转为三维矢量图层，这个过程就是对二维线进行第三维坐标 Z 赋值。赋值的方法有两种，一种是进行节点编辑，另一种是利用三维地形面，在线所在位置获取相应的高程值，加到矢量图层，并输出为三维要素图层。在 ARCGIS 中的执行工具是采用工具箱的"插值 shape"，见图 5-32。

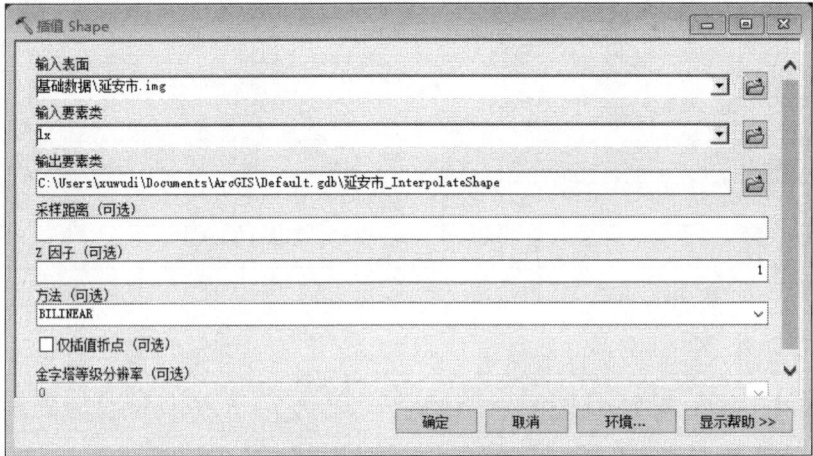

图 5-32　生成三维数据

5.5.2.2 建立三维盒子

按照三维数据状况生成覆盖其范围的三维盒子。因此首先需要确定盒子的三维范围。样例的数据范围为：

列数 = 361420 − 350400 = 11020

行数 = 4184967 − 4174172 = 10795

高差 = 1342 − 1123 = 220

对于生成大小 = 20 单位的盒子，有 551 列 529 行，高 11 层共约 2 亿多个盒子。

对于变尺度测度，利用一次生成点，然后分别不同的测度，选择点生成多面体，例如，对于 $m \times n$ 点阵，用矩形一次扩展一圈。具体方法依据行列坐标判断，见表 5-2。

盒子平面特征编码　　　　　　　　　　　　　　　　　　　　表 5-2

11	12	13	14	15	16	17	18	19
21	22	23	24	25	26	27	28	29
31	32	33	34	35	36	37	38	39
41	42	43	44	45	46	47	48	49
51	52	53	54	55	56	57	58	59
61	62	63	64	65	66	67	68	69
71	72	73	74	75	76	77	78	79
81	82	83	84	85	86	87	88	89
91	92	93	94	95	96	97	98	99

至于最大测尺，由行列数中的最小者决定。

5.5.2.3　测度结果

为了便于比较，因此采用同样的尺度，对应的测度数量见表5-3。

三维测度结果【计算】　　　　　　　　　　表 5-3

序号	尺码长度	测度数量
1	200	436
2	180	587
3	160	722
4	140	946
5	120	1356
6	100	1844
7	80	2923
8	60	5112
9	40	11865
10	20	46257

5.5.3　测度比较

对于河流，可以同时进行二维和三维测度，并且可以进行测度结果比较，分析不同维度测度的分形特征。并且，对于其中的盒维数方法，可以不用分别二维和三维单独生成数据。

5.5.3.1　三维分形计算问题

根据实际测度和分析，对于河流进行的三维测度，期望考虑在竖直方向上河流线段可出现在多个盒子里的情况，即在竖直方向上，河流被分为多段，这样就能反映三维状况。实际的情况是，一般很少有全部穿过一个盒子的情况，因为一个盒子从底边到对顶边的坡度为 45°，而河床的坡度一般很少有超过 45°的情况，即使对角线方向，坡度也不小，一般都超过河流的坡度。但实际测度仍可能出现河段被分到竖直两个盒子的情况，这一般是河段恰好出现在上下两个盒子的交界处的情况，而出现的纵向河段盒子数量一般不会超过 2 个。

因此对于河流三维测度，在较大范围内取值，高差远小于栅格尺寸，因此退化为平面状况。

5.5.3.2　改进

对于建立三维盒子的测度，数据量太大，可采用另外的途径实现。需要改进的方面有两个，一个是对生成盒子数量的改进。虽然增大测尺可以减少盒子数量，但是基于分形测度的特点，需要有由小到大的系列测度，因此需要考虑另外的途径，这种途径是 GIS 的数据处理方法。另一个方面是减少盒子生成次数。这一点可以通过生成最小尺度盒子和盒子合并方法实现。

5.5.4　流域面积—主流长度分维数

河流地貌的 Hack 经验法则指出，主流长度与相应的流域面积成为一种函数关系，这种函数关系为：

$$L = 1.89A^{0.6} \tag{5-10}$$

从分形观点，这是一种分形表达。由此形成主流分形维数方法。

5.5.4.1　计算流域面积

在水文分析的分水岭数据和河流数据基础上，可以进行流域面积—主流尺度分维数计算。这个减少需要分段计算主流长度和对应的流域面积。由于流域的单元性，因此主流长度只能分流域分段。一个用于计算的流域状况见图 5-33。

5.5.4.2　河流分维问题

既然分形用于表达形状，而河流有不同的形状，因此期望能够从分维数对河流形态加以区别和识别。图 5-34 是各种不同的河流形态，有格状、羽状、辐射状等。这些形态各异的河流，反映了河流发育过程以及所在区域的地址地理环境条件[5]。

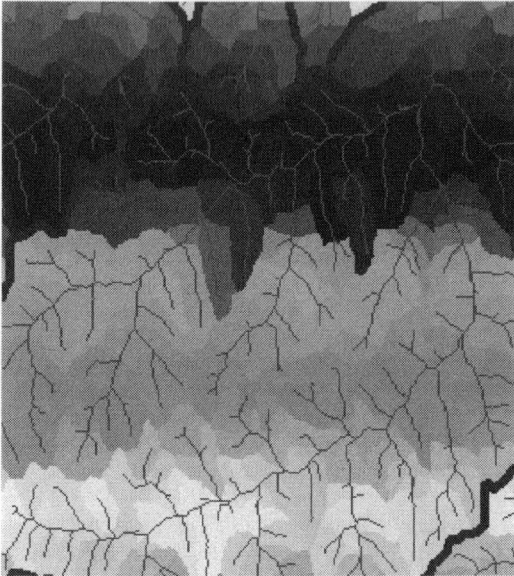

图 5-33　用于计算的一个流域

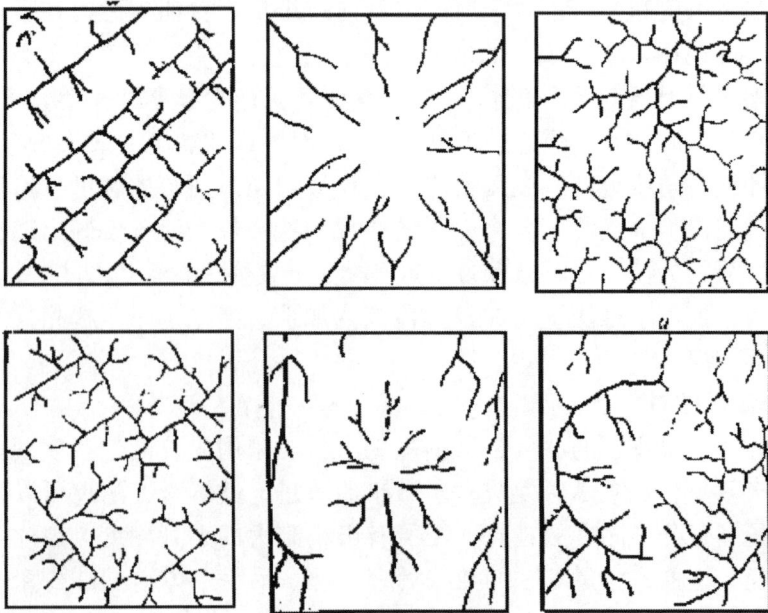

图 5-34　不同的河流形态

5.5.5　河流的信息维数

用盒子进行线测度，会出现不同的盒子中线的长度不同的问题，对于盒维数方法，只考虑有无问题，这样计算的结果就会有差异。例如，在盒子分段的河流中，有些段可能只穿个盒子的极小一个角，但在计算中与从斜对角线穿过的段没有分别，在分形计算中，这个问题需要考虑，于是就有了信息维的概念。

5.5.5.1　关于信息维

对于分形测度，原初的思想是用一定尺度的尺子进行度量，每一段起点是上一段终点，尽管尺子不一定与测度对象几何重合，其实一般情况下并不重合。而采用盒子测度时生成规则的盒子，用盒子进行对象分割，对于线，分割成段。由于规则的形状与结构，就不能保证每一个盒子中的对象尺度相同。以线为例，盒子中的线段长度并不相同。

这里需要分辨的是，对于逐段度量，由于线段的弯曲性，各测段线段的长度也不尽相同，但是若不考虑弯曲，每条线段头尾之间的尺度完全相同，而盒子分割显然不能做到这样的测度。

信息维考虑了尺段长度，这里并不是考虑每一线段的实际长度，而是测度长度，即对于测度对象，并不考虑弯曲状况形成的实际长度，而是测段的首尾点间距是否是一个尺段，这样，在盒子测度的基础上，通过信息维数计算的校正方法，还原为原初的测度方法的测度结果。

5.5.5.2　信息维计算

信息维计算依据第 2 章中式 2-6。按照该公式，在测度中需要同时知道每一盒子中的测段长度概率。

对于用信息维数进行测度计算，需要计算测段长度的测尺比例作为线段概率。在 GIS 中，可以利用几何计算解决这个问题。对于盒子把对象分割后的线段要素，计算其几何长度，与测尺长度比较，即与栅格分辨率比较，计算出比例值。

需要说明的是，GIS 的几何计算与分形测度要求的计算还是有差距的，主要表现在两点，其一是测度方法问题，分形测度计算得到的是首尾两点长度，而 GIS 几何计算是线段的非分辨率长度，而是考虑了弯曲的实际长度；另一点是尺度单位问题，因为在信息维计算中是针对测尺长度，因此需要调整。

例如，对于二维盒子分段的一条线段，设线段起终点分别是盒子的对角线上位置，则从分形测度上，这段线的长度是测尺（盒子边长）的平方根，即 2 的平方根，约为 1.414 倍测尺长度。对于 GIS 几何计算，假设盒子边长为 5m，对角线长度为 5×1.414 = 7.07m，若线段有弯曲，则长度还要大。无论盒子分辨率为多少，几何计算的结果总是用长度单位表示，这不符合分形测度要求。因此对于几何计算结果要按照测尺长度进行折算。

对于在盒维数基础上的分形测度的几何计算形成的非直线方式，还需要进一步探讨解决途径，而实际几何长度作为信息维的计算的分形意义，也可以进一步分析。

本章小结

本章探讨了水系的分形特征。河流具有三维空间形态特征，这种形态特征与河流的水文、地貌、水系结构特征密切相关。通过河流三维空间形态特征的分形描述，揭示这种相关性的信息依据。对于提供通过形态进行河流分析具有重要理论与实践价值。

通常的河流数据一般为二维，因此对河流的分形计算基本按照二维方法。在三维分形形态分析时，首先需要准备河流三维数据，同时依据数据结构进行分形计算。本文研究河流的三维测度计算方法以及在此测度下的河流特征。

河流的水文特征为流量、流速、水位、水量、洪水状况等。当河床比降大时，水流速度快、水位相对低，反之，水流速度慢，水位较高。这种水文特征在洪水期对河流两岸的安全状况具有不同的影响。

从河流形态上，一般在河流上游，河床比降大，水流急；到中游，河床比降变小，流速趋缓；到下游，河床比降更小，流速更缓。

研究结果表明，同一区域同一等级的河流分维数接近，不同等级的河流分维数有较大差异。

参考文献

[1] 冯平，冯焱. 河流形态特征的分维计算方法 [J]. 地理学报，1992，52(4)：325-331.

[2] http：//www.tesoon.com/ask/htm/03/10969.htm.

[3] 杨连彬等. 基于 GIS 的地表水系分形维数计算方法及其应用 [J]. 吉林水利，2009，(3)：54-55.

[4] 何隆华，赵宏. 水系的分形维数及其含义. 地理科学 [J]，1996，(5)：124 -128.

[5] 李后强，艾南山. 分形地貌学及地貌发育的分形模型 [J]. 自然杂志，1991，15(7)：516—519.

[6] 顾强等. 地理学报 [J]，1990，45(11)：110.

第 6 章

城镇分形

城市是分形的，城市的道路、交通、人口、城市形态结构都具有分形特征，但是，城市分形的分维数仅仅是对城市分形的一种描述，城市有一种合理的形态结构，用分维数可以表达这种合理维数，也是用来进行城市结构评价和调整的一种参数。

6.1 城市分形方面

城市是一个复杂系统，无法用一种方法进行描述，而从分形角度，可以把城市归结到分形体系。从分形角度看待城市，会发现城市形态、组织结构、空间分布的一些特征和规律，反过来可以从分形观点对城市进行认识、了解和进行城乡规划设计。

6.1.1 城市分形层次

城市分形研究有多个方面，不同的方面研究的问题、着重点和应用方向不同[1,2]。把城市从分形角度分为几个层次，基本的研究分为微观、中观和宏观3个方面。不同的角度针对不同的问题。

6.1.1.1 微观层次

城市分形研究分为三个层次的微观层次，即城市建筑分形。分形在城市细部无所不在：大到一个公园，小到家居环境，都具有某种程度的自相似性[3]，自相似性正是分形的典型特征。从分形角度，微观的分形具有较好的自相似性，这主要是因为在微观层次上，城市主要是一种人工建设体系，而人工建设自然采用了一种迭代的、重复的形态和结构元素，这就从设计和建设方面形成了城市微观分形的基础。

从分形角度研究微观层次上的城市分形，可以更好地把握城市建筑的形态特征，把城市建筑和建设从分形角度引导到一个主动意识阶段。

6.1.1.2 中观层次

城市分形的中观层次，即城市形态分形。在城市内部，相同的城市用地结构(住宅-工商业-开放空间-空闲地等)在扇形区、街区、邻里和场所等不同的层次上重现自己，这就是自相似的基本思想[3]。

城市的中观层次的分形特征是由城市的功能决定的。城市作为人口密集、设施复杂的体系，需要有一种适宜的空间分布和形态格局，这种格局的构成元素具有相同性或相近性，因此就形成城市之间有一种相似性，这是中观层次的分形特征基础。

城市分形的直观层次反映城市生产生活的这样一种特征，城市从效率上形成了一种建设形态结构的密集性，而城市活动有需要保留一定的活动空间，这就形成以用地种类和规模为基础的城市道路空间组织结构，这种结构的分形形态能够保持集中与分散的城市运行效率。

6.1.1.3　宏观层次

城市分形的宏观层次。即分形城市体系。陈彦光对于分形城市层次进行了细致的研究[1]，认为分形城市体系包括空间结构和等级结构两方面的内容，前者以中心地的分形研究为标志，后者以位序-规模分布研究为核心。在此基础上可以将确定型分形中心地模型推广到随机分形领域。由于空间网络与等级体系是一个问题的两个方面，中心地分形网络与城市体系的位序-规模分布具有内在的逻辑关系[3]。

城市分形层次体系的确定，有助于城市规划设计，使城市的规划设计与自然能在的结构相符合。分形城市首先是生态城市，因此在进行城市规划中，要求城市必须留取足够的绿地、空地和开放空间。这样便于形成城市居住、交通、生态、绿地之间的一种协调结构，一旦城市失去了它的绿地、空地和开放空间，城市形态必然上升到二维。需要说明的是，这个二维是从城市的组成成分结构而言的。这时的城市形态退化为平庸的欧式几何形态，城市内部的环境、生态、交通、住宅等问题必将形成难以救药的复杂症候群。

当代中国城市的一个突出弊端是"见缝插针"式地建设，"摊大饼"式的扩展。由于各种复杂的因素，城市绿地、空地和开放空间被蚕食鲸吞，导致城市形态迅速退化至欧式几何形态。城市分形退化的不良后果主要表现在：

1. 城市生态条件恶化。一个城市一旦远离绿色生机，剩下的只是一堆钢筋-混凝土合成的病态躯壳。因此在城市规划中有必要强调"第二风景"和"第三风景"的位置和重要意义。

2. 城市改造困难重重。一个城市没有空地和开放空间，就意味着没有建筑拆除与重建的缓冲地带。虽然眼前看来城市土地资源的利用十分充分，但对未来的城市土地功能置换和要素更新留下了难以消除的隐患。

3. 城市减灾、防灾难度加大。由于没有空地和开放空间，一旦发生地震，人群无法疏散；倘若疫病传播，又难以将病毒隔离、消灭。城市中的人群聚散通常形成复杂的无标度网络(scale-free network)，疫病一旦传来就会相当快速而且很难根除。如果城市形态退化为欧式几何结构，则 SARS 之类的疫病在这种网络中可能会导致巨大的灾难[3]。

6.1.1.4　城市分形的内在机制

城市分形具有一种内在机制，这是由城市的社会和生产生活以及组织结构特征控制和决定的。城市需要商业服务，商业服务设施需要零散分布，并且要有不同的等级和规模；城市的居民分布不能太集中，也不能太分散，因此形成居住小区、社区、乡镇等；对于城市生活的水电气管道，其分布与居住有一定的关系。这些就构成了城市的组织结构。

6.1.2 城镇空间分布分形

城市空间分为街区，街区又分为社区，社区再分为小区，然后是住户。城市有居住区、商业机构、管理机构等。这种分类不仅形成分类体系的分形组织，也造成了城市的地理空间结构的分形特征，因此这些都构成一种分形结构。

6.1.2.1 城镇体系等级结构

城市具有等级结构，从行政和区域组织方面，都分成不同的等级。对于一个组织体系和空间结构体系，作为一个体系，尤其从空间分布和结构上，理论上应当有一种优化组织，优化的结构有较高的效率，这个效率可以从一些要素及其指标角度进行分析。比如田园城市、卫星城等都是一种空间形态和组织结构。

6.1.2.2 城镇规模分布

城镇规模分布系指某区域（国家、地区等）内城镇人口规模的层次分布。如果说体系等级结构是一种抽象问题，则规模分布具有明确的地理空间含义。不同的体系结构实际形成一定的空间规模，如高新技术开发区、居住小区等。

对于等级结构和规模分别，最后殊途同归。即等级结构和规模分别在基本的组织单元方面具有同一性。

6.1.2.3 城镇体系分形算法

关于城镇体系的分形算法有多种，从不同的角度出发，采用不同的算法，得出不同的结果。较为常用的是用人口尺度度量进行的计算。按照分形理论，这里的测度尺子 r 定义为人口，人口数量由大变小，导致相应的城镇数目 N(r) 不断增大，因此，对于城镇的人口分形计算有一个 Zipf 公式，该公式确定需要满足分维关系式是：

$$P_{(k)} = P_1 K^{-q} \tag{6-1}$$

式中　　k——城镇序号（k=1，2，…，N，N 为系统中城镇总数）；

　　$P_{(k)}$——序号为 k 的城镇人口；

　　P_1——首位城市人口。

显然，q=1/D，具有分形含义。当 q>1 时，D<1，这时城镇规模分布比较分散，人口分布差异程度较大，首位城市的垄断性较强。

当 q<1 时，D>1，此时城镇规模分布比较集中，人口分布比较均衡，中间位序的城镇较多。

当 q→∞ 时，D→0，区域内只有一个城市；当 q→0 时，D→∞，所有城市一样大，系统要素规模无分别。这两种极端情况，实际中并不存在。

6.1.2.4 城镇层次

城市具有不同的层次，城市分为大城市、小城市、县城、乡镇。并且大城市一般并不直接相邻，而是围绕之有一系列大小不等的城市和城镇，这就从组织结构和空间形态结构方面形成了城镇的组织结构体系。

　　以陕北为例，陕北区域包括榆林、延安两个市，榆林市下辖 2 区 10 县、176 个乡镇，延安市下辖 1 区 12 县，这就是一种组织体系，这个组织体系反映到地理空间，形成一种分形结构特征，这个分维数可以通过同心圆方法计算。

　　由于城镇对水资源的依赖，城镇一般分布在靠近河流的位置，更确切地说，城市一般分布在河流交叉点，即有支流汇入的河段，并且，在大的等级高的河流交叉点一般是大的城市，小的等级低的位置是小的城市、乡镇或村庄。

6.1.2.5　城镇的合理分维数

　　为探索城市聚集在不同规模下的标度行为，富兰克豪泽对许多城市案例进行了比较研究[4]。这些城市表现为某些相似性：一个相当紧凑的中心，以及沿交通轴线伸展出树枝状的建成区。基于半径法，选取城市聚集中心为计数中心，画出维数 D(R) 与 R 的标度曲线。这些曲线具有相似的形状，其主要特征如下：

　　1. 在计数中心的附近，通常标度指数值 D = 1.8 至 1.9，处于一个相当稳定的水平。该计数中心意味着这些城市的历史中心；

　　2. 离开计数中心的一定距离，存在一个标度指数下降的转换带，这表示空间组织发生变化，这一行为对应于这些城市的市中心的周边环带；

　　3. 在集结中心的边界处，观察到一个标度指数保持相对稳定的扩展带，这表示一个很明确的分形行为。该标度指数围绕 D = 1.6 波动，这一地带对应于郊区；

　　4. 当到达聚集的边界时，观察到另一个指数下降的地带。这些城市大至莫斯科、斯图加特，小至城镇，均表现相似的标度行为。由此，若通过大量的经验分析可以将城市形态进行分类，建立起城市聚集的类型学。

6.1.3　城市交通分形

　　城市交通也具有分维特征，交通分形有等级层次、结构层次和形态层次几个方面。城市的交通分形可以用来分析交通空间分布和结构的适宜性。城市交通分形的计算方法有加权尺度的半径维数法、加权计盒维数、节点关联性几种。

6.1.3.1　加权长度—半径维数

　　加权尺度使用加权系数构造分维数，这里采用半径维数。假定一个区域内的道路网按某种自相似规则围绕中心呈凝聚态分布，且路网的分形体向各个方向均匀变化，则可借助几何测度关系确定半径 r 的圆周内交通网络总长度 $L(r)$ 与半径的关系，即有[5,6]：

$$L(r) \propto r^D$$

　　这个分形计算以区域的一个点为中心，采用一定的尺度作为测尺，计算加权道路的长度。因为对于城市道路，有等级差别，不同等级的交通能力有差别，通过权重规划为一个统一的标准交通道路长度，才能进行比较。

加权半径法实际是同心圆法，对于城市交通，应用半径法需要考虑两个方面的问题，一个是交通中心的选择，对于交通，不同的中心，计算的结果不同；另外，交通以道路为基础，对于半径的选择，应当考虑沿道路的尺度，在 GIS 中，实际可以用网络服务区方法解决。

这种方法的一个需要分析的问题是，圆心位置会影响分维数。为了解决这个问题，可以考虑采用椭圆方法，即通过对城市空间的形态分析，生成一个表述城市空间发展特征的椭圆，GIS 技术提供了这种分析方法。然后以椭圆的轴线为基础，采用一定的距离间隔，分别计算半径维数，并观察这些一系列分为数的空间分布特征和规律性。

由于可以选择多个点，因此计算量会非常大。在 GIS 中，有一种邻近分析技术，可以通过邻近性分析，生成表数据，通过表数据进行统计计算。

6.1.3.2 加权计盒维数

用网格边长为 R 的方格网覆盖所分析的区域，设其中有交通线路通过的网格数为 N(R)，当 R 变化时，N(R) 也随之变化，这样就形成 R~N(R) 曲线。采用 [R，N(R)] 曲线的变化率定义分维。

由于交通线路的空间疏密分布状况不同，因此每个盒子中的线路长度不同，甚至线段数量也不同，为了反映空间密度变化状况，需要使用加权方式，这种对盒子测度采用加权方法进行的分维数计算方法，称为加权计盒维数。

6.1.4　城市总体形态

城市总体形态以城市建设区域为研究对象，进行城市总体分为分析。城市总体分维可以较好描述城市发展状况并对发展特征进行评价。

6.1.4.1　城市总体分维

城市总体分维是以城市建设用地占城市区域面积的比例进行的测度，这种比例包含了空间分布疏密状况，因此用分维数反映。根据计算，城市总体分维数有一个合理的区间，在这个区间内，城市状况时一种较好的运行状况。

从分形的图形特征来说，面的拓扑维数为 2。从面的几何结构可知，面是内部均匀一致的形态，其间没有任何切割分段。城市如果成为一个面形态，则城市就呈现一种无法运行的状态，而城市道路纵横切割，使城市不再呈现为一个面的形态。但是，从分形角度，形态具有分形维数变化性质，从分维数角度，线到面的分维数是从 1 到 2 之间变化的，其中越接近 1，形态越接近线，甚至越接近直线，越接近 2，形态越接近面。因此，城市总体分维数应在 1.0 到 2.0 之间，并且，城市的实际总体分维数不能过高或过低，当城市形态的维数达到 1.9 以后，则其与距离 d = 2 的欧氏维数就不远了。研究表明，北京城市形态的分维在 1981 年就高达 D = 1.93，是世界上少有的高分维城市。如果进一步退化，则北京就会成为典型的欧氏几何形态。显然这种情况对于城市的运行状况是不利的，近来的现实情况则是：北京的城市建筑显得非常拥塞，到了交通高峰时期，一些地段如西苑-颐和园一带，连两边人行道上都爬满了小汽车。如果没有立交桥，北京的市内交通根本无法想象，有了立交桥又大大地破坏了城市景观[3]。

针对城市交通拥堵状况，十三五规划提出建立城市开放小区，并逐步打开封闭小区的决策。对这个决策，从交通分形角度，显然增加了城市道路，因此交通分维数会提高，而封闭小区的打通也使城市建设用地变小，也相应降低城市总体分维数，从分形角度，对于城市拥堵缓解有一定作用。

6.1.4.2　总体分维的城市状态

对于城市总体分维，应当有一个较好的分维数范围，根据英国科学家巴迪等的模拟分析，城市形态的分维在 D = 1.7 附近比较理想，理论上的维数则为 1.701±0.025。实际上，1.7 是一个"期望值"，现实中城市形态的分维平均趋于 1.7[7]。

这个城市分维数是针对地貌上少障碍的平原城市分析计算的结果，对于有地貌形态制约的山地城市，显然理想分维数不会在 1.7 左右，应当有一个自身合适的值。甚至，不同地貌状况的城市，城市总体分维数的理想值也会不同。这需要进一步探讨。

一般的，城市形态分维在整体上向着 D = 1.7 的平均位置回归。当一个城市的分维达到 D = 1.8 以后，大多会通过郊区化等自组织机制以及规划中的有机疏散策略降低维数。如果从城市的发展形态角度解释，当城市分维数较小时，表面城市处于一种分散状态，这种状态的城市效率较低，因此导致城市的内部集中，见缝插针，城市分维数提高，城市呈现聚集状态；但是当分维数过高，高度聚集的城市形态又进行扩散，城市发展大致从分维上遵从这样的过程。法国的巴黎、英国的伦敦都曾有一个分维转折时期：从 1.8 ~ 1.9 之间下降到 1.7 左右[7]。

6.1.5　城市分形问题

世界上的万事万物都可以从分形的角度来解读和研究，城市也不例外。对于城市的分形分析，有助于了解城市的发展状态和发展潜力，作为城市发展规划控制的一个依据。从而制定城市的发展方式和途径。

6.1.5.1　城市分形组织

传统的中国城市正是一个非常标准的分形体。以典型的唐代长安城为例，它以"城、坊、院、屋"的次序被划分为四个层次，构成统计意义上的自相似结构。"屋"是分形迭代最初的分形元。由最初的几间屋子组合迭代为一户传统的方正的合院，合院由方正的院墙隔开。进而几组合院组合迭代为里坊，里坊形态方正由坊墙隔开。多组里坊组合成为方正的城市，城市外围是最高大的城墙，墙作为传统城市的典型特征，至今还在大多数中国城市占据着城市划分的主体地位。从分形体自相似的角度看来，中国传统城市更清晰地显示出空间结构和功能使用上的鲜明特点，家庭院落内部功能分布，建筑的尊卑排位，交通组织，到里坊内部的功能排布、交通组织与整个城市的排布并无二致。

6.1.5.2 城市分形结构

城市道路则是由"墙"划分后的结果，是被动形成的交通体系，而这个交通体系同样贯彻了完整的分形结构，在西安市，从朱雀大街这样的主干道到各坊间的次干道，再到坊内小街小巷，最后是院内的走道、庭和廊。从分形自相似的角度看来，中国传统城市更清晰地显示出空间结构和功能使用上的鲜明特点，家庭院落内部，交通的组织仍然依靠每间屋外侧的走道、走廊和中庭，与整个城市并无二致。

6.1.5.3 城市形态分形

当前多位学者已经对世界范围内各个大城市的空间形态、结构规律通过分形角度进行了测算，测算内容也包括了中国北京、中国台北以及许多中国城市的空间形态及分形特征。当前学术界已经公认大城市的合理分形维数为1.7左右，通过对大城市及特大城市研究统计发现伴随着城市蔓延发展与规模扩大，城市的分形维数会经历一个快速升高的过程，分形维数短期内迅速超过1.7达到1.8以上，并伴随着城市交通、环境等问题的产生。当大城市自我协调，城市问题解决后，城市分形维数通常回归到1.7左右。

6.2 地貌对城市形态的制约

根据研究，城市分维数以1.8左右为适宜，若分维数小于1.8，城市形态是一种摊大饼形态，形成城市空间消耗，而大于1.8，城市就会过于拥挤。这样，城市在发展中按照分维状况进行一种自然调整。城市从形态方面有一种自发追求合理的形态结构，规划把这种自发变为一种自觉，可以提高城市的效率。

6.2.1 优化城市的形态机制

城市作为生产生活的聚集中心，为市民提供生产生活便利。一个优化的城市，应当具备充分的生产生活便利，这种便利决定了城市的形态和结构。

6.2.1.1 优化城市的特征

在城市生活的居民，最基本的生存要求是衣食住行，最优越的生存状态是便利的衣食住行。从食物购买上，离超市有一定的距离要求，从生活需求上，要求在居住地周边近处就你提供充分的条件，如医院，广场、绿地等，学校、商店。同时，还要有一定的空间聚集性，这是因为人是群体性生存的。

服务设施的充分就近性，一定合适的邻里和排除过于拥挤的居住条件，就形成了一种条件约束。从数学角度，确切地说从运筹理论的线性规划角度，可以对这种情况进行优化求解，可以采集一定的因素作为变量，用变量构成方程组，进行优化求解。当约束条件过于严苛，会造成无解的结果，而过于宽泛的限制，当于没有限制。优化的城市应当有确定的解存在。

6.2.1.2　优化城市的形态

城市的优化形态并不是一个具体模式，而是受各种因子影响制约的结果。也正因为城市形态关联的要素很多，因此基于具体要素单要素的评价都不充分，而从分形角度的分析能够较全面的顾及各种要素。

城市的优化形态主要表现在空间的形态、结构、布局方面，分维数能够较好地反映这些特征。从空间结构方面，城市的用地、设施等应当是穿插的。但从交通角度，若城市道路分维数趋近 2.0，显然交通结构成为面状形态，交通无阻碍，四方畅达。然而这种形态则没有居住、商业的分布。城市的居住、商业甚至设施的分布，都会降低交通道路的分维数，而交通分维数的降低，会导致交通通畅性能的降低，但是城市正是在各种要素的相互影响和制约中进行协调的结果。

6.2.2　自动元胞机与城市形态演化

城市分形有两种制约结构，一种是地貌形态制约的结构，一种是无地貌形态制约的结构，这两种结构具有不同特征。从城市形态和发展方面，有一种元胞机理论。元胞机模拟事物的空间发展过程，可用来描述城市空间的形态和变化，可以与分形分析相结合。

6.2.2.1　元胞机思想

自动元胞机是一种生命演化的抽象理论，不同于一般的动力学模型，元胞自动机不是由严格定义的物理方程或函数确定，而是用一系列模型构造的规则构成，这种结构通过计算机模拟，是一种循环和迭代结构，与分形观念有一定相近性。凡是满足这些规则的模型都可以算作是元胞自动机模型。因此，元胞自动机是一类模型的总称，或者说是一个方法框架。其特点是时间、空间、状态都离散，每个变量只取有限多个状态，且其状态改变的规则在时间和空间上都是局部的[8]。

元胞自动机的构建没有固定的数学公式，构成方式繁杂，变种很多，行为复杂。故其分类难度也较大，而这种思想和理论在一定程度上反映了城市发展的过程。

元胞机的图形机制是平面划分的格网体系，一个栅格可以作为一个生命种子或生命扩展的区域，一个元胞都可以演化出生命，然后向四周扩张，形成元胞机的基本演化基础，元胞机生命演化尊称如下规则：

1. 生命元胞联合发展

一个种子点向四周扩展，当四周为资源，生命得以扩展，即向四周扩展，形成新的生命单元。

2. 资源缺乏，元胞死亡

按照元胞机思想，当生命元胞四周为空，则可以向四周发展，四周为生命元胞，则因养料不能供给而死亡。这种演化机制示例见图6-1。

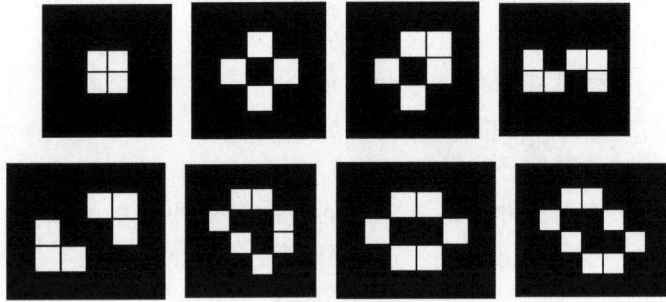

图6-1　元胞机模型和演化机制

自动元胞机起初作为一种计算机游戏，这个游戏设置的规则是：

（1）随机生成一些种子点。

（2）种子点周围是资源。

（3）以种子点为中心，向外8个方向扩张。

（4）遇到其他被占据点位，停止。

（5）若一个元宝4邻或8邻没有资源，则元胞死亡。

6.2.2.2　城市的元胞形态和分形

元胞自动机模型的引入成为该研究领域的一个优秀范例。怀特和恩格伦首次将元胞自动机方法用来模拟城市土地使用的演化，取得惊人的效果。该模型以离散的网格单元按一定规则相互作用来表达土地使用的演化[9]。元胞自动机的基本构成包含四部分：元胞空间、元胞状态、邻居和转换规则。元胞空间表示n维欧氏空间网格，如二维平面的方形网格。元胞状态表示元胞的有限的、离散的状态集合，如将元胞赋予一定的土地使用类型，其状态集合可包含空地、居住用地、商业用地、交通用地等，通常每个元胞一次只能处于一种状态。邻居表示每个元胞只与邻近的元胞有相互作用关系，而与其他元胞无关，如一个元胞的上、下、左、右相邻的四个元胞可作为该元胞的邻居，这称为冯·诺依曼型的邻居，若邻居包括相邻的八个元胞则称为摩尔型邻居。转换规则是指根据某个元胞当前状态及其邻居状态确定下一时刻该元胞状态的转换函数，如在某一经济门槛条件下，元胞由空地可转化为居住状态。通常，CA模型的每个元胞只是改变状态，不改变空间位置。于是，在某一时刻，所有元胞以某种状态分布在元胞空间里并组合成一定的构形。在下一时刻，每个元胞的状态是由上一时刻该元胞及其邻居的状态依据转换规则来决定的，由此局部进行演化，通过计算机模拟，发现其整体构形表现许多规则的图式。元胞自动机的复杂动态行为还包含许多新空间组织的突现。

结果显示，所模拟的土地使用形态与现实城市很相似，而且具有分形特征。该模型的特点是以单元与邻居的相互作用将土地使用规则进行演绎，从而表现城市的动态演化。由于 CA 模型还能模拟城市道路用地的演化、交通流的时空变化，用以构建交通模型，因此它有可能为土地使用与交通的整合建模提供一个新方法。CA 模型代表很有前途的方向，受到众多学者的青睐[8]。

其实，对于城市的情形，可以用元胞机思路来分析，人们需要保持一定的生活空间，又要求有相互之间有较充分的联系。

6.2.2.3　无地貌形态制约的结构

无地貌形态制约的意思就是平原城市，其空间发展不受地貌形态制约，可以在空间方面随意发展。但是实际上，这是空间扩展并不是随意的，即使不考虑政府对城市空间发展的控制问题，在城市自然发展过程中，也不是随意的，从城市形成的过程就表明了这一点，这里有一种自然机制在起作用。

假定在一个比较平坦的面积较大的区域，作为可以聚集人群的地方，人们总是有一种聚集心理和行为，但是，不能过分聚集，需要保持一定的空间隔离，因此就形成一定的分散度。一个大村庄可以有数千户，但是不可能聚集成十万户，因为这样就形成空间的拥挤状态。

城市的扩张实际也一定尺度遵从元胞机原理，元胞之间需要联系，但要保留一定的资源空间。对于城市，就是适当的绿地、空地、商业设施、城市设施和道路交通，即使在局部区域可以采用"胶囊"形式，但是一定必须包含适当的资源空间。

6.2.2.4　地貌制约的城市扩展

对于地貌制约，城市发展在空间方面显然不能任意，有地貌环境提供的条件制约。虽然还有其他要素如河流制约城市形态和发展，但是地貌是各种自然地理条件中的主导因子。对于地貌制约发展的山地城市，城市的合理分维数不一定是接近 1.8 的状况，而可能有某种适宜的分维数。

6.2.3　城镇形态分形问题

受地貌条件制约，城乡组织结构和形态受地貌条件控制。从图 6-2 可见，对于划出的两个区域，右上部分为地形相对平缓的区域，左下为地形起伏较大的区域，直观可以看出，道路在平缓区域比较直，在起伏较大区域比较弯曲。

6.2.3.1　山地城镇的空间分布形态

城镇形态作为中观分形分析对象，从其空间结构方面着手进行分形分析，考察期空间分布的形态结构特征。图 6-2 是陕北一个区域的城乡分布状况，包括乡村居民点、道路。地形方面，右上圈出的区域部分，地形较为平坦，左下圈出的部分，地形起伏较大。从图上可见，道路和居民点的空间分布有如下特点：

1. 平坦区域道路比较直，地貌起伏较大的山地区域道路多弯曲，这与通常的认识是相符的。另外，从高程方面，平地道路相对于山地道路，起伏较小。

2. 平地村镇点分布于道路密切相连，在山地区域，乡村点与等级较高的道路连接较少。从一般的经验中也知道，山地村镇的空间、人口规模都比平川的要小和少。

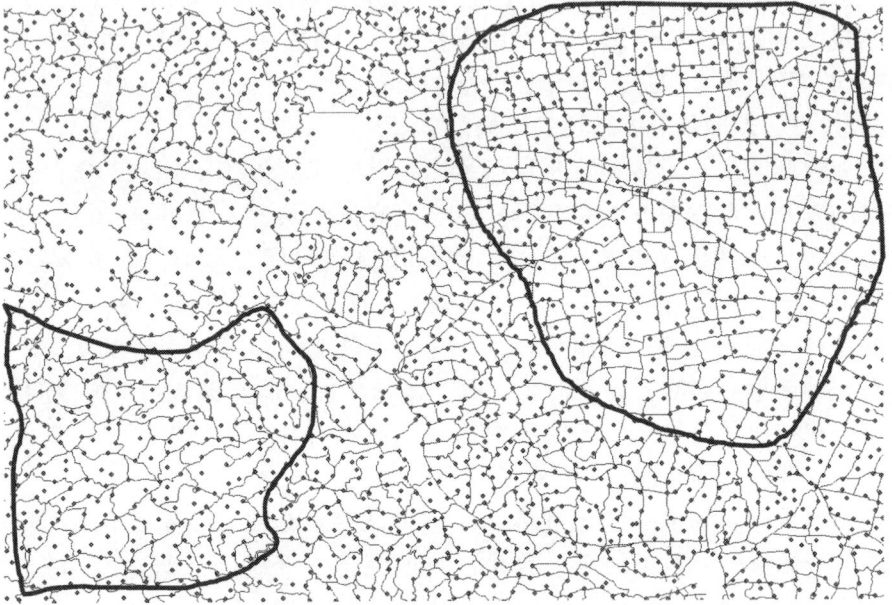

图 6-2　地形起伏对道路的影响

6.2.3.2　地形对乡村的分布影响

由于居住对于地形的特点要求是平坦和较大的面积，因此乡镇总是分布在比较平坦的区域，在山区，由于地貌形态制约，较大片的平坦地块很少，因此地形状况对乡村的空间布局造成制约，乡镇选址只能在地貌适宜的位置，在此条件下才考虑经济、社会和其他要素的状况。这是山区乡镇与平原乡镇的显著区别。

地貌对乡镇地理空间分布的制约性或者乡镇分布的地理空间选择性有一定的特征要求，在河谷地带，尤其是有分支汇流的区域，一般有一定尺度的较平坦地块，而越大的河流交叉点，这个尺度越大。这就表现了一定的特征和规律。

6.2.3.3　山地乡村的分形特征

山区乡镇地理空间分布的地貌特征以及社会经济发展要求，形成了山区乡镇的空间分布特征，可以从分形角度研究和分析这种特征。因此，基于上述分析，可以采用一种算法计算山区乡镇的空间分维数，这种计算方法在 GIS 下为同心圆方法，也可以用邻近度方法。

6.3　城镇空间分形结构计算方法

城镇空间分形算法有多种，这些方法都是一定尺度的盒子测度的变形，如同心圆方法。对于城市空间爱你分形测度，对于同心圆方法需要进行改进。

6.3.1　同心圆方法

同心圆方法是城镇空间分布分形计算的一种方法，这种方法就是选择一个中心点，以一定的半径绘制圆，然后计算同心圆范围内对象的分维数的一种方法。

6.3.1.1　同心圆原理

对于城市，某些事物分布总有疏密不同的状况，以道路为例，城市道路有从城市中心道边缘密度降低的趋势。

以同心圆法计算城镇分布分维数。方法是以市或县为中心，计算所辖村镇分布分维情况。可以预测，这种分维数一定尺度与地貌类型有关，形成诸如山高路远人稀的状况。同心圆的示意见图 6-3。

6.3.1.2　同心圆问题

同心圆测度在理论上没有什么问题，但是在实际应用中会发现一些问题，一般的，圆心位置的选择选择具有主观性，即圆心的选择没有具体的法则，而是由研究者根据某些条件要求自己确定；另一方面，由于圆心位置不同，形成的计算结果有异。因此，圆心选择问题就成为问题的核心。如何客观的选择圆心，是解决问题的关键。

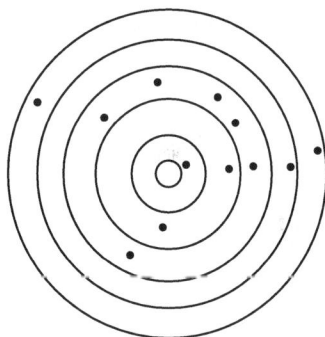

图 6-3　同心圆方法图示

6.3.1.3　同心圆实现

在 GIS 中同心圆的实现过程是，经过如下步骤：

1. 建立多环缓冲区

对于选定的转为圆心的点位，进行缓冲分析，形成一个圆。在 GIS 中，可以通过多环缓冲，一次形成多个圆环。

2. 提取

同心圆方法一般针对点，对于点，分别不同的半径圆环，用圆环提取其中的点位数据；对于线的测度，一般用于交通密度分布状况，用圆环提取线。多环缓冲的方法和示例见图 6-4。

3. 统计

计算每一个环的点数，通过属性表的相应字段来分别进行点数量计数，作为分形计算的数据基础。

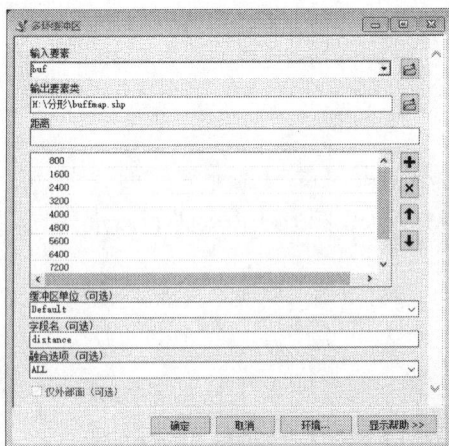

图6-4 多环缓冲工具对话框和示例

一般的缓冲结果是一个圆，多环缓冲的结果是环，这正符合分形研究要求。用多环缓冲区与道路和居民地叠加，进行分维数计算。从图6-5的最右一列可见，在多环缓冲后，GIS分半径记录数据，因此可以通过属性进行分形计算所需要的数据统计。

对于道路长度汇总，按照分环状况，获得各环的道路长度。要进行分形计算，需要计算密度，因为不同的环，面积大小不同，可以化为同样面积计算，进行密度计算。图6-6是统计汇总的一个直方图，这个直方图通过属性表在GIS中生成。

密度计算，道路长度除以环面积，得到密度。关于道路密度，可以从几个角度考虑，可以计算道路密度，可以计算标准密度，还可以考虑密度分布。密度分布用空间聚类方法。

6.3.1.4 实例

关于城镇的分形计算，以陕北城镇分布状况为例。图6-7为陕北具备区域的乡镇空间分布图，乡镇进行分级表示，分别五边形符号的第1类，三角符号的第2类，圈性为第3类，点位第4类。

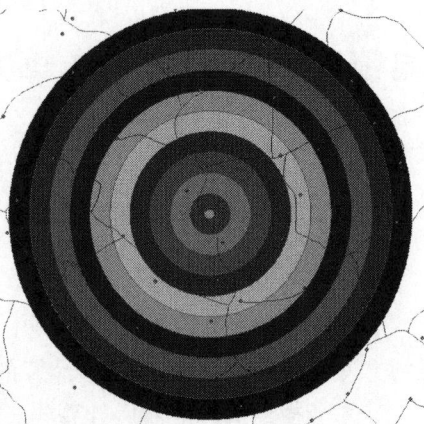

图6-5 多环缓冲区与道路叠加属性表

Sum_Output 的图

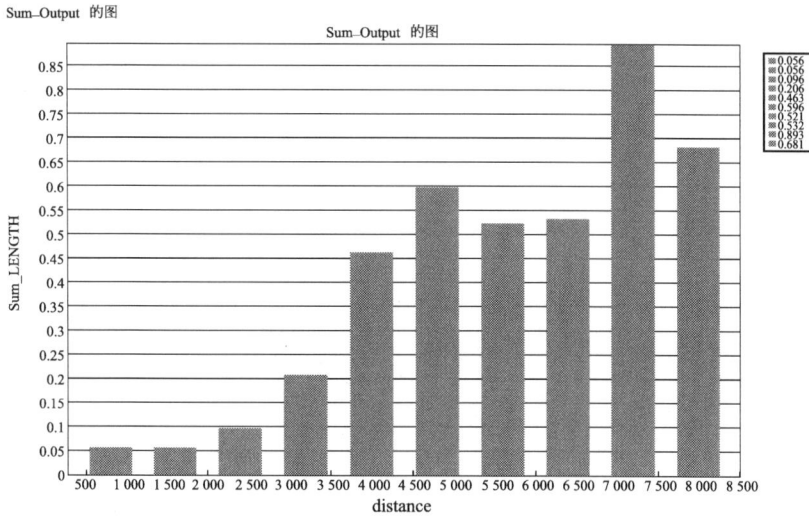

图 6-6 汇总图

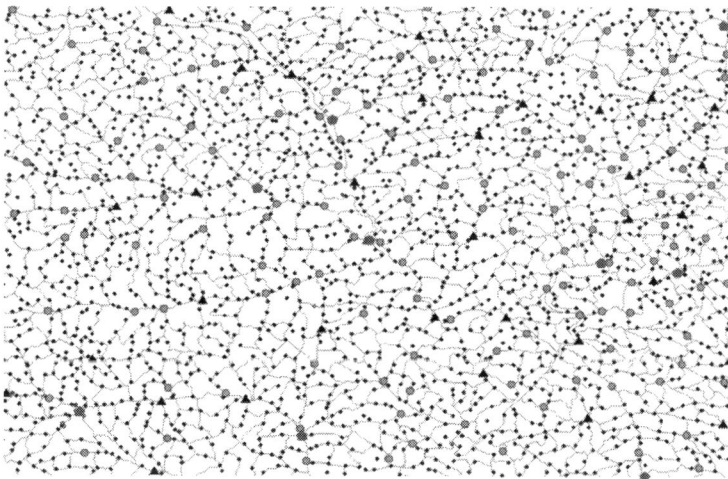

图 6-7 道路居民点

从图上可见，不同级别的居民地，数量多少有区别，等级越高，数量越少，等级越低，数量越多；从空间分布上，等级之间有穿插，每一个高等级点位周围有一定数量的不同等级的其他点位。

具体的计算方法采用邻近分析方法，根据分析形成的数据，分距离区间统计村镇数量，计算分维数。然后分析其与地貌分维数的关系。

6.3.2 点距离

在 GIS 中，可以用邻近的方法取代同心圆方法，次方法方便简单。邻近的方法是用目标图层和邻近图层进行邻近计算，结果形成一个点位距离关系表。

对于分形计算，针对表数据，通过距离查询，获取一定距离范围内(可以选择一个圆环内)的点数。

6.3.2.1　点距离原理

对于分形而言，需要的数据是一定距离内点的个数，用同心圆方法要绘制多个圆，还要进行图形之间的运算。采用点距离方法就简单得多，这种方法以点位图为基础，生成一个距离表，由于距离表这包含点的编号，可以通过连接方式扩充信息，形成丰富的点位关系数据，作为计算分析的数据基础。至于统计分析计算分维数，只需通过构造查询式，获得不同距离的点位数即可。在某一指定搜索半径范围内，确定输入点要素与邻近要素中所有点之间的距离。点距离方法见图 6-8。

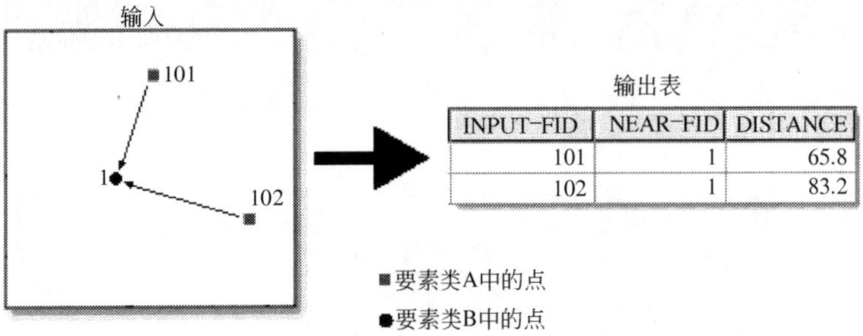
输入
101
1
102
输出表
INPUT-FID | NEAR-FID | DISTANCE
101 | 1 | 65.8
102 | 1 | 83.2
■要素类A中的点
●要素类B中的点

图 6-8　点距离地理信息表达

点距离计算一般针对两个图层，不能应用一个图层通过选中要素计算与其他未选择点之间的距离。对于一个点图层，可以分成两个图层，具体方法是，选择需要计算的依据点，把数据导出称为一个新的图层。计算步骤如下：

第一步：选点，图 6-9 的示例中，选择三个点。用方框加十字表示；

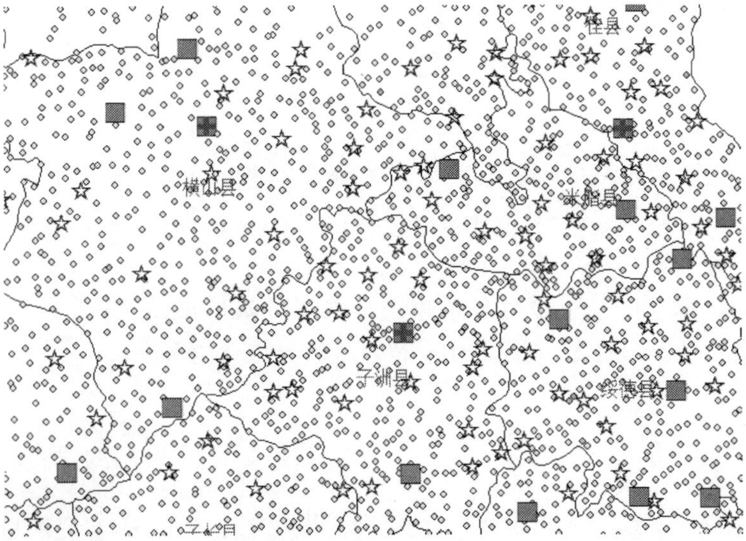
横山县
米脂县
子洲县
绥德县

图 6-9　选择点数据

第二步导出，在 GIS 中，导出为新的图层；

第三步邻近运算。

6.3.2.2　距离计算

对于点距离计算。选择点距离工具，然后选择数据，确定后得到点距离数据。点距离计算工具界面如图 6-10。

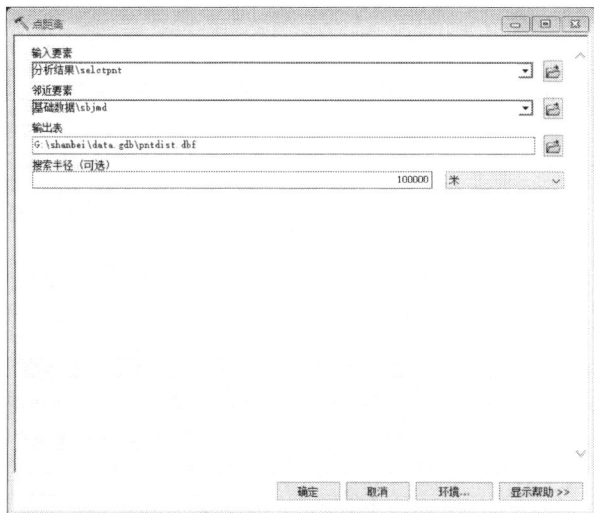

图 6-10　点距离计算

在具体的计算中，分别选择输入要素和选择邻近要素，运行结果形成一个关系表，为 dbf 格式。对于示例数据，选择的三个点与计算距离的点中有同位点，因此对应点之间的距离为 0。与其他点位之间的距离见图 6-11。

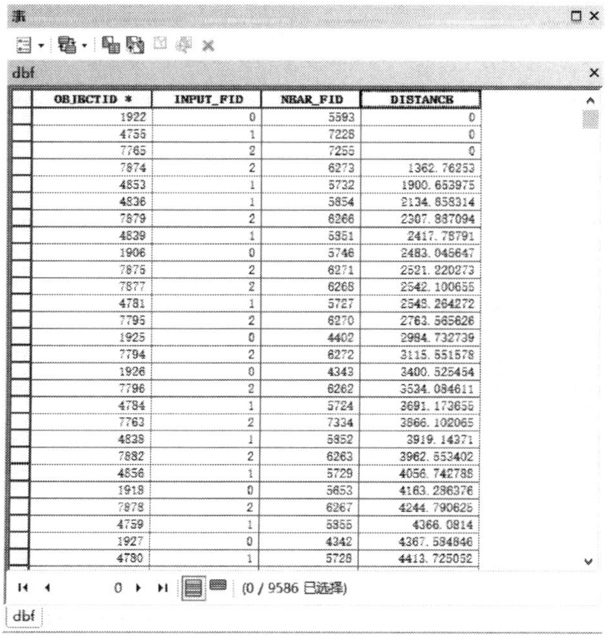

OBJECTID *	INPUT_FID	NEAR_FID	DISTANCE
1922	0	5593	0
4755	1	7228	0
7765	2	7255	0
7874	2	6273	1362.76253
4853	1	5732	1900.653975
4836	1	5854	2134.658314
7879	2	6266	2307.887094
4839	1	5851	2417.78791
1906	0	5746	2483.045647
7875	2	6271	2521.220273
7877	2	6268	2542.100655
4781	1	5727	2548.264272
7795	2	6270	2763.565626
1925	0	4402	2984.732739
7794	2	6272	3115.551578
1926	0	4343	3400.525454
7796	2	6262	3534.084611
4784	1	5724	3691.173655
7763	2	7334	3866.102065
4838	1	5852	3919.14371
7882	2	6263	3962.553402
4856	1	5729	4056.742788
1918	0	5653	4163.286376
7878	2	6267	4244.790625
4759	1	5855	4366.0814
1927	0	4342	4367.584846
4780	1	5728	4413.725052

图 6-11　点距离表

6.3.2.3 表连接

在 GIS 中，属性表可以通过连接扩充信息。通过这个功能，可以把非属性的数据连接到属性表。数据表链接操作是选择表，选择连接和关联，进行表连接。见图 6-13。

连接后得到的表进行了信息扩充，见图 6-12。

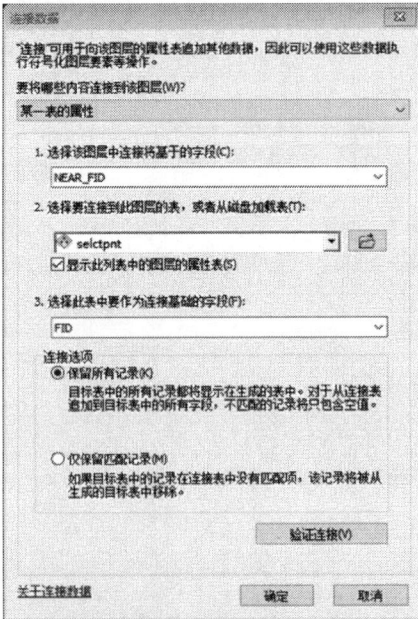

图 6-12　数据表链接 1

当进行数据表链接后，可以据此表进行复杂的统计计算。点距离统计计算也采用这个过程。

6.3.2.4 点数查询

在具备了数据基础，要进行统计需要对数据进行分类，这个过程可以采用查询方式，针对属性表计算，构造查询语句，获取点数。在 GIS 中进行查询操作见图 6-14。

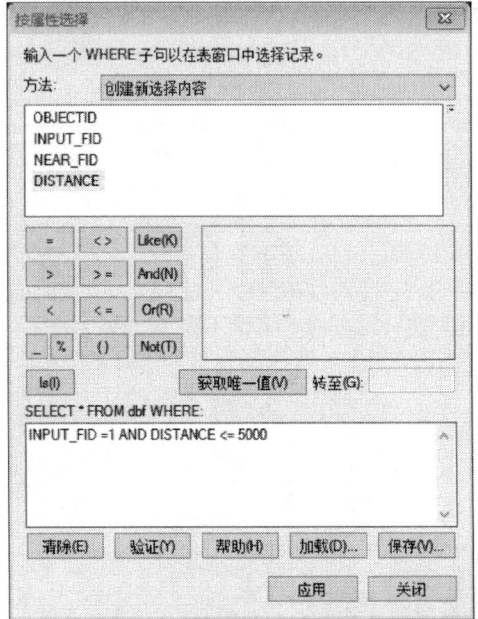

图 6-13　数据表链接 2　　　　图 6-14　属性字段查询

上述查询对于示例数据的结果见图 6-15。

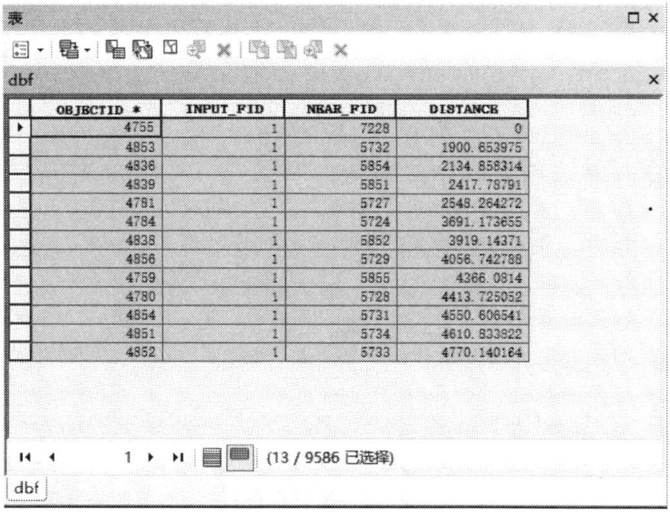

OBJECTID *	INPUT_FID	NEAR_FID	DISTANCE
4755	1	7228	0
4853	1	5732	1900.653975
4836	1	5854	2134.858314
4839	1	5851	2417.78791
4781	1	5727	2548.264272
4784	1	5724	3691.173655
4838	1	5852	3919.14371
4856	1	5729	4056.742788
4759	1	5855	4366.0814
4780	1	5728	4413.725052
4854	1	5731	4550.606541
4851	1	5734	4610.833822
4852	1	5733	4770.140164

图 6-15　查询结果数据

6.3.2.5　深度分析

对于同心圆的中心选择问题，在邻近距离中也同样存在，一个可行的改进途径是把城区划分为区块，以每一个区块为中心，进行同心圆分维特征研究。

显然，在不同的区块，分维数不同，这样可以生成元分维数据体系。通过元分维数据，研究城市空间结构的分维分布情况，并可以分析城市的分维中心及其特征。

对于城市聚集性分析，需要考虑同一区域的情况，即由于乡村的空间分布引起的问题。例如，一个村庄距离本县的距离可能比其他县的距离更远，因此应当分归属区域进行分维分析。当然也可以不考虑性质区域，这样可以研究区域划分问题，虽然不能以此调整行政区域划分，但是可以进行一些非行政区域的其他区域划分，如经济、产业布局等。另外还要划分地貌区统计。

6.3.3　交通分布的网络分析

城市的很多要素具有网络特征，以网络为基础的城市交通道路、城市管线等，都是比较典型的网络，可以把网络分析与分形结合起来，进行这类要素的分形分析。

6.3.3.1　网络 OD 方法取代同心圆和近邻方法

在 GIS 的地理网络分析方法中，有一种 OD 分析方法，它以线和点构成网络，计算从某些点到另外一些点的最优路径。这种分析方法的特点是，对于计算两点之间的距离，表示按照直线距离，而是按照道路距离。道路可以有权重，计算的结果一直线方式表达两点的联通状况，并在属性表中给出其间延道路的距离。

网络 OD 方法也可以用来做广义同心圆方法以及点距离的分析，其与同心圆或点距离的不同在于考虑点之间的路径距离，克服了同心圆对于城市分布的分形计算，更具实践和应用意义。

6.3.3.2 网络服务区的城乡分布的分维数

同心圆法意味着距离远近，但是对于地貌类型复杂的区域，直线距离不足反映距离实际状况，这时可用作为道路连接的作为距离。这种分析采用的是网络分析的服务区方法，或者采用 OD 分析法，以市或县为源，以村镇为目的地，形成分析数据。

6.4 城镇社会经济分形

从分形角度，客观世界是分形的。从城镇的分形研究角度，既可以从地理空间分布角度研究城镇分形状况，也可以从人口方面、经济社会等方面来研究城镇分形问题。本节从社会经济角度研究城镇分形状况。

6.4.1 人口分形

人口、土地和区域经济产值之间也可以表达为分形关系，这种分形关系可以揭示城镇社会经济发展阶段、特征和方向，对于了解城镇经济与社会发展和产业推进开发等，都具有重要的指导意义。

6.4.1.1 人口分形问题

城市的人口数量是波动变化的，而土地从生产角度，用地也是变化的，基于人口与土地的社会经济产值也是变化的。这种变化的关系较为复杂，可以通过分维函数来进行研究。

所谓分维函数就是函数中的自变量的方次为非整数的函数，这种函数可以通过以往的数据进行拟合生成。基于此的研究认为，城市人口、土地和产值三者之间的关系是非线性的，由此计算我国一些城市的三者的分形特征，发现我国大部分城市在研究时段内具有分形特征，标度因子值均为分维，大部分城市系统在向结构优化的方向发展[10]。

6.4.1.2 人口分形计算方法

规模—位序法则可以用于研究城市的规模、人口、产值之间的分形关系。规模—位序法则是 1936 年辛格（H. W. Singger）提出的，它从位序的关系考察了城市体系结构的规模分布特征。公式表达为：

$$P_i = kR_i^{-q} \tag{6-2}$$

式中：P_i——一国或地区城市按人口从大到小排序后第 i 位城市的人口数；

R_i——第 i 位城市的位序；

k、q——常数。

q 值大于 1，说明规模分布集中，首位度高，q 值小于 1，说明规模比较分散，各城市发展均衡[11]。

6.4.2　交通分析

城镇之间的交通联系是城市的基本联系因素之一，交通具有分维特征。由于交通状况受地貌形态影响，因此城市交通联系也受地貌形态影响。

6.4.2.1　城镇之间的交通联系分析

城镇交通联系以道路分形分析作为评价依据[12]。对于城镇交通分形计算，按照如下步骤进行：

第一步：计算距离

列出研究对象之间的直线距离和交通里程，然后进行测度计数和累计计算。计算内容见表 6-1。

交通网络空间关联　　　　　　　　　　　　　　　　表 6-1

直线距离		
测尺长	测度数	累计数
100	76	76
200	35	111
300	24	135
400	18	153
500	11	164

第二步：分析标度区间

由于测尺长度与测度数目反相关，即测尺越长，测度数量越少，测尺越短，测度数量越多，并且测度数量与尺长具有负指数关系，因此采用对数直角坐标系做散点图，观察测度数量分别状况。

虽然理论上测度数量与尺长相关，但这只是在一定范围内，例如，当尺长超过测度对象时，测度数永远是 1，而当尺长变短，到一定程度后数量增加极微，因此在进行分维数计算时，先要考虑无标度区间。

具体方法是观察图像的直线区域，确定计算范围；另一种是回归法，当范围服从幂函数分布，则扩大范围，否则缩小范围。

第三步：拟合分形函数

根据测尺与测度数量，建立对数函数模型，流域最小二乘法计算参数，生成函数，计算分维数。

6.4.2.2　城市内部交通分形分析

城市内部交通计算选择一个中心点，若用同心圆方法，计算道路密度，进行空间分布状况比较。一般认为，在城市中心，道路密度大，越向外，道路密度逐渐减少。虽然如此，在城市中心，交通拥堵情况一般较为严重，这可能表明城市中心的人口聚集密度大于城市外围，当然也可以针对这种情况进行分形分析。

6.4.3　要素关联分形

城镇的地理空间分布与自然地理要素有密切联系，如河流作为水源，城镇居民点通常靠近河流，河流是分形的，与之关联的城镇居民地分布也应当是分形的，并且具有和河流相似的分形特征。

6.4.3.1　河流与道路的相关性

道路与河流具有相关性，在城市之外，尤其是山地区域，河流与城市位置密切相关。这是由地貌状况决定的。河流由于水流关系，除过瀑布跌水，一般坡度不大，同时河流两边由于对地貌的冲淤，会形成有一定宽度的条带，对于道路建设，沿这个路径工程量比较小，因此河流与道路一般有较多的空间关联性。

对于这个相关性的判断的数据处理有两种方法，采用 GIS 技术，可用两种方法分析这种相关性。其中方法 1 的步骤是：

1. 以河流一定距离做缓冲
2. 用缓冲区提取道路
3. 计算河流缓冲区道路占整个区域道路%。

其中，计算用长度单位，不同地理要素之间的关联性，需要考虑所占比例。比如，若60%以上的道路沿河边，则说明道路与河流关联度高。也可以用道路缓冲提取河流，这种作为第2种方法，步骤是：

1. 用上述缓冲法提取道路，计算长度
2. 用不同距离缓冲，提取长度
3. 缓冲长度为测尺，提取长度为测度数，计算分维数

6.4.3.2　居民地和河流的空间关系

居民地和河流也有地理空间相关性。直观上，因为人类生活与水密切相关，为了取用水的方便，一般居住在接近河流的地方，尤其是在山地城镇更是如此，因此可以分析居民地与河流的空间关联性。在 GIS 中也有两种方法，一种是用河流做缓冲进行居民地提取的方法，另一种方法是用点之间的关系进行分析，就是用河流交叉点与居民地之间的空间关系。具体计算方法如下：

1. 提取河流交叉点。
2. 交叉点做缓冲。
3. 缓冲区提取居民地。
4. 计算居民地百分比。

5. 计算不同等级居民地百分比，如县级、乡镇级。

6.4.3.3 例

用居民地(点)图层和河流线图层，进行河流居民地空间关系计算。对于要素进行标注，能够确定河段和居民点的具体关系，即编号关系，图层标注为图元号，图 6-16。

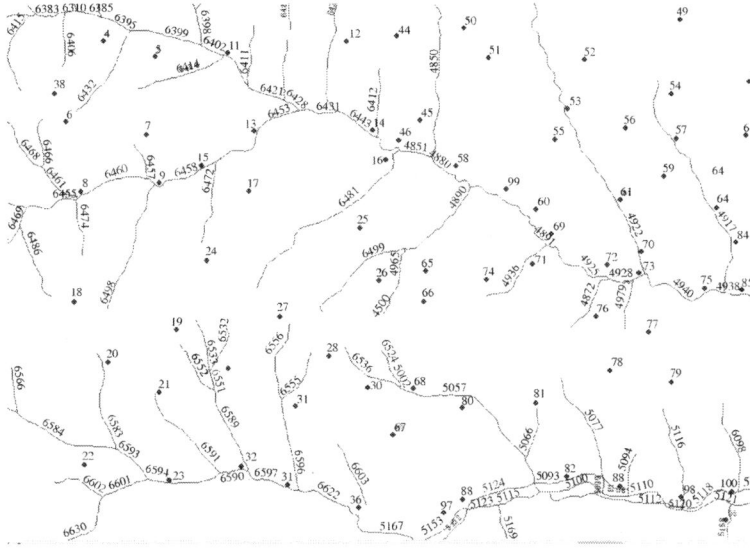

图 6-16　参与计算的图层

针对上述图层，采用生成邻近表方法，计算点位与河流的邻近状况，用 GIS 的生成近邻表工具进行计算，图 6-17。

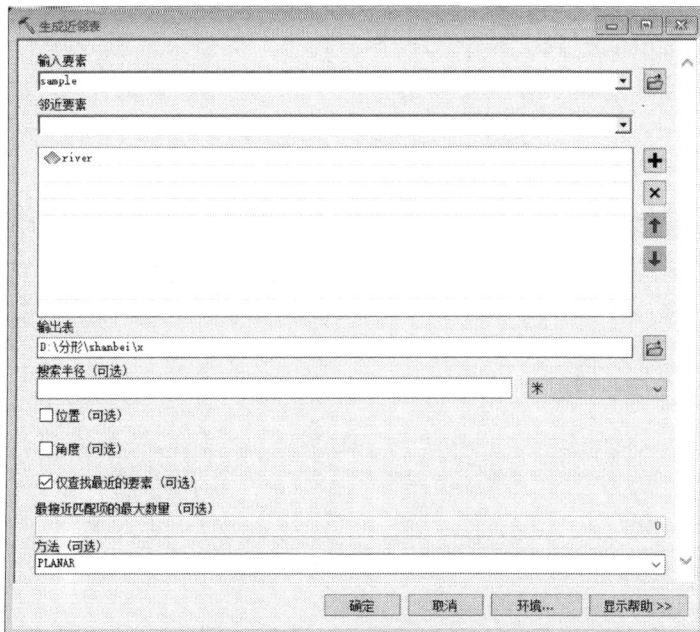

图 6-17　邻近计算

计算结果，生成邻近表，反映邻近点之间的距离，这个距离为直线距离，只对每一个点记录一个最近的线。计算结果见图 6-18。

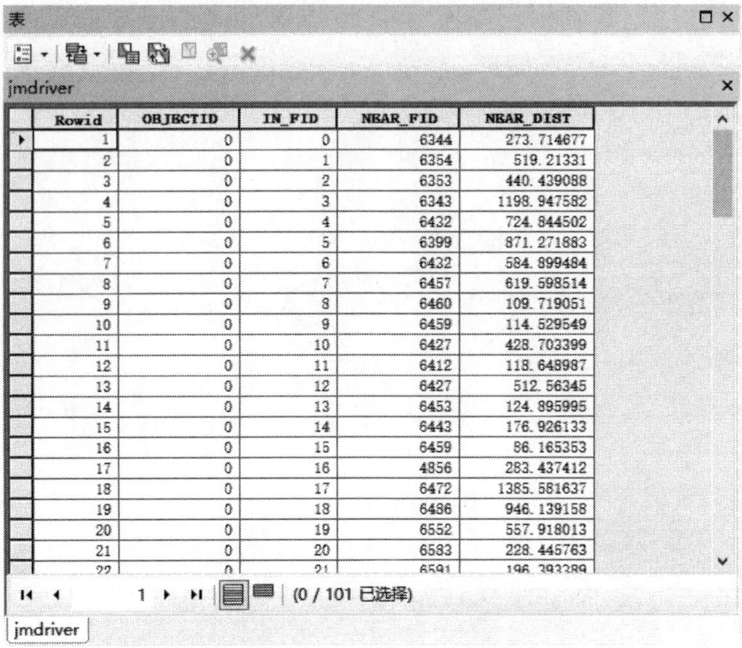

表
jmdriver

Rowid	OBJECTID	IN_FID	NEAR_FID	NEAR_DIST
1	0	0	6344	273.714677
2	0	1	6354	519.21331
3	0	2	6353	440.439088
4	0	3	6343	1198.947582
5	0	4	6432	724.844502
6	0	5	6399	871.271883
7	0	6	6432	584.899484
8	0	7	6457	619.598514
9	0	8	6460	109.719051
10	0	9	6459	114.529549
11	0	10	6427	428.703399
12	0	11	6412	118.648987
13	0	12	6427	512.56345
14	0	13	6453	124.895995
15	0	14	6443	176.926133
16	0	15	6459	86.165353
17	0	16	4856	283.437412
18	0	17	6472	1385.581637
19	0	18	6486	946.139158
20	0	19	6552	557.918013
21	0	20	6583	228.445763
22	0	21	6591	196.393289

1 ▶ ▶| (0 / 101 已选择)

jmdriver

图 6-18　邻近分析结果表

说明：邻近表与点距离不同，后者是计算一个图层点离计算距离图层所有点的距离。

6.4.3.4　表计算

关联要素形成数据表，对于表数据，在进行计算时，需要进行一些必要的处理，即需要保存计算结果。在数据表中（可以是纯表或属性表），添加一个字段进行计算，作为存储计算结果的字段，见图 6-19。

对于表的计算用 GIS 提供的字段计算器，计算工具和操作见图 6-20。

其实，通过排序，也能够进行距离识别。对于同心圆法的计算，可以通过生成的点距离表进行计算。但是注意几点：

1. 对于距离，一次可以生成多个点，当于一次生成多个同心圆的，并且计算了距离。

2. 分点计算圆环内点数，方法是构造表达式进行查询，例如：

点号 $=X$ and Distance $> D_1$ and Distance $\leqslant D_2$

3. 可以用一个字段距离数量，例如，建立一个字段，对于每个计算结果一个编码，例如，D_1，D_2，$\cdots$，D_N，然后进行分类统计，获得数量。

4. 可以通过程序或者模型自动生成统计结果。

表

dbf

OBJECTID *	INPUT_FID	NEAR_FID	DISTANCE	type
1922	0	5593	0	1
4755	1	7228	0	1
7765	2	7255	0	1
7874	2	6273	1362. 76253	1
4853	1	5732	1900. 653975	1
4836	1	5854	2134. 858314	<空>
7879	2	6266	2307. 887094	<空>
4839	1	5851	2417. 78791	<空>
1906	0	5746	2483. 043647	<空>
7875	2	6271	2521. 220273	<空>
7877	2	6268	2542. 100655	<空>
4781	1	5727	2548. 264272	<空>
7795	2	6270	2763. 565626	<空>
1925	0	4402	2984. 732739	<空>
7794	2	6272	3115. 551578	<空>
1926	0	4343	3400. 525454	<空>
7796	2	6262	3534. 084611	<空>
4784	1	5724	3691. 173655	<空>
7763	2	7334	3866. 102065	<空>
4838	1	5852	3919. 14371	<空>
7882	2	6263	3962. 553402	<空>
4856	1	5799	4058. 742788	<空>

I◄ ◄　　0 ► ►I 　(0 / 9586 已选择)

dbf

图 6-19　邻近属性计算表

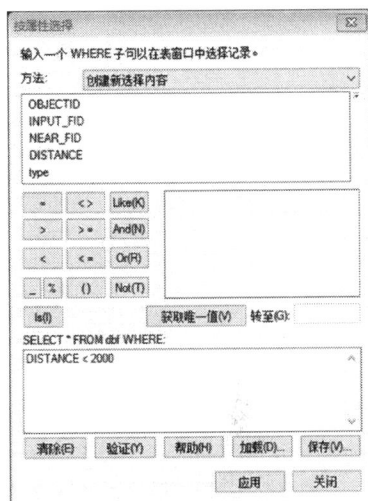

按属性选择

输入一个 WHERE 子句以在表窗口中选择记录。

方法：　创建新选择内容

OBJECTID
INPUT_FID
NEAR_FID
DISTANCE
type

=	<>	Like(K)
>	>=	And(N)
<	<=	Or(R)
_	%	()	Not(T)

Is()　　　获取唯一值(M)　转至(G):

SELECT * FROM dbf WHERE:
DISTANCE < 2000

清除(R)　验证(V)　帮助(H)　加载(D)...　保存(V)...

应用　　关闭

图 6-20　计算工具对话框

6.4.3.5　陕北城镇分为计算

陕北城镇的分维计算，依据城镇的形态结构。在具体计算中，通过图像识别城镇区域，然后提取这个区域作为计算对象图层，图 6-21 是陕北一个县城的形态分为分析图。该城镇由于受地貌因素影响，具有沿沟伸长和外部零散的特征。

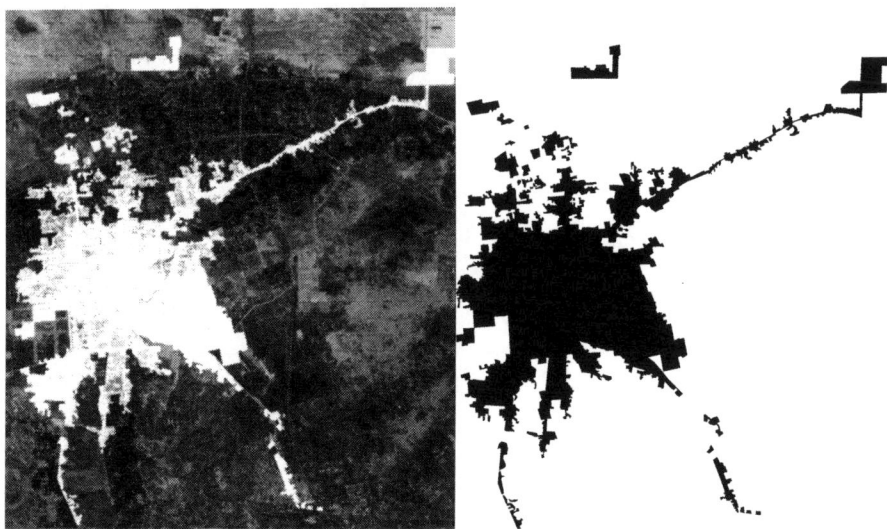

图 6-21　陕北城镇分形计算图

对于陕北的靖边县，计算的分维数：D＝1.6144，R＝0.9981。计算过程依据的地貌图层通过等高线反映，等高线及其计算图像见图6-22。

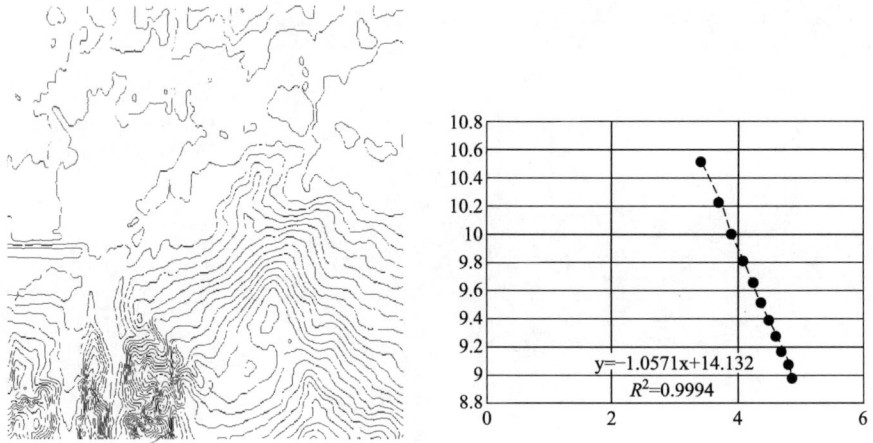

图6-22 地貌分形计算的图形和图像

根据等高线计算，陕北县市的地貌分维值和地面类型结果见表6-2。通过点位曲线制图，发现地貌类型与分维数之间有一定的变化特征，见图6-23。

陕北县市地貌分维值和地面类型　　　　　　　　　　　　表6-2

县城	地貌分维值	地貌类型
定边	1.0019	风沙黄土过渡
榆林	1.0241	风沙黄土过渡
靖边	1.0571	风沙黄土过渡
神木	1.0803	风沙黄土过渡
横山	1.1847	风沙黄土过渡
延安	1.3553	黄土梁峁
府谷	1.4301	黄土峁
绥德	1.4458	黄土峁
子洲	1.451	黄土峁
米脂	1.4694	黄土峁
子长	1.5634	黄土峁
佳县	1.5831	黄土峁
延川	1.6153	黄土梁峁
洛川	1.616	塬
吴堡	1.6184	黄土峁
富县	1.6335	塬

续表

县城	地貌分维值	地貌类型
甘泉	1.6341	黄土长梁
延长	1.6435	黄土梁峁
清涧	1.6475	黄土峁
黄陵	1.6519	塬
安塞	1.6694	黄土梁峁
志丹	1.6977	黄土梁峁
吴起	1.7687	黄土梁峁
宜川	1.7787	残塬
黄龙	1.8012	黄土长梁

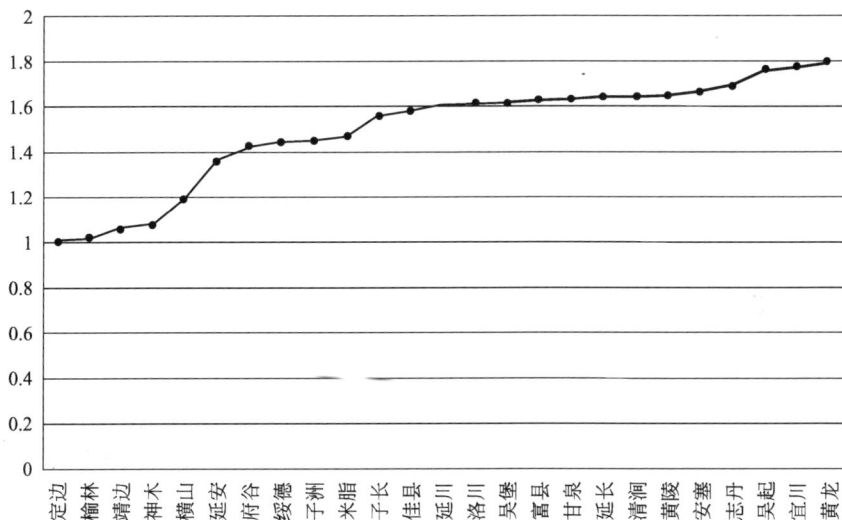

图 6-23　陕北个县市地貌类型分维值比较

6.5　城市分形

对于城市是分形的观点是有基本定论的，城市从形成个发展过程来看，是一个自组织过程，即在最初，城市作为商业活动的聚集区域，形成了人群的时空聚集，再形成规模和体系，其中显然也有不合适的情况，这些由参与者自行调整，这个调整是时空的，调整的结果形成分先与聚集的统一。

显然，自组织的形式难以完全形成高效的形态。经过研究和分析，发现了城市的一些时空特征，并形成各种描述理论，其中分形是较为充分的理论。

6.5.1 城市形态分维的基本步骤

对于城市分形，从数据组织和处理角度，有基本的方法和步骤。包括数据收集，对数据进行鉴别，判断是否具有分维特征等。

6.5.1.1 对分维性质的分形判断

虽然从分形的观点，世界是分形的，但是分形具有规度区间，在这个区间之外，已经不具备分形特征。例如从计算方面，对于一个测度对象，用一定尺度测度，当尺度达到一定大小后，所有更大的尺度测得的结果都相同，或者不再变化，因此就不能用于维数计算，显然在这个尺度就不在具备分为特征。

对于一个小的测尺，其后更小尺度的测度的测度数量和尺度函数称为规范的维度，不再是分形的，这就是分为尺度的下限。

具体操作，先考察研究的对象是否是分形的。如果不是分形的，则不能进行分维分析；如果是分形的，需要确定分形范围，则进行分析研究。

对于是否分形的直观判据是双对数坐标图。从 GIS 角度制作这种坐标图，如果研究对象是分形的，则尺度—测度关系的双对数坐标图必然形成直线，或者局部直线分布。如果是局部直线分布，则中间的直线段代表无标度区的范围[13]。

6.5.1.2 测度的不同方法

分形测度有多种方法，针对不同的图形和不同的要素，利用不同的方法计算不同的维数，如网格维数、半径维数以及基于几何测度关系的面域维数，比较这些维数的差别，据此分析系统的复杂程度。

如果上述各种分维的数值比较接近，则意味着研究对象的分形结构比较简单，否则暗示系统复杂。

6.5.1.3 具体分维分析

在确定了研究对象的分维状态后，根据研究的目标，重点分析某个分维，比方说分析网格维数。对于网格法，可以同时计算容量维和信息维，如果这两种维数相等，则系统是简单分形；如果不相等，则属于复杂的多重分形，需要计算多分维谱。

对于城市，容量维是否等于信息维，往往取决于考察的尺度和标度；尺度不同，或者分析的标度范围不一样，得出的结论也不一样。这又涉及城市的尺度分析，这个分析过程本身可以揭示一些有用的演化信息。

6.5.1.4 从分维角度研究而系统机制

分形维数反映的城市空间分布特征，或者系统演化机制。分析分维赖以计算的无标度区间的宽窄。无标度区的范围可以反映分形的发育程度，同时也可以反映城市要素相互作用的动力学特征。其中，无标度区的范围越大，表明分形结构发育越是趋于成熟。当然，无标度区的宽窄有时还与度量尺度有关。不论怎样，无标度区范围的确定和分维的计算必须借助双对数坐标图，否则我们既不可以得出准确的维数，也无法肯定无标度区的范围和宽窄。

6.5.2　城市人口分形维数

城市是一个极为复杂的体系，可以视为一个大系统，这个形态的各种组分、要素不断竞争、妥协，形成当前的城市形态。城市演化的过程就是在有序与无序之间寻求平衡的一种复杂动力学过。

6.5.2.1　城市人口分布分维特征

城市是人口聚集比较多的一个区域，由于人口的空间流动性，城市人口密度分布是时刻变化的，但是如果从统计学角度，人口时空分布仍然表现为一定的规律性。以交通拥堵状况为例，对于一个城市，经常发生交通拥堵的区域和时间几乎是固定的；从居住情况来看，人口主要分布在居住区。人的活动区域一般是城市的商业区域，交通站点位置。据此，可以分析城市人口分布状况。

城市人口分布状况对于城市规划和城市管理、调节等都是非常重要的因素，因此研究和分析城市人口分布称为一个重要研究课题。城市人口密度分布的各种种模型都是人口在空间上集聚与扩散方程的一个解表达形式，通过解反推方程本身，就可以了解人口聚、散的时空模式和演化特征。

在 GIS 中，有一个人口空间分布模型和插值算法，这种方法以人口点位数据为基础，通常在城市是以居民小区为基础，进行空间分布计算。与一般的空间插值不同，对于人口空间插值，要求插值区域分散后的人口总数与点位人口总数一致。

6.5.2.2　人口空间插值

人口空间插值的 GIS 方法采用密度制图，每个城镇都可能有一个点值，这个点值表示该镇的人口总数，由于每个城镇内并非所有人都住在聚居点上，通过计算密度，可以创建出一个显示整个地表上人口的预测分布状况的表面。

图 6-24 是一个密度表面的示例。其中，每一个栅格都有一个值，表示人口密度，把所有栅格值相加到一起时，人口值将等于原始点图层人口的总和。

6.5.2.3　人口密度制图的应用意义

对于人口密度制图，可以根据应用和研究需要，制作具有一定特征的人口密度分布图。遮住密度制图主要取决于人口点位数据，如果以商场的

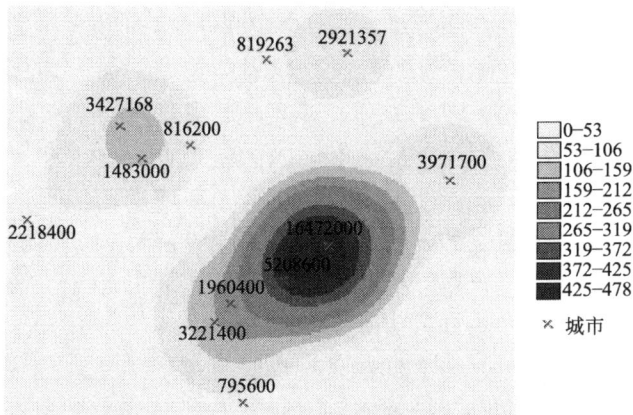

图 6-24　人口密度制图

人口数据为基础，制作人口商业活动密度分布图，对于商业布局有一定指导意义。

对于人口密度制图，还可以进行方向加权，并进设置制约条件，这样将生成更加实用和有效的人口密度图。

在网络技术中，有一种百度热力图，百度地图热力图是用不同颜色的区块叠加在地图上实时描述人群分布、密度和变化趋势的一个产品，是基于百度大数据的一个便民出行服务反映人口活动区域密度，可以用来研究分析人口空间动态分布和变化。图6-25是这种图的两幅抓图情况。

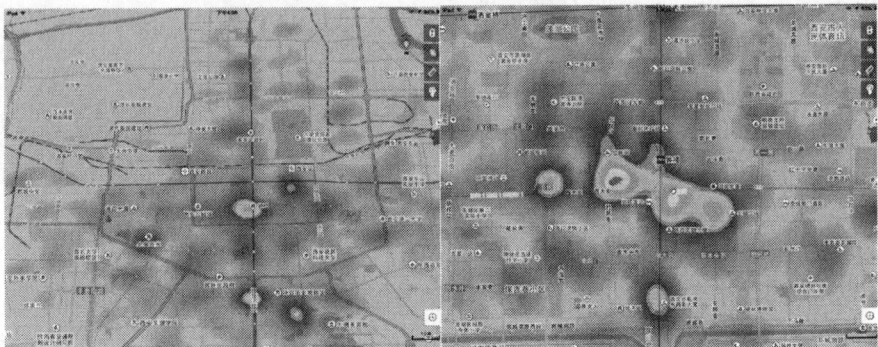

图 6-25　西安市区 2016 春节期间人口活动密度图

这种图就与时间序列特征，可以用于研究分析城市活动人口的时空分布和变化，研究与之相关联许多问题，如交通拥堵的时空分布特征。

6.5.3　城市维数类型

城市分形有不同的维数表达，表现城市不同的方面和特征。主要的维数类型有边界维数，网格维数。

6.5.3.1　城市边界维数概念

边界维数以区域边界形状图形为对象，进行形状分形测度。边界维数反映区域的某些特征。以景观生态的研究为例，景观生态的观点认为，斑块间的作用，包括影响，都是通过边界进行，对于狭长的边界，与外界交流更多，从而内部受外界影响越大。据此研究城市的边界维数。

对于城市，城市范围与内部的填充状况，决定城市的发展模式。城市摊大饼是的扩展，内部的聚集性降低，城市应当进行填充式发展，而当城市内部过于密集，则城市就有向外扩展的趋势。通过城市边界维数，可以进行城市发展状态和发展方向评判。

边界维数采用周长—尺度关系和面积—周长关系计算。边界维数可以反映各种用地在空间上相互交错与渗透的复杂程度，分维越大，则错综复杂程度越高。半径维数可以反映城市用地的向心聚集程度和空间分布格局：当只取城市重心为圆心时，半径维数反映城市用地形态在总体上的分布规律；当分别取各类土地的重心为圆心时，半径维数则反映不同职能土地空间分布的均匀程度和聚散特征。

6.5.3.2　网格维数

网格维数说到底，就是盒维数方法，这种维数借助网格数目—尺度关系进行分维数计算。城市的网格维数计算主要分为两大类别，一是正方形网格的最小覆盖法，这是采用数学的空间覆盖方法来进行分维数计算的方法，二是矩形网格的相似划分法。

网格维数的地理几何意义是城市土地利用空间分布的均衡性：维数越大，土地利用形态越均衡，反之则越集中．网格维数能够在数理上与边界维数沟通起来，通过二者的数值协调关系，可以揭示城市土地利用空间结构的和谐程度。

城市的网格维数反映区域城镇空间分布的均衡性。从理论上讲，网格维数值变化于 0~2 之间，它反映区域城镇分布的均衡性。当 D＝0 时，表明所有的城镇集中于一点，区域中只有一个城市，这种情况在现实中一般不会出现。当 D＝d＝2 时，表明区域城镇均匀分布，标准的中心地模型即属于这种情况。只要赋予 Christaller 模型以某种对称破缺，它便显示分形几何结构[14]。

正常情况下，1<D<2，D 越大表明城镇体系各要素的空间分布越均衡，反之则越集中，当 D→1 时，表明城镇体系均匀地集中到一条线(如铁路、河流、海岸等)上了[1]。

6.5.3.3　测算方法

容量维 D_0 与信息维 D_1 一般不相等，它们之间的关系是：$D_1<D_0<d$。当城镇体系是简单的分形时，$D_0＝D_1$ 视矩形区的边长为 1 单位(长边与宽边取不同单位)，分别将各边 K 等分，则研究区被分成 K2 个小区域，且有 E＝1/K，E 为小区域尺寸。首先统计被分形点(即城镇)占据的网格数 N(E)，其次统计每个网格中的"镇点"数 $N_{ij}(E)$，算出概率 $P_{ij}(E)$，然后计算相应的信息量 I(E)。改变 E，可得不同的 N(E) 和 I(E)(表 2)。作双对数坐标图 lnN(E)~lnE 及 I(E)~lnE，发现存在无标度区，对点列(lnE，lnN(E))和(lnE，I(E))的直线部分分别进行回归，易得容量维 $D_0＝1.715$，测定系数 $R_2＝0.996$；信息维 $D_1＝1.648$，测定系数 $R_2＝0.998$[1]。

6.5.4　城市形态分维分析研究

城市分维数能够一定长度反映城市的各种形态、结构、扩展等特征，然而分维的抽象向和计算采用的模型，形成不同的结果，因此如果仅仅计算某一种维数，很难从中得到更多的信息。

6.5.4.1　城市分维数计算过程

城市分维数计算需要考虑如下问题，对于城市分为计算提出了如下步骤：

其一，分维的纵、横比较分析。不同城市的分维，同一个城市不同年份的分维以及不同类别的分维等，都是不一样的。通过对比分析，可以揭示城市演化背后的很多信息。

其二，多分维谱的分析。所谓多分维谱指对于城市有多重分维数，形成分维数的一个谱系，反映城市的不同方面和特征。如果计算出多分维谱，就可以分析城市多分形结构的发育程度及其背后的种种特征。

其三，城市结构的分维分析，这也涉及分维的比较问题。研究表明，城市各个功能类别的用地分布的网格维数不得大于整个城市形态的分维。因此，如果城市分形研究可以深入到各类用地的分维比较分析，则可以揭示城市内部结构的很多有用信息。

其四，分维与其他参数的关系解析。有人计算了上海多个年份城市形态的分维和形状指数，发现分维和形状指数的变化趋势大体一致。事实上，如果分维与某种参数具有内在的逻辑关系，或者反映了相同的演变规律，这不奇怪。关键是要给这些不同的参数以准确的定位。分维和形状指数不是同一个层面的概念。分维是高层次的概念，形状指数是低层次的概念。如果说分维是大型交通枢纽，则形状指数仅仅是一个末端式的小镇；如果说分维位于概念金字塔的顶端，则形状指数位于概念金字塔的底层。要理解这些差别，必须借助数学变换和模型分析，否则无法进行本质性的判断[13]。

6.5.4.2　城市分为的多参量问题

由于分维问题的广泛性，即可以从不同的角度、采用不同的方法、计算不同的分维数，因此，分维不仅与形状指数有关，可能与很多参量存在某种关系，但是由于各个参量的含义、特征不同，因此分维一般不能被其他参量取代，或者分维可以取代其他参量。

研究发现，城市形态边界维数与常用空间测度如紧凑度、圆形率等存在确定的数理关系。在城市形态的分形研究中，如果能够通过数学演绎的方式建立分维与其他某种模型的参量的联系，则可为深入的分维分析打开更多的逻辑通道[13]。

6.5.4.3　聚集维数

聚集维数是这样一种情况，基于城镇体系随机分布的向心性，因此有[1]

$$R_S \equiv <\left(\frac{1}{S}\sum_{i=1}^{s} r_i^2\right)^{1/2}>$$

$$R_S \propto S^{1/D}$$

（6-3）

式中　R_S——平均半径；

r_i——第 i 个城镇到中心城市的欧氏距离(称重心距)；

S——城镇个数；

D——分维。

由于这里的 D 反映的是城镇围绕中心城市随机聚集的特征，故可称之为聚集维数，可归入广义的半径维数之列，半径维数现已成为一个泛意的概念。

城镇体系的半径维数反映城镇分布从中心城市向周围腹地的密度衰减特征。从式(6-3)可以引出关系

$$Q(r) \propto rDf\text{-}d \tag{6-4}$$

式中：$Q(r)$ 为城镇体系的空间分布密度。

欧氏维数取 $d=2$

当 $Df<d$ 时，$Df\text{-}d<0$，此时城镇体系的要素空间分布从中心向四周是密度衰减的；当 $Df=d$ 时，$Df\text{-}d=0$，$Q(r)$ 为常数，此时城镇体系的要素分布在半径方向上是均匀变化的；当 $Df>d$ 时，$Df\text{-}d>0$，此时城镇体系的要素分布从中心城市向四周是密度递增的，这是一种非正常的情况。

6.5.4.4　城市分形的地理意义

就表征空间分布而言，空间关联维数与网格维数含义相似，反映了城镇体系要素空间分布的均衡性。一般情况下，其数值变化于 $0 \sim 2$ 之间，当 $D \rightarrow 0$ 时，表明城镇分布高度集中于一地(形成一个首位城市)；当 $D \rightarrow 2$ 时，表明城镇的空间分布很均匀。空间关联维数的独特用途在于可以反映城镇体系各要素之间交通网络的通达性，从而指示城市之间的关联性。在式(9)中，将 d_{ij} 改为实际交通里程即乳牛距离(cow distance)[9]，利用式(12)可得交通网络的关联维数 D'，从而可定义牛鸦维数比为[15]

$$Q = D'/D \tag{6-5}$$

Q 越接近于 1，表明城市之间交通网络通达性越好，从而城镇体系各要素关联度越高[1]。

本章小结

本章从城市分形角度，分析城市的分形特征，分形维数计算方法以及分维数的城市结构、状态、发展等方面的含义，可以作为城市发展和规划的评价。

参考文献

[1] 刘继生，陈彦光．城镇体系等级结构的分形维数及其测算方法 [J]．地理研究，1998，17(1)：82-89.

[2] 陈彦光，罗静．河南省城市交通网络的分形特征 [J]．信阳师范学院学报(自然科学版)，1998，11(2)：172-177.

[3] 陈彦光，刘继生．区域交通网络分形的 DBM 特征——交通网络 Laplacian 分形性质的实证研究 [J]．地理科学，1999，19(2)：114-118.

［4］陈彦光．一种交通的分形维数及其测算方法．信阳师范学院学报（自然科学版）［J］，1999，12（4）：426-434.

［5］吴丽，杨保杰，吴次．中国城市人口、土地和产值的分维关系研究［J］．技术经济，2008，27（4）：0-57.

［6］岳文泽，徐建华，颉耀文．甘肃城镇体系结构及其分形模型研究［J］．地域研究与开发，2004，23（1）：16-21.

［7］沈中原，李占斌，李鹏．鲁克新流域地貌形态特征多重分形算法研究［J］．水科学进展，2009，20（3）：385-391.

［8］White R, Engelen G. Cellular Automata and Fractal Urban Form：a Cellular Modeling Approach to the Evo-lution of Urban Land-Use Patterns. Environment and Planning A, 1993, 25：1175-1199.

［9］陈彦光．分形城市与城市规划［J］．城市规划，2003，27（10）：17-22.

［10］Batty M, Longley PA. Fractal Cities：A Geometry of Form and Function［M］．London：Academic Press, Harcourt Brace & Company, Publishers, 1994.

［11］Frankhauser P. La Fractalité des Structures Urbaines. Paris：Economica, 1994.

［12］叶俊，陈秉钊．分形理论在城市研究中的应用［J］．城市规划学刊，1000-3363（2001）04-0038-05.

［13］Kaye B H. A Random Walk through Fractal Dimensions［J］．VCH Ver-lagsgesellshaft, Germany, 1989.

［14］Arlinghaus S L．Fractals take central place［J］．Geografiska Annaler, 1985, 67（B）：83-88.

［15］陈彦光，刘继生．城市形态分维测算和分析的若干问题［J］．人文地理，1003-2398（2007）03-0098-06.

第7章

城镇体系分形耦合模型

本章首先分析了 Hausdorff 维数公式在多生成元分形结构中遇到的困难；为了解决这一困难提出了维数耦合方法；用这一新方法分别计算了具有 3 个生成元的正三角形、具有 3 个生成元的 Koch 雪花、具有 4 个生成元的正方形及互相垂直的 2 个生成元分形结构的分维数，结果与经典几何学一致。

由于城镇体系空间结构的组成与维数耦合的思想吻合，所以本章将维数耦合方法应用到分形规划。根据维数耦合方法和规划理论，首次提出城镇体系空间结构维数耦合原理；依据该原理建立城镇体系分形耦合模型；依据该模型，构建陕北地区城镇体系空间结构分形模型。以此解析陕北城镇形态与地貌形态、人口分布及经济分布的耦合关系，为陕北地区的分形规划提供理论依据。

7.1 问题的发现与原因分析

7.1.1 Koch 曲线的分维数

对 Koch 曲线(图 7-1)，其生成元 $n=1$，$N=4$，$r=1/3$，代入(式 1-1，参见第 1 章)式可算出其分维数

$$d_f = \ln4/\ln3 = 1.2619 \tag{7-1}$$

此结果表明，当用一维的尺度去测量 Koch 曲线的长度时，测量结果是无穷大；当用二维的尺度去测量 Koch 曲线的面积时，测量结果是零；当用 1.2619 维的尺度去测量它时，才会得到有限数值的测量结果[1]。

7.1.2 Koch 雪花的分维数

雪花的形成过程可用 Koch 曲线来生成，其生成方法为：以一个等边三角形为初始元，如图 7-2(a)；将三角形的每一边三等分，舍去中间的 1/3，并由一等边三角形的两条边来取代，这个等边三角形的边长等于取掉的中间线段的长度，于是就产生了生成元，如图 7-2(b)。再根据迭代法则，从初始元开始，使每一边都按生成元生成，并把这一操作持续进行下去，就产生出 Koch 雪花，如图 7-3 所示。

对 Koch 雪花，其生成元 $n=1$，$N=4$，$r=1/3$，代入式 1-1 可算出其分维数[2]。

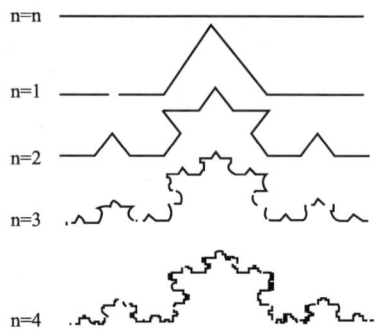

图 7-1 Koch 曲线的形成过程

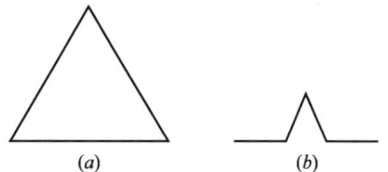

图 7-2 Koch 雪花的初始元和生成元

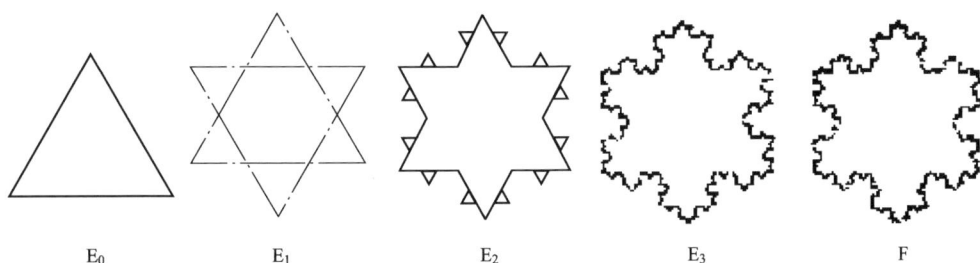

图 7-3　Koch 雪花形成过程

$$d_f = \ln4/\ln3 = 12619 \tag{7-2}$$

比较(7-1)式与(7-2)式发现：Koch 雪花的分维数与 Koch 曲线的分维数相同。这正是 Hausdorff 维数公式计算的结果。

7.1.3　问题的出现

Koch 雪花与 Koch 曲线的分形维数相同——均为 1.2619。根据分形理论，这一结果说明 Koch 雪花与 Koch 曲线具有相同的复杂程度。究其原因在于，Koch 雪花与 Koch 曲线具有相同的生成元。因为按照公式 1-1，只要两个分形结构的生成元相同，分维数就相同，而与生成元的个数无关，也与生成元的耦合方式无关。这就是导致 Koch 雪花与 Koch 曲线的分维数相同的原因[2]。

仔细分析上述计算过程发现，Koch 曲线由 1 个生成元生成，Koch 雪花由 3 个相互耦合的生成元生成，也就是说，Koch 雪花是由 3 个 Koch 曲线组合而成，它们的分形结构和复杂程度明显不同，分维数理应不同。试想，如果 Koch 雪花不是由 3 个 Koch 曲线组合而成，而是由 100 个或者 10000 个 Koch 曲线组合而成，即使耦合方式不同，那么按照公式 1-1，它们的分维数亦然相同，依然是 1.2619。这难以令人信服，所以问题就浮出水面了。

既然 Hausdorff 维数公式有问题，那么它为什么能被大多数人接受呢？这是因为：通常研究的分形结构是只有一个生成元的分形结构，而 Hausdorff 维数公式正好是计算只有一个生成元的分形结构的分维数计算公式。而对于多生成元分形结构分维数的计算，尤其是不同形式的生成元组成的多生成元分形结构，人们称之为复合分形结构或多重分形结构。

Hausdorff 维数公式就无能为力了。所以，人们不得不开始了复合分形结构或多重分形结构维数计算的研究[3,4]。

因此，我们研究分析得出的结论是：Hausdorff 维数公式仅仅适用于计算单生成元分形结构的维数，而不适用于计算多生成元分形结构的维数。由多个生成元耦合形成的分形结构必须考虑生成元之间的耦合对分形维数影响[2,5]。

7.2 解决方案与计算方法

对于由多个相同分形元组成的多生成元分形结构（比如 Koch 雪花是由 3 个 Koch 曲线组合而成），我们提出的解决方法是：先把分形结构分为单生成元分形结构和多生成元分形结构，对单生成元分形结构，仍然按公式 1-1 计算其分形维数；对于由多个相同分形元耦合形成的多生成元分形结构，先由公式 1-1 计算出每个单生成元分形结构的分形维数，再对所有单生成元分形结构进行维数耦合，算出多生成元分形结构的分维数[2,5]。

对于维数耦合问题，国内外并无先例。我们从 2006 年开始查阅资料，通过不断尝试找到了解决维数耦合的方法：把生成元看作向量，生成元的模表示生成元的维数，按照向量运算法则，合成生成元。合成生成元的模表示合成分形的维数。生成元的不同耦合产生不同的合成分形，具有最大概率的分形维数就是合成分形的维数。2011 年 1 月发表了第一篇论文：正三角形维数的计算方法[2]。

维数耦合方法主要计算由多个相同生成元耦合形成的多生成元分形结构的分维数。

7.2.1 正三角形分维数的计算

对正三角形，先由 Hausdorff 维数计算公式算出单生成元分形结构的维数，再对由 3 个生成元形成的正三角形进行耦合，从而算出正三角形的分形维数。

为此，先给出一些记号和定义。设 AB，BC，CA 是正三角形的生成元，我们用 $FG(\overrightarrow{AB})$ 表示由 $\overrightarrow{AB}$ 生成的正三角形的一个边，它的维数记为 $\dim FG(\overrightarrow{AB})$，则 $\dim FG(\overrightarrow{AB}) = 1$，且 $\dim FG(\overrightarrow{AB}) = \dim FG(\overrightarrow{AC}) = \dim FG(\overrightarrow{BC})$。

由于相同的生成元有不同的耦合方式，因此生成的分形是不唯一的。我们用向量表示耦合方式，用 $FG(\overrightarrow{AB}, \overrightarrow{AC}, \overrightarrow{BC})$ 表示由 $\overrightarrow{AB}+\overrightarrow{AC}+\overrightarrow{BC}$ 的耦合方式生成的正三角形，它的维数记为 $\dim FG(\overrightarrow{AB}, \overrightarrow{AC}, \overrightarrow{BC})$。设 $\overrightarrow{\alpha}$，$\overrightarrow{\beta}$，$\overrightarrow{\gamma}$ 是正三角形的一种耦合方式，并将 $\overrightarrow{\alpha}+\overrightarrow{\beta}+\overrightarrow{\gamma}$ 表示为个数最少的不同生成元的线性组合。

定义 1 设 $\overrightarrow{\alpha}$，$\overrightarrow{\beta}$，$\overrightarrow{\gamma}$ 是正三角形的一种耦合方式，$\lambda \geq 0$。如果 $\overrightarrow{\alpha}+\overrightarrow{\beta}+\overrightarrow{\gamma} = \lambda \cdot \overrightarrow{\alpha}$，则 $\dim FG(\overrightarrow{\alpha}, \overrightarrow{\beta}, \overrightarrow{\gamma}) = \lambda \dim FG(\overrightarrow{\alpha})$。

特别是，如果 $\overrightarrow{\alpha}+\overrightarrow{\beta}+\overrightarrow{\gamma}=\overrightarrow{0}$，则 $\dim FG(\overrightarrow{\alpha}, \overrightarrow{\beta}, \overrightarrow{\gamma})=0$。

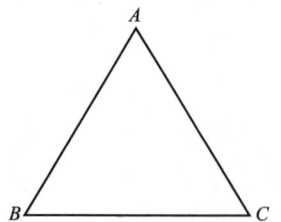

图 7-4 正三角形 ABC

定义 2　设 $\vec{\alpha}$，$\vec{\beta}$，$\vec{\gamma}$ 是正三角形的一种耦合方式，$FG(\vec{\alpha}$，$\vec{\beta}$，$\vec{\gamma})$ 是由它们生成的正三角形。设 n 是生成的分形的总个数，m 是具有相同维数的分形的个数，定义 $\dfrac{m}{n}$ 为分形具有该维数的概率，记 $P(FG(AB，BC，CA)\dim(AB，BC，CA))=\dfrac{m}{n}$。最大的概率称为该分形的概率，简称分形概率，记为 $P(FG(AB，BC，CA))$。具有最大概率的分形的非零维数称为正三角形的维数，记为 $\dim FG(AB，BC，CA)$。分形维数出现概率大的，表明其耦合方式出现的可能性较大。

对正三角形 ABC，生成元为 AB，BC，CA，由于耦合作用的不同，可生成 $2^3=8$ 种类型的分形。

当 $\dim FG(\overrightarrow{AB})=\dim FG(\overrightarrow{AC})=\dim(\overrightarrow{CB})=1$ 时，计算各类分形的维数如下：

第一类分形：当 $\overrightarrow{AB}+\overrightarrow{AC}+\overrightarrow{CB}=2\,\overrightarrow{AB}$，则
$$\dim FG(\overrightarrow{AB}，\overrightarrow{AC}，\overrightarrow{CB})=2\dim FG(\overrightarrow{AB})=2;$$

第二类分形：当 $\overrightarrow{AB}+\overrightarrow{AC}+\overrightarrow{BC}=2\,\overrightarrow{AC}$，则
$$\dim FG(\overrightarrow{AB}，\overrightarrow{AC}，\overrightarrow{BC})=2\dim FG(\overrightarrow{AC})=2;$$

第三类分形：当 $\overrightarrow{AB}+\overrightarrow{CA}+\overrightarrow{CB}=2\,\overrightarrow{CB}$，则
$$\dim FG(\overrightarrow{AB}，\overrightarrow{CA}，\overrightarrow{CB})=2\dim FG(\overrightarrow{CB})=2;$$

第四类分形：当 $\overrightarrow{AB}+\overrightarrow{CA}+\overrightarrow{BC}=\vec{0}$，则
$$\dim FG(\overrightarrow{AB}，\overrightarrow{CA}，\overrightarrow{BC})=\dim FG(\vec{0})=0;$$

第五类分形：当 $\overrightarrow{BA}+\overrightarrow{AC}+\overrightarrow{CB}=\vec{0}$，则
$$\dim FG(\overrightarrow{BA}，\overrightarrow{AC}，\overrightarrow{CB})=\dim FG(\vec{0})=0;$$

第六类分形：当 $\overrightarrow{BA}+\overrightarrow{AC}+\overrightarrow{BC}=2\,\overrightarrow{BC}$，则
$$\dim FG(\overrightarrow{BA}，\overrightarrow{AC}，\overrightarrow{BC})=2\dim FG(\overrightarrow{BC})=2;$$

第七类分形：当 $\overrightarrow{BA}+\overrightarrow{CA}+\overrightarrow{BC}=2\,\overrightarrow{BA}$，则
$$\dim FG(\overrightarrow{BA}，\overrightarrow{CA}，\overrightarrow{BC})=2\dim FG(\overrightarrow{BA})=2;$$

第八类分形：当 $\overrightarrow{BA}+\overrightarrow{CA}+\overrightarrow{CB}=2\,\overrightarrow{CA}$，则
$$\dim FG(\overrightarrow{BA}，\overrightarrow{CA}，\overrightarrow{CB})=2\dim FG(\overrightarrow{CA})=2。$$

由此得出结论：$P(FG(AB，BC，CA)，2)=\dfrac{6}{8}$，$P(FG(AB，BC，CA)，0)=\dfrac{2}{8}$，所以正三角形的维数 $\dim FG(AB，BC，CA)=2$。显然，计算结果与经典几何学的结果一致[2]。

以前，我们只知道正三角形的维数是 2，但不知道为什么是 2。现在知道了，

正三角形的维数是由 3 个相同的生成元(3 个边)耦合而来的。换句话说,以前我们只知道 $1+1=2$,不知道 $1+1$ 为什么等于 2。陈景润的哥德巴赫猜想,让我们知道了 $1+1$ 为什么等于 2。

7.2.2 Koch 雪花分维数的计算

设 AB、BC、CA 分别是 Koch 雪花的 3 个生成元,如图 7-5。用 $FG(\overrightarrow{AB})$ 表示由 $\overrightarrow{AB}$ 生成的 Koch 曲线,它的维数记为 $\dim FG(\overrightarrow{AB})$,则 $\dim FG(\overrightarrow{AB})=1.2619$ 且 $\dim FG(\overrightarrow{AB})=\dim FG(\overrightarrow{AC})=\dim FG(\overrightarrow{BC})=1.2619$。

由于相同的生成元有不同的耦合方式,因此生成的分形结构不是唯一的,我们用向量来表示耦合方式。用 $FG(\overrightarrow{AB},\overrightarrow{AC},\overrightarrow{BC})$ 表示由 $\overrightarrow{AB}+\overrightarrow{AC}+\overrightarrow{BC}$ 的耦合方式生成的 Koch 雪花,它的维数记为 $\dim FG(\overrightarrow{AB},\overrightarrow{AC},\overrightarrow{BC})$。设 $\vec{\alpha}$,$\vec{\beta}$,$\vec{\gamma}$ 是 Koch 雪花的一种耦合方式,我们总是将 $\vec{\alpha}+\vec{\beta}+\vec{\gamma}$ 表示为个数最少的不同生成元的线性组合。

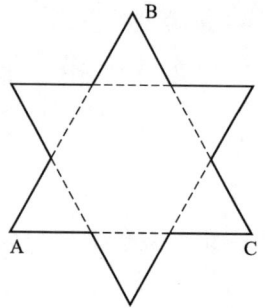

图 7-5 Koch 雪花的 3 个生成元 AB、BC 和 CA

定义 1 设 $\vec{\alpha}$,$\vec{\beta}$,$\vec{\gamma}$ 是 Koch 雪花的一种耦合方式,$\lambda\geqslant 0$。如果 $\vec{\alpha}+\vec{\beta}+\vec{\gamma}=\lambda\cdot\vec{\alpha}$,则定 $\dim FG(\vec{\alpha},\vec{\beta},\vec{\gamma})=\lambda\dim FG(\vec{\alpha})$。特别是,如果 $\vec{\alpha}+\vec{\beta}+\vec{\gamma}=\vec{0}$,则 $\dim FG(\vec{\alpha},\vec{\beta},\vec{\gamma})=0$。

定义 2 设 $\vec{\alpha}$,$\vec{\beta}$,$\vec{\gamma}$ 是 Koch 雪花的一种耦合方式,$FG(\vec{\alpha},\vec{\beta},\vec{\gamma})$ 是由它们生成的 Koch 雪花。设 n 是生成的分形的总个数,m 是具有相同维数的分形的个数,定义 $\frac{m}{n}$ 为分形具有该维数的概率,记 $P(FG(AB,BC,CA),\dim(AB,BC,CA))=\frac{m}{n}$。最大的概率称为该分形的概率,简称分形概率,记为 $P(FG(AB,BC,CA))$。具有最大概率的分形的非零维数称为 Koch 雪花的维数,记为 $\dim FG(AB,BC,CA)$。

不同维数的分形概率用于比较不同生成元的耦合方式对生成分形的影响,因此分形的概率大的,表明其耦合方式相对较强。

对 Koch 雪花,生成元分别为折线 AB,BC,CA,由于耦合方式的不同,可生成 $2^3=8$ 种类型的分形。

当 $\dim FG(\overrightarrow{AB})=\dim FG(\overrightarrow{AC})=\dim(\overrightarrow{CB})=1.2619$,计算各类分形的维数如下:

第一类分形:当 $\overrightarrow{AB}+\overrightarrow{AC}+\overrightarrow{CB}=2\overrightarrow{AB}$,则

$$\dim FG(\overrightarrow{AB},\ \overrightarrow{AC},\ \overrightarrow{CB})=2\dim FG(\overrightarrow{AB})=2.5238;$$

第二类分形：当 $\overrightarrow{AB}+\overrightarrow{AC}+\overrightarrow{BC}=2\overrightarrow{AC}$，则

$$\dim FG(\overrightarrow{AB},\ \overrightarrow{AC},\ \overrightarrow{BC})=2\dim FG(\overrightarrow{AC})=2.5238;$$

第三类分形：当 $\overrightarrow{AB}+\overrightarrow{CA}+\overrightarrow{CB}=2\overrightarrow{CB}$，则

$$\dim FG(\overrightarrow{AB},\ \overrightarrow{CA},\ \overrightarrow{CB})=2\dim FG(\overrightarrow{CB})=2.5238;$$

第四类分形：当 $\overrightarrow{AB}+\overrightarrow{CA}+\overrightarrow{BC}=\overrightarrow{0}$，则 $\dim FG(\overrightarrow{AB},\ \overrightarrow{CA},\ \overrightarrow{BC})=\dim FG(\overrightarrow{0})=0$；

第五类分形：当 $\overrightarrow{BA}+\overrightarrow{AC}+\overrightarrow{CB}=\overrightarrow{0}$，则 $\dim FG(\overrightarrow{BA},\ \overrightarrow{AC},\ \overrightarrow{CB})=\dim FG(\overrightarrow{0})=0$；

第六类分形：当 $\overrightarrow{BA}+\overrightarrow{AC}+\overrightarrow{BC}=2\overrightarrow{BC}$，则

$$\dim FG(\overrightarrow{BA},\ \overrightarrow{AC},\ \overrightarrow{BC})=2\dim FG(\overrightarrow{BC})=2.5238;$$

第七类分形：当 $\overrightarrow{BA}+\overrightarrow{CA}+\overrightarrow{BC}=2\overrightarrow{BA}$，则

$$\dim FG(\overrightarrow{BA},\ \overrightarrow{CA},\ \overrightarrow{BC})=2\dim FG(\overrightarrow{BA})=2.5238;$$

第八类分形：当 $\overrightarrow{BA}+\overrightarrow{CA}+\overrightarrow{CB}=2\overrightarrow{CA}$，则

$$\dim FG(\overrightarrow{BA},\ \overrightarrow{CA},\ \overrightarrow{CB})=2\dim FG(\overrightarrow{CA})=2.5238_{\circ}$$

因此得出结论：$P\left(FG(AB,\ BC,\ CA),\ 2.5238\right)=\dfrac{6}{8}$，$P\left(FG(AB,\ BC,\right.$

$\left.CA),\ 0\right)=\dfrac{2}{8}$，所以 Koch 雪花的分形维数为 $\dim FG(AB,\ BC,\ CA)=2.5238$。

根据新方法，Koch 曲线的分维数是 1.2619，Koch 雪花的分维数是 2.5238，这一结果与 Hausdorff 维数计算公式的结果不同，其原因在于：用新方法计算 Koch 雪花的分维数时考虑了多生成元之间的耦合对分形维数的影响，其结果理应更符合实际[6]。

Koch 雪花的维数是 2.5238，正三角形的维数是 2，Koch 雪花的分维数比正三角形的分维数大，说明 Koch 雪花的分形结构比正三角形的分形结构复杂，亦符合实际。

7.2.3　正方形分维数的计算

设 AB，BC，CD，DA 是正方形的生成元，如图 7-6。$FG(\overrightarrow{AB})$ 表示由 $\overrightarrow{AB}$ 生成的分形，对应的维数记为 $\dim FG(\overrightarrow{AB})$，则 $\dim FG(\overrightarrow{AB})=\dim FG(\overrightarrow{BC})=\dim FG(\overrightarrow{CD})=\dim FG(\overrightarrow{DA})$。由于相同的生成元有不同的耦合方式，因此生成的分形是不唯一的，我们用向量来表示耦合方式。用 $FG(\overrightarrow{AB},\ \overrightarrow{BC},\ \overrightarrow{CD},$

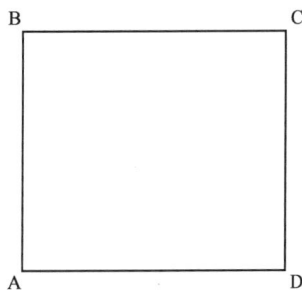

图 7-6　正方形 ABCD

$\overrightarrow{DA}$)表示由$\overrightarrow{AB}+\overrightarrow{BC}+\overrightarrow{CD}+\overrightarrow{DA}$的耦合方式生成的分形，它的维数记为 $\dim FG(\overrightarrow{AB}$，$\overrightarrow{BC}$，$\overrightarrow{CD}$，$\overrightarrow{DA}$)。设 AB，BC，CD，DA 是正方形的生成元，我们总是将$\overrightarrow{AB}+\overrightarrow{BC}+\overrightarrow{CD}+\overrightarrow{DA}$表示为个数最少的不同生成元的线性组合。

定义 1 设 $\vec{\alpha}_1$，$\vec{\alpha}_2$，$\vec{\alpha}_3$，$\vec{\alpha}_4$是正方形的一种耦合方式，$\lambda \geqslant 0$。如果 $\vec{\alpha}_1+\vec{\alpha}_2+\vec{\alpha}_3+\vec{\alpha}_4 = \lambda \cdot \vec{\alpha}_1$，则 $\dim FG(\vec{\alpha}_1$，$\vec{\alpha}_2$，$\vec{\alpha}_3$，$\vec{\alpha}_4) = \lambda \dim FG(\vec{\alpha}_1)$。如果 $\vec{\alpha}_1+\vec{\alpha}_2+\vec{\alpha}_3+\vec{\alpha}_4 = \lambda \cdot (\vec{\alpha}_1+\vec{\alpha}_2)$，则 $\dim FG(\vec{\alpha}_1$，$\vec{\alpha}_2$，$\vec{\alpha}_3$，$\vec{\alpha}_4) = \dim FG(\lambda \cdot \vec{\alpha}_1)$。

定义 2 设 $\vec{\alpha}_1$，$\vec{\alpha}_2$，$\vec{\alpha}_3$，$\vec{\alpha}_4$是正方形的一种耦合方式，$FG(\vec{\alpha}_1$，$\vec{\alpha}_2$，$\vec{\alpha}_3$，$\vec{\alpha}_4)$ 是由它们生成的分形。设 n 是生成的分形的总个数，m 是具有相同的维数分形的个数，定义 $\frac{m}{n}$ 为分形具有该维数的概率，记 $P(FG(AB$，BC，CD，$DA)$，$\dim(AB$，BC，CD，$DA)) = \frac{m}{n}$。最大的概率称为该分形的概率，简称为分形概率，记为 $P(FG(AB$，BC，CD，$DA))$。具有最大概率的分形的非零维数称为该分形的维数，记为 $\dim FG(AB$，BC，CD，$DA)$。

对正方形 $ABCD$，生成元为 AB，BC，CD，DA，由于耦合作用的不同，可生成 $2^4 = 16$ 种类型分形。当 $\dim FG(\overrightarrow{AB}) = \dim FG(\overrightarrow{AC}) = \dim FG(\overrightarrow{CD}) = \dim FG(\overrightarrow{DA}) = 1$，计算各类分形的维数如下：

第一类分形：当$\overrightarrow{AB}+\overrightarrow{BC}+\overrightarrow{CD}+\overrightarrow{DA} = \vec{0}$，则 $\dim FG(\overrightarrow{AB}$，$\overrightarrow{BC}$，$\overrightarrow{CD}$，$\overrightarrow{DA}) = 0$；

第二类分形：当$\overrightarrow{AB}+\overrightarrow{BC}+\overrightarrow{CD}+\overrightarrow{AD} = 2\overrightarrow{AD}$，则
$$\dim FG(\overrightarrow{AB}，\overrightarrow{BC}，\overrightarrow{CD}，\overrightarrow{AD}) = 2\dim FG(\overrightarrow{AD}) = 2;$$

第三类分形：当$\overrightarrow{AB}+\overrightarrow{BC}+\overrightarrow{DC}+\overrightarrow{DA} = 2\overrightarrow{DA}$，则
$$\dim FG(\overrightarrow{AB}，\overrightarrow{BC}，\overrightarrow{DC}，\overrightarrow{DA}) = 2\dim FG(\overrightarrow{DA}) = 2;$$

第四类分形：当$\overrightarrow{AB}+\overrightarrow{BC}+\overrightarrow{DC}+\overrightarrow{AD} = 2(\overrightarrow{AB}+\overrightarrow{AD})$，则
$$\dim FG(\overrightarrow{AB}，\overrightarrow{BC}，\overrightarrow{DC}，\overrightarrow{AD}) = 2\dim FG(\overrightarrow{AB}+\overrightarrow{AD}) = 2\sqrt{2}\dim FG(\overrightarrow{AB}) = 2\sqrt{2};$$

第五类分形：当$\overrightarrow{AB}+\overrightarrow{CB}+\overrightarrow{CD}+\overrightarrow{DA} = 2\overrightarrow{DA}$，则
$$\dim FG(\overrightarrow{AB}，\overrightarrow{BC}，\overrightarrow{CD}，\overrightarrow{DA}) = 2\dim FG(\overrightarrow{DA}) = 2;$$

第六类分形：当$\overrightarrow{AB}+\overrightarrow{CB}+\overrightarrow{CD}+\overrightarrow{AD} = \vec{0}$，则 $\dim FG(\overrightarrow{AB}$，$\overrightarrow{BC}$，$\overrightarrow{CD}$，$\overrightarrow{AD}) = 0$；

第七类分形：当$\overrightarrow{AB}+\overrightarrow{CB}+\overrightarrow{DC}+\overrightarrow{DA} = 2(\overrightarrow{AB}+\overrightarrow{DA})$，则
$$\dim FG(\overrightarrow{AB}，\overrightarrow{BC}，\overrightarrow{CD}，\overrightarrow{DA}) = 2\dim FG(\overrightarrow{AB}+\overrightarrow{DA}) = 2\sqrt{2}\dim FG(\overrightarrow{AB}) = 2\sqrt{2};$$

第八类分形：当$\overrightarrow{AB}+\overrightarrow{CB}+\overrightarrow{DC}+\overrightarrow{AD} = 2\overrightarrow{AB}$，则
$$\dim FG(\overrightarrow{AB}，\overrightarrow{BC}，\overrightarrow{CD}，\overrightarrow{AD}) = 2\dim FG(\overrightarrow{AB}) = 2;$$

第九类分形：当 $\overrightarrow{BA}+\overrightarrow{BC}+\overrightarrow{CD}+\overrightarrow{DA}=2\,\overrightarrow{BA}$，则

$$\dim FG(\overrightarrow{BA},\ \overrightarrow{BC},\ \overrightarrow{CD},\ \overrightarrow{DA})=2\dim FG(\overrightarrow{BA})=2;$$

第十类分形：当 $\overrightarrow{BA}+\overrightarrow{BC}+\overrightarrow{CD}+\overrightarrow{AD}=2(\overrightarrow{BA}+\overrightarrow{BC})$，则

$$\dim FG(\overrightarrow{BA},\ \overrightarrow{BC},\ \overrightarrow{CD},\ \overrightarrow{DA})=2\dim FG(\overrightarrow{BA}+\overrightarrow{BC})=2\sqrt{2}\dim FG(\overrightarrow{BA})=2\sqrt{2};$$

第十一类分形：当 $\overrightarrow{BA}+\overrightarrow{BC}+\overrightarrow{DC}+\overrightarrow{DA}=\overrightarrow{0}$，则 $\dim FG(\overrightarrow{AB},\ \overrightarrow{BC},\ \overrightarrow{CD},\ \overrightarrow{AD})=0$；

第十二类分形：当 $\overrightarrow{BA}+\overrightarrow{BC}+\overrightarrow{DC}+\overrightarrow{AD}=2\,\overrightarrow{AD}$，则

$$\dim FG(\overrightarrow{BA},\ \overrightarrow{BC},\ \overrightarrow{DC},\ \overrightarrow{AD})=2\dim FG(\overrightarrow{AD})=2;$$

第十三类分形：当 $\overrightarrow{BA}+\overrightarrow{CB}+\overrightarrow{CD}+\overrightarrow{DA}=2(\overrightarrow{CB}+\overrightarrow{CD})$，则

$$\dim FG(\overrightarrow{AB},\ \overrightarrow{BC},\ \overrightarrow{CD},\ \overrightarrow{DA})=2\dim FG(\overrightarrow{CB}+\overrightarrow{CD})=2\sqrt{2}\dim FG(\overrightarrow{CB})=2\sqrt{2};$$

第十四类分形：当 $\overrightarrow{BA}+\overrightarrow{CB}+\overrightarrow{CD}+\overrightarrow{AD}=2\,\overrightarrow{CD}$，则

$$\dim FG(\overrightarrow{AB},\ \overrightarrow{BC},\ \overrightarrow{CD},\ \overrightarrow{DA})=2\dim FG(\overrightarrow{CD})=2;$$

第十五类分形：当 $\overrightarrow{BA}+\overrightarrow{CB}+\overrightarrow{DC}+\overrightarrow{DA}=2\,\overrightarrow{DA}$，则

$$\dim FG(\overrightarrow{AB},\ \overrightarrow{BC},\ \overrightarrow{CD},\ \overrightarrow{DA})=2\dim FG(\overrightarrow{CB})=2;$$

第十六类分形：当 $\overrightarrow{BA}+\overrightarrow{CB}+\overrightarrow{DC}+\overrightarrow{AD}=\overrightarrow{0}$，则 $\dim FG(\overrightarrow{AB},\ \overrightarrow{BC},\ \overrightarrow{CD},\ \overrightarrow{AD})=0$。

由此得出结论：$P(FG(AB,\ BC,\ CD,\ DA),\ 2)=\dfrac{8}{16}$，$P(FG(AB,\ BC,\ CD,$

$DA),\ 0)=\dfrac{4}{16}$，$P(FG(AB,\ BC,\ CD,\ DA),\ 2\sqrt{2})=\dfrac{4}{16}$，故 $P(FG(AB,\ BC,\ CD,$

$DA))=\dfrac{8}{16}$，所以正方形的维数是 2，与经典几何学的结果一致[5]。

与正三角形维数类似，上述分析同样让我们明白了：正方形的维数之所以是 2，是因为它的维数也是由 3 个相同的生成元(3 个边)耦合而来的。

7.2.4　两个互相垂直的生成元的耦合

正三角形和 Koch 雪花是三个生成元的耦合，正方形是四个生成元的耦合。下面，我们研究一种很实用的情况：两个初点相同且互相垂直的生成元耦合形成的分形结构。

假设生成元 AB 和生成元 AC 初点相同，且互相垂直，$AB\perp AC$。由于耦合方式不同，可生成 $2^2=4$ 种类型分形。当 $\dim FG(\overrightarrow{AB})=\dim FG(\overrightarrow{AC})=1$，由于生成元 AB 和 AC 初点相同，所以 4 种合成分形是：

四类分形：$\overrightarrow{AB}+\overrightarrow{AC}$；$P(FG(AB,\ AC),\ \sqrt{2})=\dfrac{4}{4}$；

合成维数：$\dim FG(\overrightarrow{AB}, \overrightarrow{AC}) = \dim FG(\overrightarrow{AB} + \overrightarrow{AC}) = \sqrt{1^2 + 1^2} = \sqrt{2} = 1.414$。

实际上，在一般情况下，如果 $\dim FG(\overrightarrow{AB}) = d_1$，$\dim FG(\overrightarrow{AC}) = d_2$，合成维数为 D，则上述算法可进一步推广为

$$D = \sqrt{d_1^2 + d_2^2} \tag{7-3}$$

同理，假设生成元 AB、AC 和 AD 初点相同，且互相垂直，$AB \perp AC \perp AD$，则合成维数

$$D = \sqrt{d_1^2 + d_2^2 + d_3^2} \tag{7-4}$$

7.3 城镇体系分形耦合模型的构建

分形地貌如何影响城市形态？"维数耦合方法"能否应用于分形城市规划？如果能应用，切入点在哪儿？本节将重点回答以上问题，详尽内容见 2014 年发表的论文"陕北地区地貌形态与城镇体系空间结构耦合方法"[7]。

7.3.1 城镇体系分形耦合模型的依据

根据城镇规划理论[8]，城镇体系空间结构是城镇的地域分布状态。从本质上讲，它是一个国家或一定范围内经济和社会物质实体在城镇空间的组合形式。从相互关系上讲，它是地域空间结构、社会结构和自然环境(包括自然条件和自然资源)对地域中心的空间作用结果和表现。具体来讲，一方面是各区域社会、经济、人口和历史等人文因素综合作用的结果，另一方面则又是受地理条件深刻影响的反映。

据此，我们在维数合成方法的基础上，提出城镇体系空间结构维数耦合原理：城镇体系空间结构主要是地貌形态、人口分布和经济分布三要素的综合表现，是三要素的相互作用和相互统一；城镇体系空间结构分维数主要是地貌分布分维数、人口分布分维数和经济分布分维数的耦合[6,7,9]。

7.3.2 城镇体系分形耦合模型

为了构建城镇体系分形耦合模型，我们假设地貌形态分量、人口分布分量和经济分布分量互相独立且互相垂直，则城镇体系合成维数公式就是式 7-4。

式中 d_1、d_2、d_3 分别表示地貌形态分维数、人口分布分维数和经济分布分维数。根据式 7-4 可算出合成维数 D，即城镇体系空间结构分维数。而城镇形态分维数和城镇体系空间结构分维数在理论上趋于相等[10]，因此合成维数也是城镇形态分维数。

按此方法，如果将地貌分维数与人口分维数耦合，就可得到二维的城镇形态分维数；再加入经济分布分维数，就可得到三维的城镇形态分维数。依据城镇形态分维数，可构建城镇形态分形模型。如果再考虑水系分布、沟壑分布、交通网、耕地利用、城镇建设用地、城镇边界分布及城镇总体分布，将会使城镇形态分形模型进一步完善。以城镇形态分形模型为基础，确定城镇发展模式，使城镇发展与地貌形态、人口分布和经济结构相适应，促进社会经济协调发展。

7.4　陕北城镇体系分形耦合模型

陕北黄土高原深厚的黄土堆积和自然地貌具有世界级独特性，深藏着人类历史发展的自然基因，是中华文明重要发源地之一，是世界罕见的能源富集区。因此，探索人口分布、经济分布与独特地貌环境相适应的城镇空间发展模式将成为陕北城镇规划建设的关键。对此，我们将根据分形理论和维数合成方法，得出陕北地区城镇体系空间结构分维数，解析陕北城镇形态与地貌形态、人口分布与经济分布的耦合关系，为陕北地区的分形规划提供理论依据。

7.4.1　陕北地区地貌—人口二维耦合模型

陕北地貌——人口二维耦合具体方案是：第一步：按照陕北地区各区县的人口统计，根据分形理论和位序—规模法则，确定陕北地区城镇体系人口分布的 Zipf 维数和 Hausdorff 维数及其平均值。第二步：地形图上等高线之间的空间关系是分析地形的依据，不同高程等高线对应的分形维数的变化曲线可反映对应区域的地貌形态特征。按照这一思想，采用 GIS 技术，应用网格法，计算出陕北地区各区县城区的等高线分维数（Fractal Dimension of Contour）及平均值。第三步：根据城镇体系维数耦合原理和维数合成方法，按照公式（1）算出陕北地区城区的城镇体系空间结构分维数和城镇形态分维数。第四步：根据城镇形态分维数构建对应的城镇形态分形模型。第五步：以城镇形态分形模型为基础，规划城镇体系发展模式[6,7,9]。

7.4.1.1　陕北地区城镇体系位序-规模分维数

陕北地区城镇等级规模分布具有统计自相似性，城镇体系规模分布具有分形特征[10,11]，城镇体系人口规模分布符合位序-规模法则（Rank-size Rule）：

$$P_i = P_l \cdot r_i^{-q} \tag{7-5}$$

其中，P_i 是第 i 位城镇人口，P_l 是最大规模城镇人口，r_i 是第 i 位城镇位序，q 是 Zipf 维数，是 Hausdorff 维数 d_f 的倒数：$q = \dfrac{1}{d_f}$。对（7-5）式作对数变换，并令 $C = \ln p_1$，可得：

$$\ln p_i = C - q\ln r_i \tag{7-6}$$

从动态来看，在一个区域的城镇体系中，当大城镇发展快于中小城镇时，分维数减小，城镇规模分布趋于分散；当中小城镇发展快于大城市时，分维数增大，城镇规模分布趋于集中；当分维数接近于1时，城镇规模分布趋于最优。

对陕北地区23县2区2000~2011年的总人口（以万为单位）、非农业人口（以万为单位）和城镇人口（以万为单位）数据，按照位序-规模模型，以 r 表示位序，$P(r)$ 表示人口规模；以 $\ln r$ 为横坐标，$\ln p(r)$ 为纵坐标，做散点图，按(7-6)式进行线性回归，可获得相应的 q 及 d_f（见表7-3）。比如，对2006年非农业人口（见表7-1），按上述方法，可得出其线性回归方程 y = 2.7142-0.6285x。由图7-7可知：$q = 0.6285$，$d_f = 1.5911$，（见表7-2），且结果的相关系数 $R^2 = 0.9692$ 较大，表明其城镇体系的规模分布具有分形特征[12]。

2006年陕北地区非农业人口规模排序		表7-1
县区	r	$P(r)$
宝塔区	1	204187
榆阳区	2	163665
神木县	3	101112
子长县	4	59192
绥德县	5	52412
黄陵县	6	49929
府谷县	7	41870
定边县	8	41399
靖边县	9	39530
延川县	10	37996
洛川县	11	34106
横山县	12	31788
米脂县	13	31403
富县	14	29525
延长县	15	28645
志丹县	16	27923
子洲县	17	27666
佳县	18	24800
清涧县	19	24680
甘泉县	20	22693
安塞县	21	21006

续表

县区	r	$P(r)$
宜川县	22	19768
吴旗县	23	18337
吴堡县	24	13425
黄龙县	25	12596

注：人口数据来源：2006 陕西统计年鉴。

7.4.1.2　陕北黄土高原等高线分维数

地形图上等高线之间的空间关系是人们分析地形的依据，也是利用 GIS(Geographic Information System)模拟地形图认知能力的出发点。对包括陕北黄土高原的山地而言，地形等高线具有自相似性，相邻等高线所描述的实际地形走势和形态变化基本一致，从而可从不同高程等高线对应的分形维数的变化曲线获得该区域的地貌形态特征[13,14]。按照这一思想，采用 GIS 技术，应用盒维数方法，分别计算了陕北地区神木、榆林、绥德

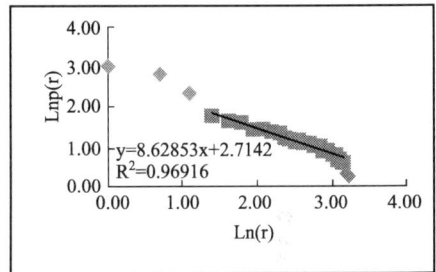

图 7-7　2006 年陕北地区城镇体系位序—规模分布双对数散点图

（韭园沟）、延川、甘泉、宜君和淳化七个样区的等高线分维数[15] FDC(Fractal Dimension of Contour) 及其平均值 d_{FDC}，计算结果如表 7-2 所示。

各样区不同高程等高线对应分维数统计表　　　　　表 7-2

样区名称		统计结果									d_{FDC}
神木	等高线高程	1050	1080	1110	1140	1170	1200	1230	1260	1290	1.1298
	FDC	1.085	1.106	1.137	1.141	1.156	1.163	1.162	1.142	1.107	
榆林	等高线高程	1130	1160	1190	1220	1250	1280				1.2056
	FDC	1.134	1.232	1.261	1.267	1.202	1.138				
绥德	等高线高程	860	900	940	980	1020	1060	1100			1.279
	FDC	1.123	1.289	1.347	1.360	1.328	1.288	1.220			
延川	等高线高程	960	1000	1040	1080	1120	1160	1200			1.1766
	FDC	1.133	1.201	1.221	1.214	1.182	1.152	1.134			
甘泉	等高线高程	1180	1200	1240	1280	1320	1360	1400			1.1509
	FDC	1.115	1.156	1.180	1.186	1.177	1.151	1.092			

样区名称		统计结果									d_{FDC}
宜君	等高线高程	810	850	890	930	970	1010	1050	1090		1.1453
	FDC	1.105	1.150	1.169	1.168	1.165	1.151	1.105	1.104		
淳化	等高线高程	860	900	940	980	1020	1060	1100			1.1048
	FDC	1.105	1.120	1.113	1.113	1.103	1.092	1.088			

注：等高线高程的单位是 m。

按照地理学，等高线的弯曲程度反映了地貌形态的复杂程度。根据分形理论，等高线分维数定量地描述了等高线的弯曲程度，因而也定量地描述了地形的复杂程度；且分维数越大，地表起伏变化相对较大，地表愈复杂。根据图 7-8，从神木到淳化(七个样区由南到北)，等高线分维数先增大后减小，并在绥德处(韭园沟)达到最大，这与七个样区地表复杂程度的实际情况相吻合[13]。

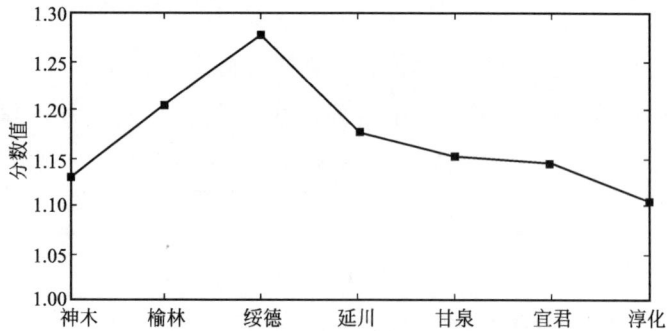

图 7-8　试验样区等高线分维数变化曲线

由此可得到陕北黄土高原等高线分维数的平均值 $d_{FDC} = 1.1702$，这个值基本保持不变，可认为是个常量(除非地表发生大变动)。

7.4.1.3　陕北地区城镇体系空间结构分维数及其耦合关系

对陕北地区城镇体系先作二维耦合，即考虑地貌形态和人口分布的耦合。对此，按照维数合成方法，对陕北地区地貌形态的等高线分维数和人口分布的位序—规模分维数进行二维合成。为了简化合成模型，我们假设地貌分布分量和人口分布分量互相独立且互相垂直，则合成的城镇体系分维数公式就是(1-4)式，可写成

$$D = \sqrt{d_{FDC}^2 + d_f^2} \tag{7-7}$$

根据(7-7)式可算出合成维数 D，即城镇体系空间结构分维数(表 7-3)。而城镇形态分维数和城镇体系空间结构分维数在理论上趋于相等[10]，因此合成维

数也是城镇形态分维数。

2000~2011 年陕北地区城镇的 Zipf 维数、Hausdorff 维数及合成维数　　表 7-3

年份	按总人口			按非农业人口			按城镇人口		
	q	d_f	D	q	d_f	D	q	d_f	D
2000	0.7618	1.3127	1.7586	0.6954	1.4380	1.8540	0.6402	1.5620	1.9517
2001	0.8185	1.2217	1.6917	0.6884	1.4526	1.8653	0.5812	1.7209	2.0811
2002	0.7032	1.4221	1.8417	0.7222	1.3847	1.8130	0.6454	1.5494	1.9417
2003	0.7387	1.3537	1.7894	0.5577	1.7931	2.1412	0.5180	1.9305	2.2575
2004	0.6956	1.4376	1.8537	0.6731	1.4857	1.8912	0.6120	1.6340	2.0098
2005	0.6791	1.4725	1.8809	0.6574	1.5211	1.9191	0.6051	1.6526	2.0250
2006	0.7999	1.2502	1.7124	0.6285	1.5911	1.9751	0.6097	1.6402	2.0149
2007	0.8049	1.2424	1.7068	0.6334	1.5788	1.9652	0.5880	1.7007	2.0644
2008	0.7502	1.3330	1.7738	0.5270	1.8975	2.2318	0.5822	1.7176	2.0783
2009	0.7515	1.3307	1.7721	0.6692	1.4943	1.8980	0.5694	1.7562	2.1104
2010	0.7563	1.3222	1.7657	0.5844	1.7112	2.0713	0.6100	1.6393	2.0141
2011	0.8174	1.2234	1.6930	0.6891	1.4512	1.8642	0.6078	1.6453	2.0190
平均值	0.7564	1.3269	1.7700	0.6438	1.5666	1.9576	0.5974	1.6790	2.0473

注：人口数据来源：2000~2011 陕西统计年鉴。

7.4.1.4　结果分析

根据分形理论和维数合成法，得出了陕北地区等高线分维数、位序—规模分维数和城镇体系空间结构分维数，确定了陕北地区城镇形态与地貌形态和人口分布的耦合关系。

根据 Batty-Longley 模型，城市形态分维数的平均值是 1.7，那么，如果按总人口分布计算，陕北地区城镇形态分维数的平均值是 1.7700，与理想值的偏差是 0.0700；如果按非农业人口分布计算，陕北地区城镇形态分维数的平均值是 1.9576，与理想值的偏差是 0.2576；如果按城镇人口分布计算，陕北地区城镇形态分维数的平均值是 2.0473，与理想值的偏差是 0.3473。这一结果表明，陕北地区的总人口分布相对合理，非农业人口分布不太合理，城镇人口分布和理想分布差距较大，而且这个差距具有变大的趋势。按此结果，陕北地区城镇人口分布需要规划调节。通过规划引导，使陕北地区城镇形态规划与地貌形态和人口分布相适应。

需要指出的是，上述计算仍有不足之处：陕北黄土高原地貌等高线分维数和城镇体系位序—规模分维数的计算方法不同，两种方法的无标度区不一定完全重合，维数合成有些简单化等，这些都可能给合成结果带来偏差。但整体而言，本次研究利用新方法(维数合成法)得到了陕北地区城镇形态分维数，利用城镇形态分维数可构造相应的城镇形态分形模型，从而指导规划城镇未来的发展模式，为城镇发展的分形规划提供了新的方法借鉴。

7.4.2 陕北城区地貌—人口二维耦合模型

上述方法的优点是，在城镇规划中，提出并应用维数耦合原理，找到了结构与结构、结构与形态之间的定量关系，为城镇规划中的分形模型提供了数学依据，为分形规划的深入研究提供理论基础。缺点在于，Zipf 维数的计算用的是整个陕北地区各区县的人口数据，地貌等高线分维数用的是陕北七个典型样区（神木、榆林、绥德、延川、甘泉、宜君和淳化七个样区）的数据，而城镇规划的主要范围是城区，三者的区域不完全一致，这将给耦合带来偏差。

下面，我们将上述方法进一步改进。把地貌等高线分维数的计算范围和人口分布的 Zipf 维数的计算范围都取为城区，使二者的区域一致。为此，采用 GIS 技术，应用网格法，计算陕北地区各区县城区的等高线分维数 d_{FDC}（Fractal Dimension of Contour），然后与人口分布分维数进行耦合，推算出城镇空间形态分维数。

陕北城区地貌—人口二维耦合改进方案如下：第一步：采用 GIS 技术，应用网格法，计算出陕北地区各区县城区的等高线分维数及平均值。第二步：根据分形理论和位序—规模法则，确定陕北地区城镇体系人口分布的 Zipf 维数和 Hausdorff 维数。第三步：根据城镇体系维数耦合原理和维数合成方法，按照式 7-7 算出陕北地区各区县城区的城镇体系空间结构分维数和城镇形态分维数及平均值。第四步：根据各区县城区的城镇形态分维数构建各区县城区及整个地区的城镇形态分形模型。第五步：以陕北地区各区县城区及整个地区的城镇形态分形模型为基础，规划各区县和整个地区的城镇体系发展模式，促进陕北黄土高原城镇发展与地貌形态、人口分布和经济结构相适应，推进社会经济协调发展[9]。

7.4.2.1 陕北地区各区县城区等高线分维数

地形图上等高线之间的空间关系是分析地形的依据，不同高程等高线对应的分形维数的变化曲线可反映对应区域的地貌形态特征。按照这一思想，采用 GIS 技术，应用网格法，计算陕北地区各区县城区的等高线分维数 d_{FDC} 及其平均值，计算结果如表 7-4 所示。图 7-9 是陕北地区各区县城区的实际地貌图。

陕北地区各区县城区的 d_{FDC} 表 7-4

县城	二维值	一维值
定边	1.0019	0.7083
榆林	1.0241	0.7240
靖边	1.0571	0.7474
神木	1.0803	0.7638
横山	1.1847	0.8376

续表

县城	二维值	一维值
延安	1.3553	0.9582
府谷	1.4301	1.0111
绥德	1.4458	1.0222
子洲	1.4510	1.0259
米脂	1.4694	1.0387
子长	1.5634	1.1053
佳县	1.5831	1.1193
延川	1.6153	1.1420
洛川	1.6160	1.1425
吴堡	1.6184	1.1442
富县	1.6335	1.1549
甘泉	1.6341	1.1553
延长	1.6435	1.1620
清涧	1.6475	1.1648
黄陵	1.6519	1.1679
安塞	1.6694	1.1803
志丹	1.6977	1.2003
吴起	1.7687	1.2505
宜川	1.7787	1.2575
黄龙	1.8012	1.2734
平均值	1.4969	1.0583

区县	等高线分维数	地貌类型区	图样类型
定边	1.01	黄土风沙过渡区	

区县	等高线分维数	地貌类型区	图样类型
榆林	1.02	黄土风沙过渡区	
靖边	1.05	黄土风沙过渡区	
神木	1.08	黄土风沙过渡区	

区县	等高线分维数	地貌类型区	图样类型
横山	1.18	黄土风沙过渡区	
延安	1.35	黄土梁峁状丘陵沟壑区	
府谷	1.43	黄土峁状丘陵沟壑区	

区县	等高线分维数	地貌类型区	图样类型
绥德	1.44	黄土峁状丘陵沟壑区	
子洲	1.45	黄土峁状丘陵沟壑区	
米脂	1.46	黄土峁状丘陵沟壑区	

续表

区县	等高线分维数	地貌类型区	图样类型
子长	1.56	黄土峁状丘陵沟壑区	
佳县	1.58	黄土峁状丘陵沟壑区	
延川	1.61	黄土梁峁状丘陵沟壑区	

续表

区县	等高线分维数	地貌类型区	图样类型
洛川	1.61	黄土塬地貌区	
吴堡	1.62	黄土峁状丘陵沟壑区	
富县	1.63	黄土塬地貌区	

区县	等高线分维数	地貌类型区	图样类型
甘泉	1.63	黄土长梁状丘陵沟壑区	
延长	1.64	黄土梁峁状丘陵沟壑区	
清涧	1.65	黄土峁状丘陵沟壑区	

区县	等高线分维数	地貌类型区	图样类型
黄陵	1.65	黄土塬地貌区	
安塞	1.67	黄土梁峁状丘陵沟壑区	
志丹	1.70	黄土梁峁状丘陵沟壑区	

区县	等高线分维数	地貌类型区	图样类型
吴起	1.77	黄土梁峁状丘陵沟壑区	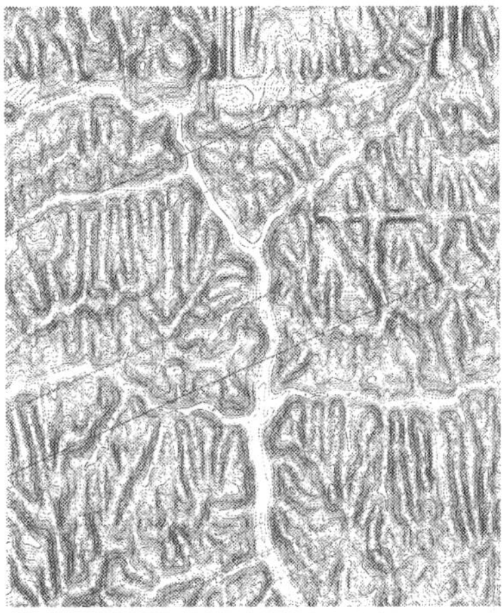
宜川	1.78	黄土残塬类型区	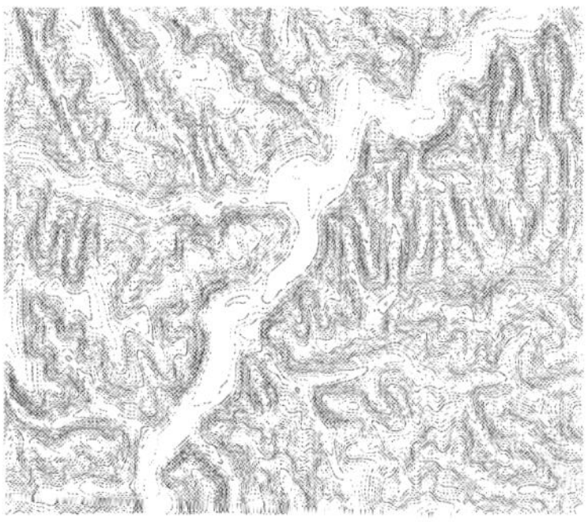
黄龙	1.80	黄土长梁状丘陵沟壑区	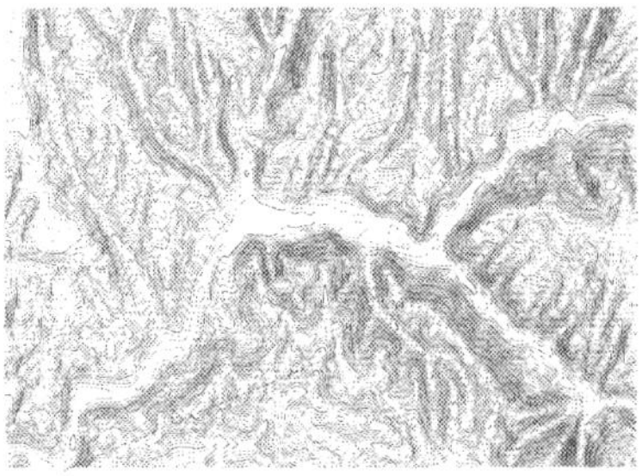

图 7-9　陕北地区各区县城区的地貌与等高线分维数

　　总体来讲，陕北地区各区县城区的等高线分维数与实际地貌地表的复杂程度相吻合(如图 7-9)；延安市各区县城区的等高线分维数一般比榆林市各区县城区的等高线分维数大，延安市各区县城区的等高线分维数的平均值 $d_{FDC} = 1.6484$ 比榆林($d_{FDC} = 1.3328$)大，表明延安市各区县城区的地貌地表一般比榆林更为复杂，这与地貌分布的实际状况一致。由此可得到陕北各区县城区等高线分维数

的平均值 $d_{FDC}=1.4969$。

7.4.2.2　陕北地区城镇体系位序-规模分维数

陕北地区城镇体系人口规模分布符合位序—规模法则(Rank-size Rule)[11]。对陕北地区 23 县 2 区 2000~2011 年的城镇人口(以万为单位)数据，按照位序—规模模型，以 r 表示位序，$P(r)$ 表示人口规模；以 $\ln r$ 为横坐标，$\ln p(r)$ 为纵坐标，做散点图，按(7-6)式进行线性回归，可获得相应的 q 及 d_f(见表7-5)。

7.4.2.3　陕北城区的城镇体系空间结构分维数和城镇形态分维数

对陕北城区地貌形态的等高线分维数和人口分布的位序—规模分维数先进行二维合成。为了简化合成模型，假设地貌分布分量和人口分布分量垂直，并取城区地貌等高线分维数的平均值，则合成维数仍按公式 7-7 得出城镇体系空间结构分维数(如表7-5)。而城镇形态分维数和城镇体系空间结构分维数在理论上趋于相等，因此合成维数也是城镇形态分维数。

2000~2011 年陕北地区城镇的 Zipf 维数、Hausdorff 维数及合成维数　表7-5

年份	q	d_f	D
2000	0.6402	1.5620	1.8868
2001	0.5812	1.7209	2.0203
2002	0.6454	1.5494	1.8763
2003	0.5180	1.9305	2.2016
2004	0.6120	1.6340	1.9468
2005	0.6051	1.6526	1.9624
2006	0.6097	1.6402	1.9520
2007	0.5880	1.7007	2.0031
2008	0.5822	1.7176	2.0175
2009	0.5694	1.7562	2.0504
2010	0.6100	1.6393	1.9512
2011	0.6078	1.6453	1.9563
平均值	0.5974	1.6790	1.9847

7.4.2.4　结果分析

按城镇人口，2000~2011 年均有 $d_f>1$。该结果表明，城镇规模分布较为集中，中间位序的城镇较多，人口分布比较均匀，首位城市不突出，辐射带动作用不强，城镇体系处于较低水平的均衡发展阶段，有进一步发展的潜力。

从动态来看，陕北地区城镇人口规模分布有几次(2000~2001、2002~2003、2004~2009、2010~2011)明显改变，分维数分阶段增大。这表明中小城镇发展阶段性地快于大城市，城镇规模分布阶段性地趋于集中之势。

按城镇人口分布计算，陕北地区城镇形态分维数的平均值是 1.9847。据此可建立与此分维数相对应的分形模型。应当指出的是，这一结果的缺陷是，取陕北城区地貌等高线分维数的平均值，所以反映的主要是城镇人口变化对城镇形态分维数的影响。如果主要反映地貌不同对城镇形态分维数的影响，用下面表 7-6 的数据和上面的方法即可。取城镇人口分布分维数的平均值，计算结果如表 7-6 所示。

陕北地区城镇的等高线分维数及合成维数　　　　　　　　　表 7-6

地貌类型	城镇	城区等高线分维数（二维值）	城区等高线分维数（一维值）	$D_{人地}$
风沙—黄土过渡区	横山	1.1847	0.8376	1.8763
	神木	1.0803	0.7638	1.8446
	靖边	1.0571	0.7474	1.8378
	榆林	1.0241	0.7240	1.8284
	定边	1.0019	0.7083	1.8223
黄土峁状丘陵沟壑区	吴堡	1.6184	1.1442	2.0318
	绥德	1.4458	1.0222	1.9657
	子长	1.5634	1.1053	2.0102
	府谷	1.4301	1.0111	1.9599
	佳县	1.5831	1.1193	2.0179
	米脂	1.4694	1.0387	1.9743
	清涧	1.6475	1.1648	2.0453
	子洲	1.4510	1.0259	1.9676
黄土梁峁状丘陵沟壑区	吴起	1.7687	1.2505	2.0935
	延安	1.3553	0.9582	1.9332
	志丹	1.6977	1.2003	2.0639
	延川	1.6153	1.1420	2.0306
	安塞	1.6694	1.1803	2.0524
	延长	1.6435	1.1620	2.0419
黄土梁状丘陵沟壑区	黄龙	1.8012	1.2734	2.1073
	甘泉	1.6341	1.1553	2.0381
黄土塬	富县	1.6335	1.1549	2.0379
	洛川	1.6160	1.1425	2.0308
	黄陵	1.6519	1.1679	2.0452
黄土残塬区	宜川	1.7787	1.2575	2.0977
平均值		1.4969	1.0583	1.9902

计算结果表明，城镇形态分维数的平均值是 1.9902。那么，建立与此分维数相对应的分形模型，根据分形模型规划陕北黄土高原城镇形态的发展模式正是我们的目标。

此处取城镇人口分布分维数的平均值，主要反映的是地貌不同对城镇形态分维数的影响。这正是研究课题所要解决的问题。有意义的是，两种计算的平均值都非常接近2。其中1.9902比世界大都市的平均值1.71高出0.28。这主要是因为陕北黄土高原独特的地貌与人口分布相对复杂的缘故。

需要说明的是，由于我们无法获得区县各乡镇的人口数据，所以无法计算各区县人口分布分维数，这也是我们在计算中取城镇人口分布分维数平均值的原因。如果能够获得区县各乡镇的人口数据，那么陕北地区各区县城镇形态分维数的差别将会更明显体现出来，计算结果将更接近实际。

本章小结

本章首次提出了维数耦合方法、城镇体系空间结构维数耦合原理。据此，构建出城镇体系分形耦合模型和陕北地区城镇体系空间结构分形模型，以此解析陕北城镇形态与地貌形态、人口分布及经济分布的耦合关系，为陕北地区的分形规划提供理论依据，使分形规划从理论走向实用。

参考文献

[1] 张济忠. 分形 [M]. 北京：清华大学科学出版社，2001，50-51，55-66，363-372

[2] 魏诺. 非线性科学基础与应用 [M]. 北京：科学出版社，2004，98-99

[3] 魏诺，庞永锋. 正三角形维数的计算方法 [J]. 西北大学学报：自然科学网络版，2011，9（1）：0451 [2011-1-10]. http：//jonline. nwu. edu. cn/wenzhang/211001. pdf.

[4] 魏诺，庞永锋. 维数合成问题研究 [J]. 西北大学学报：自然科学网络版，2011，9（2）：0457 [2011-03-10]. http：//jonline. nwu. edu. cn/wenzhang/211007. pdf.

[5] 陈颙，陈凌. 分形几何学 [M]. 北京：地震出版社，1998，127-136

[6] 魏诺. 多生成元分形结构分维数计算方法与应用研究 [J]. 西北大学学报：自然科学网络版，2016，14（3）：0593 [2016-5]. http：//jonline. nwu. edu. cn/wenzhang/216006. pdf.

[7] 魏诺，雷会霞，周在辉. 陕北地貌形态与城镇体系空间结构耦合方法 [J]. 西北大学学报(自然科学版)，2014，44(6)：979-982.

[8] 顾朝林. 中国城镇体系 [M]. 北京：商务印书馆，1996，201-205

[9] 魏诺，周庆华，林显. 城镇分形耦合模型及其应用 [J]. 西北大学学报：自然科学网络版，2015，13（6）：0588 [2015-11]. http：//jonline. nwu.

edu. cn/wenzhang/215015. pdf.

[10] 陈彦光. 分形城市系统：标度·对称·空间复杂性 [M]. 北京：科学出版社，2008，147：229-235

[11] 刘继生，陈彦光. 城镇体系等级结构的分形维数及其测算方法 [J]. 地理研究，1998，17(1)：82-89.

[12] 邢海虹，刘科伟. 基于分形理论对陕西城市体系等级规模分布研究 [J]. 陕西理工学院学报(自然科学版)，2007，23(2)：82-86

[13] 魏诺，雷会霞，周在辉. 陕北地区城镇体系位序-规模分维数 [J]. 西北大学学报：自然科学网络版，2013，11(6)：0541 [2013-11-10]. http://jonline. nwu. edu. cn/wenzhang/213021. pdf.

[14] 李俊锋. 基于 GIS 的陕北黄土高原地貌分形特征研究 [D]. 西安：西北大学，2006

[15] 朱永清，李占斌，崔灵周等. 基于 GIS 的流域地貌形态特征分形与计算方法研究 [J]. 武汉大学学报，2005，30(12)：1089-1091

第 8 章

实证应用 ——

陕北地貌与城镇分形耦合研究

根据前面章节结合 GIS 技术、分形方法所构建的理论模型，本章将集中展示该理论方法及耦合模型在陕北地貌与城镇空间形态耦合分析中的具体应用，详细内容见《河谷中的聚落——适应分形地貌的陕北城镇空间形态模式研究》。

8.1 陕北地貌分形特征

本节分别从分维数理计算与图形比较两个角度对陕北地貌的分形特征进行初步分析。

8.1.1 陕北黄土高原地貌的分形维数特征

黄土高原地貌具有分形特征，分形维数可以表征地表的复杂程度。根据前文所述分形计算方法，分别以等高线、河谷线为表征分析陕北黄土高原地貌的分形特征。

首先以等高线为表征要素，以陕北各县城为单位，选出 24 处实验样区，分别计算地貌分维(表 8-1)，并进一步分析分形维数与地貌样区的对应关系。

各样区地貌分形维数及地貌类型特征　　　　　　　　　　表 8-1

样区位置	地貌分维值	地貌类型
宜川	1.7787	黄土残塬区
定边	1.0019	风沙—黄土过渡区
榆林	1.0241	
靖边	1.0571	
神木	1.0803	
横山	1.1847	
延安	1.3553	黄土梁峁状沟壑区
延川	1.6153	
延长	1.6435	
安塞	1.6694	
志丹	1.6977	
吴起	1.7687	
府谷	1.4301	黄土峁状沟丘陵塦区
绥德	1.4458	
子洲	1.451	
米脂	1.4694	
子长	1.5634	
佳县	1.5831	

续表

样区位置	地貌分维值	地貌类型
吴堡	1.6184	黄土峁状沟丘陵塈区
清涧	1.6475	
甘泉	1.6341	黄土梁状丘陵沟塈区
黄龙	1.8012	
洛川	1.616	黄土塬区
富县	1.6335	
黄陵	1.6519	

从表 8-1 可以看出，不同类型区地貌分形维数不同，总体上看黄土风沙区分维值最低，黄土长梁区分维值最高。各类型区排序如图 8-1 所示，各地貌类型区分形维数分布相对集中于某一区段，虽然所选样区不同，同一地貌类型区地貌分形维数接近，也进一步证明了分区的合理性。

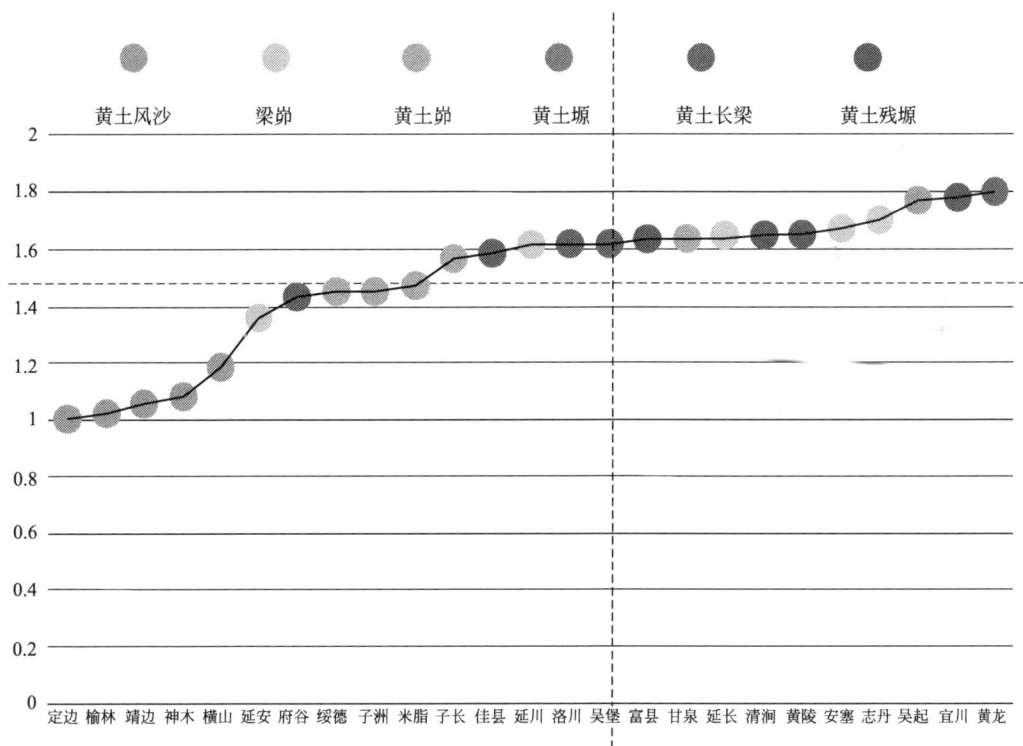

图 8-1　样区分维数及空间分布

黄土高原特有的沟谷地貌主要是流水侵蚀作用加上风化作用和坡面径流形成的结果。黄土侵蚀地貌演变过程就是由众多的、细小的沟道，不断兼并形成逐级减少的大型沟道直至河流的演递过程。如图 8-2 所示，陕北地区分形维数总体上看是由北向南逐渐升高的。

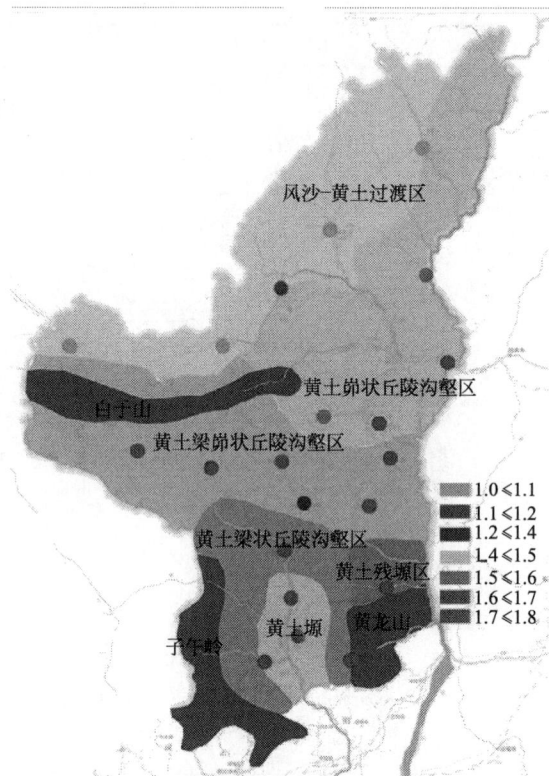

图8-2 样区分维数及空间分布

其次，以河谷线为表征要素分析陕北黄土高原地貌。直观来看，陕北黄土高原地表褶皱起伏，沟壑纵横，在形态上显现一定的层级性与自相似性：以较大河流为依托的河谷延伸出二级沟道谷地，二级沟道与河流水系具有自相似性，在二级沟道上又延伸出更小级别的支毛沟，支毛沟与上一级沟道又具有自相似性(图8-3)。

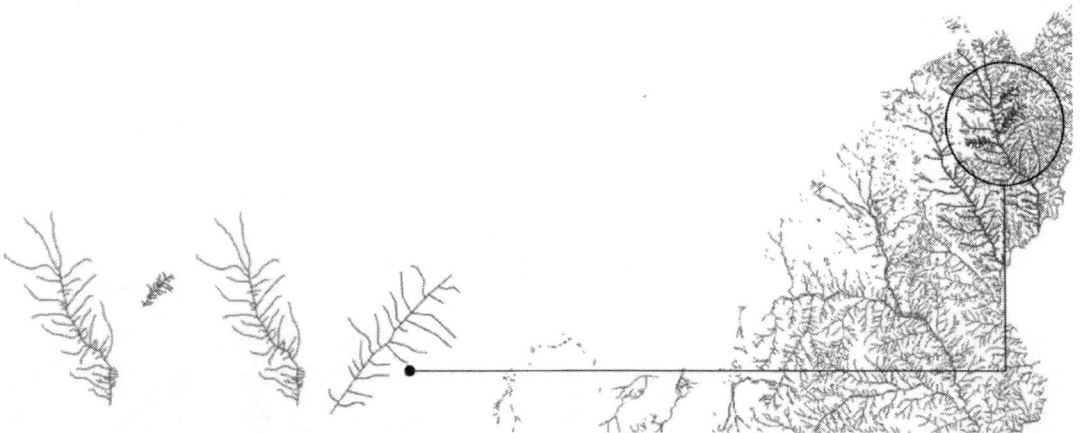

图8-3 陕北米脂地区沟壑水系的分形自相似特征

　　水网的分维体现了河道的复杂程度，反映了流域的发育程度。利用网格法分别计算流经陕北范围的河流水系以及四条子流域水系的分维值，得到全流域及各子流域对应的分形维数（表 8-2）。从表中可以看出：首先，各流域盒维数的拟合优度均在 0.995 之上，说明其在无标度区间内（即网格边长的取值范围）具备较为严格的分形属性。其次，全流域及其四个子流域的分维值分布在 1.5845~1.7750 区间，说明流域水系整体上发育较为成熟。

陕北地区各流域分维值　　　　　　　　　　　　表 8-2

流域名称	分形维数 D	拟合优度 R^2
全流域	1.7550	0.9952
洛河流域	1.7405	0.9976
延河流域	1.6495	0.9988
无定河流域	1.5845	0.9963
窟野河流域	1.6286	0.9985

8.1.2　陕北黄土高原地貌的图形分形特征

　　借助 GIS 平台对陕北河流水系进行图形提取，以抽象图形叠加的方式对陕北地貌的分形相似性进行比较论证。

　　根据 Horton 河网分级方法，结合分形所强调的"观察尺度"提出规则——将黄河主干设为一级，从一级衍生出的河流都称为二级，以此类推，并将附着在同一级、但长度明显低于其他分支的河流排除。提取多组同流域同等级、同流域不同等级、不同流域同等级、不同流域不同等级的图形展开比较，可以从图形得出：陕北河流水系在流域与等级的交叉比较中显示出高度自相似特征。而艾南山教授认为分形地貌的特点在于地貌的形态具有自相似性，这是陕北水系分形的有力佐证（图 8-4）。

　　选取一级至五级水系进行图形抽象，并对角度、长度、间距三个参数进行统计分析，可以观察比较得出，陕北河流水系总体上存在普遍分形特征，分支角度约在［55°~70°］区间，长度间距比约在［1.3~2.4］区间。且结合姜永清、邵明安等❶测算黄土高原流域水系的分形维数，可知陕北水系分型的多样性特征，即在普遍的相似特征下，不同流域、不同等级的水系分别具有特殊的分形特征（表 8-3）。

---

　　❶　姜永清，邵明安，李占斌等. 黄土高原流域水系的 Horton 级比数和分形特性［J］. 山地学报，2002，20(2).

	同等级		不同等级	
同流域	A组	B组	A组	B组
	C组	D组	C组	D组
不同流域	A组	B组	A组	B组
	C组	D组	C组	D组

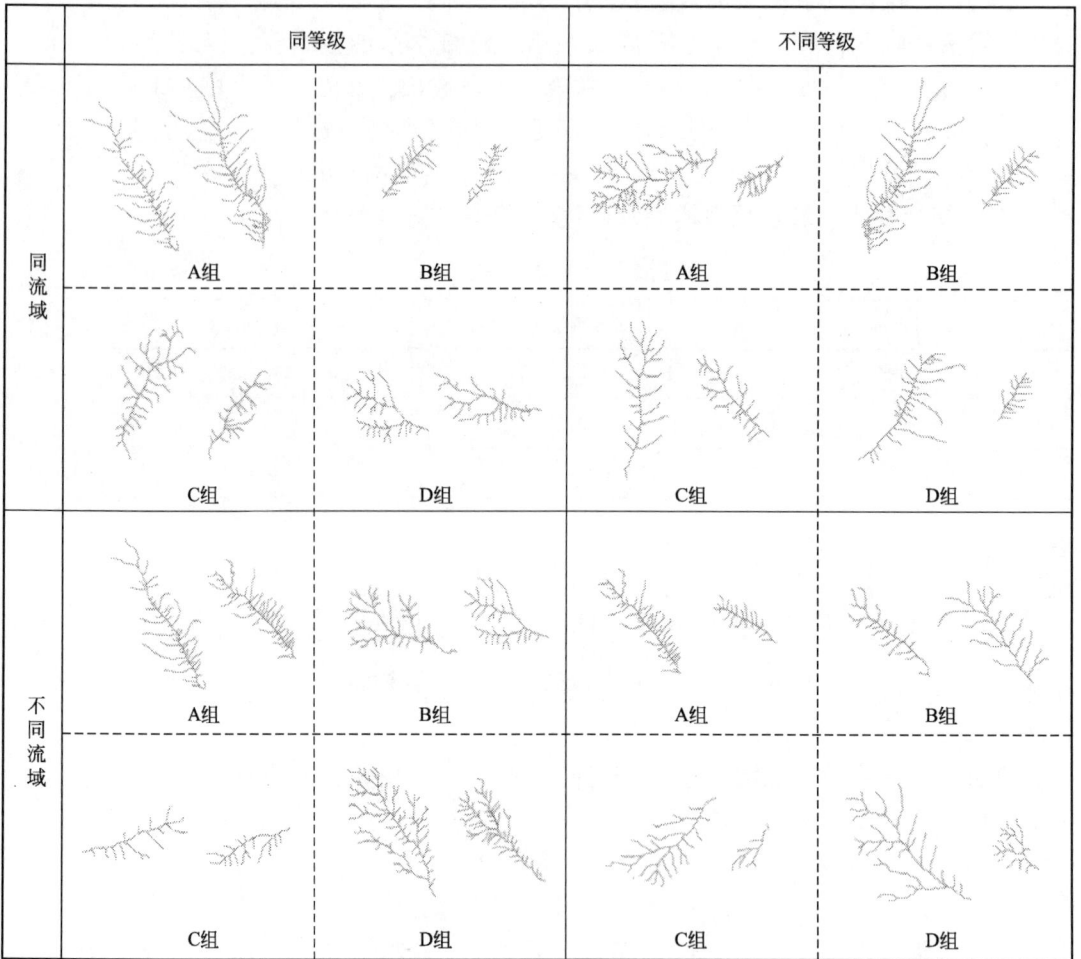

图 8-4　陕北河流图形对比图

陕北河流样本数据统计表　　　　　　　　　　　　　　　　表 8-3

图形等级	参数样本量（组）	表征参数		备注
		分支角度	长度间距比	
一二级	84	68°	2.4	结合测量结果及图形观察，表征参数最终选取占比65%以上的原始数据进行计算
二三级	74	55°	1.3	
三四级	58	62°	1.4	
四五级	72	70°	1.8	

8.2　陕北城镇空间形态的分形特征

本节分别从陕北城镇体系、城镇用地边界与形态两方面展开 GIS 与分形方法的应用分析。

8.2.1　陕北城镇体系的分形特征

以无定河流域为例，分析流域内分形水系与城乡居民点的空间分布耦合关联。通过建立河流临近区来统计不同临近距离内的居民点数量，从而判定居民点与河流水系的吻合程度。

8.2.1.1　无定河流域分形水系与城乡居民点空间分布关系

首先，借助 GIS 平台提取水系分布图；其次，采用 Strahler 河网分级方法对无定河流域水系进行等级划分；再次，以河流为中心向两侧偏移不同宽度的临近距离，建立以水系为基础距离河流不同临近距离的临近区。以最大临近区面积不超过研究流域总面积的 30% 为原则，选择以 100m、200m、300m、400m、500m 为临近距离建立 5 个临近区，分别统计不同等级河道两侧不同临近距离范围内不同等级城乡居民点数量及其占总城乡居民点的百分比(图 8-5)。

图 8-5　无定河流域河流缓冲区与城乡居民点

从图 8-5 可以发现，无定河流域内的城乡居民点与河流水系具有明显的依附特征。从分布均质度上看，高等级城乡居民点分布相对集中于干流临近地区，低等级居民点分布相对零散，如图 8-6 所示。

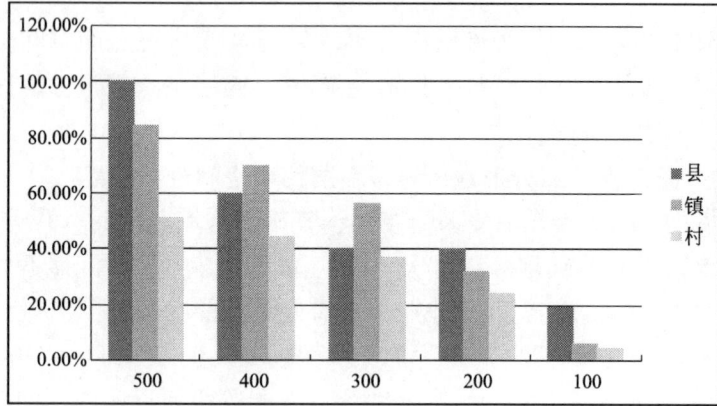

图 8-6 不同临近区居民点所占各自总量比例

伴随着临近距离的逐渐增加，即统计边界与河流中心线距离的增大，不同距离区段内镇、村居民点数量经历一个先增加后降低的过程，在 100~200m 范围内达到峰值后逐渐降低，如图 8-7 所示。

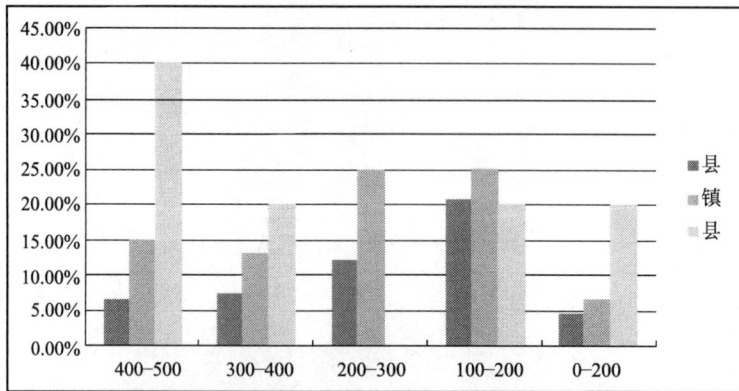

图 8-7 不同临近距离居民点所占各自总量比例

8.2.1.2 无定河流域分形水系与城乡居民点的数理耦合特征

研究将无定河流域划分为 19 个小流域，并统计出各个小流域内不同等级城乡居民点数量，探究各个小流域水系分形维数与居民点出现概率之间的关系。

以分水岭为界限划分小流域，如图 8-8 所示共划分为 19 个小流域，与之对应的为 1910 个城乡居民点，并以网格法对 19 个小流域进行分维值的测定。同时，计算出子流域中单位面积内居民点出现的数量即居民点出现概率，结果如表 8-4。

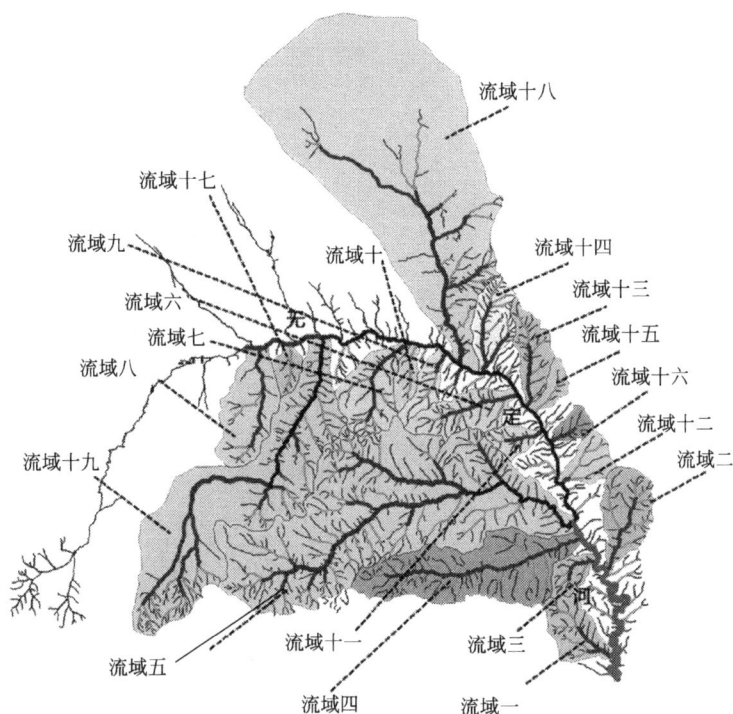

图 8-8　无定河小流域划分

小流域内分形维数及居民点对应关系　　　　　　　　　　　　　　表 8-4

编号	流域名称	水系分维	流域面积 （km²）	"市" 数量	"县" 数量	"镇"数量/ 概率	"村"数量/ 概率	居民点 合计
1	川口河	1.1150	322.04	0	0	3/0.00931	41/0.127311	44
2	义和河	1.1190	429.47	0	0	6/0.0139	62/0.144361	68
3	团结沟河	1.0660	149.57	0	0	1/0.00668	22/0.147082	23
4	贺庄河	1.2030	1225.96	0	0	9/0.00734	167/0.136219	176
5	大理河	1.2240	3920.11	0	2	32/0.00816	500/0.127547	534
6	马湖峪河	1.1600	379.46	0	0	5/0.01317	54/0.142305	59
7	黑木头川	1.1290	468.54	0	0	3/0.00640	56/0.119518	59
8	黑河子	1.0630	568.79	0	0	1/0.00175	51/0.089664	52
9	盐子沟	1.0700	169.20	0	0	0/0	27/0.159567	27
10	响水镇	1.0608	127.43	0	0	2/0.0156941	11/0.086318	13
11	孟岔河	1.0794	129.25	0	0	1/0.0077365	20/0.154731	21
12	小河沟河	1.0416	200.35	0	0	3/0.0149733	34/0.169698	37
13	小川河	1.1441	290.54	0	0	2/0.0068836	40/0.137672	42
14	鱼河峁	1.2046	316.81	0	0	3/0.0094692	36/0.113631	39
15	高西沟	1.0352	110.09	0	0	2/0.0181663	14/0.127165	16
16	银河	1.0557	105.41	0	1	1/0.0094865	15/0.142299	17

续表

编号	流域名称	水系分维	流域面积 （km²）	"市" 数量	"县" 数量	"镇"数量/ 概率	"村"数量/ 概率	居民点 合计
17	沙沟	1.0289	116.41	0	0	1/0.00858992	22/0.188978	23
18	榆溪河	1.1662	5166.88	1	0	16/0.0030966	400/0.077416	417
19	芦河	1.2226	2463.48	0	2	10/0.0040592	231/0.09377	243

首先，流域内村、镇出现的概率呈负相关。其次，河流的等级越高河流的分形维数越高。再次，水系分维数值达到一定门槛值出现"县"。最后，小流域内分维数值越高，出现镇、村的概率越高。

8.2.2 城镇用地形态边界的分形特征

用地边界是城镇空间形态中的核心要素之一，且与城镇所处地貌紧密关联。本节主要针对陕北25个城镇（榆林、延安两市及其下辖的23个市县）进行用地边界的分维测算，并结合地貌类型展开特征分析。

首先，采用网格法对25个城镇的边界线进行分维测算（表8-5），根据分维结果不断递增的趋势对25个城镇进行排序，如图8-9所示，城镇下方色带表示该城镇的形态类型。可以看到，随着城镇边界的分维值不断增大，城镇形态类型也有相应的规律性变化。

25个城镇的边界分维值 表8-5

城镇名称	吴起	榆林	黄龙	横山	宜川	神木	志丹	吴堡	安塞
边界分维值	1.2	1.216	1.268	1.355	1.362	1.378	1.379	1.387	1.387
城镇名称	洛川	清涧	延安	子长	富县	靖边	定边	佳县	府谷
边界分维值	1.399	1.441	1.441	1.445	1.445	1.452	1.462	1.463	1.471
城镇名称	甘泉	延川	黄陵	米脂	绥德	子洲	延长	—	—
边界分维值	1.491	1.494	1.501	1.511	1.52	1.576	1.59		

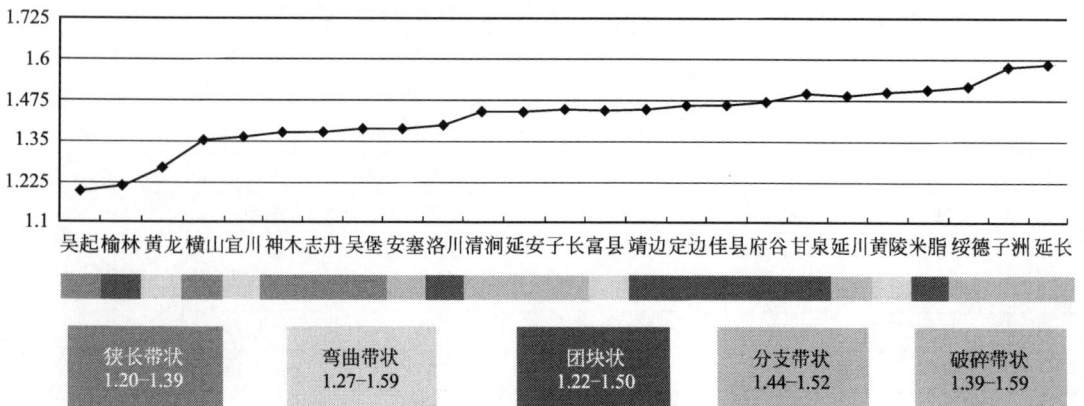

图8-9 城镇边界分维值与形态类型对应关系

其次，将上述 25 个城镇按照所处地貌类型划分，并对每个地貌类型下的城镇边界分维取平均值(表 8-6)，用以表征该地貌类型内的城镇边界分维。

六类地貌内的城镇边界分维 表 8-6

风沙黄土过渡区城镇	横山	神木		靖边	榆林		定边
边界分维	1.355	1.378		1.452	1.216		1.462
平均值	1.3726						
黄土峁状丘陵沟壑区城镇	吴堡	绥德	子长	府谷	佳县	米脂	清涧	子洲
边界分维	1.387	1.52	1.445	1.471	1.463	1.511	1.441	1.576
平均值	1.47675							
黄土梁峁丘陵沟壑区城镇	吴起	延安	志丹	延川	安塞	延长	
边界分维	1.2	1.441	1.379	1.494	1.387	1.59	
平均值	1.4152						
黄土梁状丘陵沟壑区城镇	黄龙			甘泉			
边界分维	1.268			1.491			
平均值	1.3795						
黄土塬区城镇	富县		洛川		黄陵		
边界分维	1.445		1.399		1.501		
平均值	1.4483						
黄土残塬区城镇	宜川						
边界分维	1.362						
平均值	1.362						

对比可得：黄土峁状丘陵沟壑、黄土梁峁状丘陵沟壑、黄土塬三类地貌中的城市边界分维较大，即这三种地貌类型下城镇边界较为复杂；黄土残垣区、风沙黄土过渡区、黄土梁状丘陵区这三种地貌类型下的城镇边界复杂度相对较低。

8.2.3 城镇用地构成结构的分形特征

针对陕北 25 个城镇的整体用地和内部结构进行分维测算，对测算结果进行横向和纵向的比较，从而总结整体用地的分维特征；其次，基于六类地貌类型对测算结果分类比较，探索不同地貌对城镇用地结构的影响。

8.2.3.1 二十五个城镇用地的分形总体特征

采用网格法测算 25 个城镇的用地分维(表 8-7)，结果表明，陕北城镇的用地分维基本处于 [1.3~1.6] 之间，少数城镇用地分维在 [1.6~1.85] 区间内。将 25 个城镇的用地分维按照递增顺序排列，同时将城镇所属形态类型对应标注其下，分析可见：狭长带状城镇的用地分维值<分支带状城镇的用地分维值<弯

曲带状城镇的用地分维值<破碎带状城镇的用地分维值<团块状城镇的用地分维值(图 8-10)。

陕北 25 城镇的用地分维值 表 8-7

城镇名称	吴起	榆林	黄龙	横山	宜川	神木	志丹	吴堡	安塞
用地分维	1.3	1.701	1.339	1.398	1.535	1.492	1.425	1.365	1.669
城镇名称	靖边	定边	佳县	府谷	甘泉	延川	黄陵	米脂	—
用地分维	1.614	1.847	1.56	1.49	1.618	1.51	1.603	1.605	—
城镇名称	洛川	清涧	延安	子长	子洲	延长	富县	绥德	
用地分维	1.489	1.68	1.42	1.471	1.685	1.713	1.449	1.46	

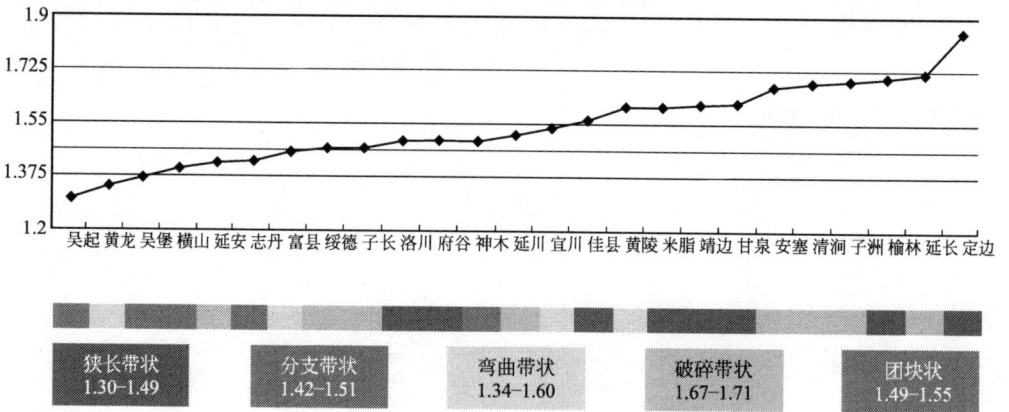

图 8-10 城镇用地分维值与形态类型关系

8.2.3.2 基于六类地貌的城镇用地结构的分形特征

以六类地貌类型为依据,分别计算各地貌类型内城镇用地分维、边界分维的平均值,以此表征该类地貌内城镇用地及边界的普遍分维。如图 8-11 所示,当边界的平均分维按照升序排列时,相应的用地分维变化趋势与其基本一致。例外的情况出现在黄土残塬区和风沙黄土过渡区,城镇用地分维值与边界分维值反差较大。

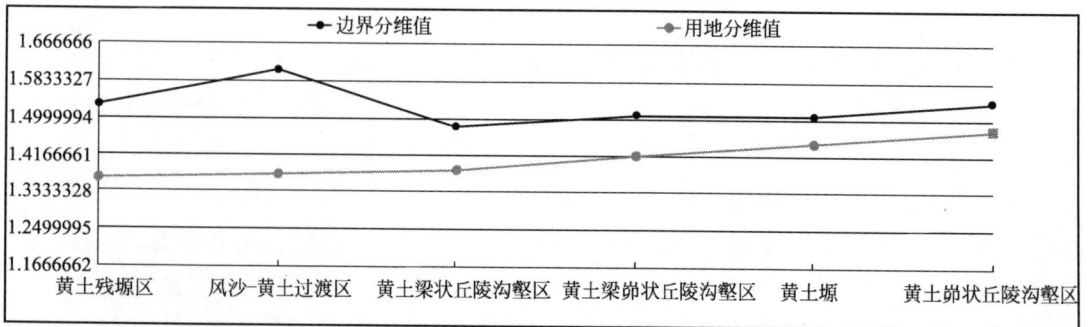

图 8-11 六类地貌内城镇边界平均分维与用地平均分维比较图

8.3　陕北地貌与城镇空间形态的耦合分形特征

本节分别以城镇边界、城镇用地为要素，计算并分析二者的形态分维与陕北地貌分维的耦合关系。

8.3.1　分形地貌与城镇边界形态的分形耦合关系

用地边界是城镇空间形态的重要表征要素之一，是城镇与自然地貌产生关联的重要界面，不同类型地貌约束下的城镇边界形态不同，同一类型地貌内，不同规模、不同功能、不同空间格局的城镇边界形态与地貌的具体耦合关系也不同。

通过地形图描绘城镇发展边界线，利用网格法计算陕北 25 个城镇的建设用地边界分维，并与地貌分维进行对比。统计各城镇数据并汇总图表如图 8-12：

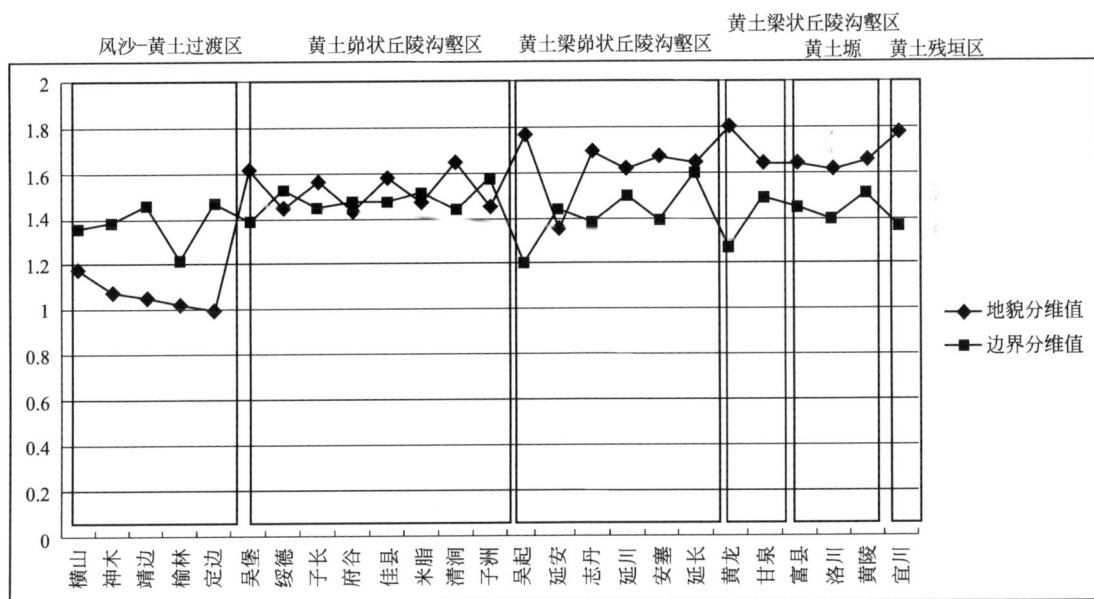

图 8-12　地貌分维与边界分维对比图

从图 8-12 可以看出，每类地貌区内的关系特征明显：风沙黄土区内的城镇边界分维与地貌分维基本呈负相关趋势（榆林除外）；三种丘陵沟壑区内的城镇边界分维与地貌分维则呈跳跃式发展，总体呈前者围绕后者上下浮动；黄土塬区内，两种分维则基本呈正比关系。

分别以城镇边界分维值和地貌分维值为基准进行递增排序，得到如下图表

（图 8-13，8-14）。观察可得，当城镇边界分维值变大时，地貌分维值呈跳跃式分布，并无明显规律；当地貌分维值变大时，城镇边界分维值呈微弱的此消彼长的趋势，由此判断：城镇分维值受地貌分维值影响，前者随后者的变化而变化。

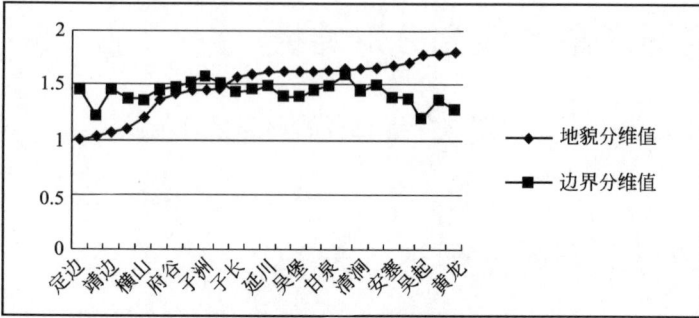

图 8-13　地貌分维值排序对比图

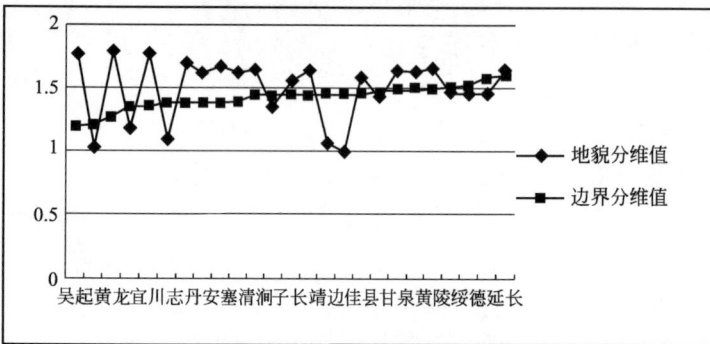

图 8-14　边界分维值排序对比图

利用最小二乘法，选取数据点较多的三个地貌分区，以地貌分维值为 X 坐标，城镇边界分维值为 Y 坐标进行布点，并将数据点进行线性拟合(表 8-8)。可以观察图表得出，每种地貌区内，地貌分维值与城镇边界分维值并无明显的线性关系，尝试去掉明显偏离拟合线的若干点，可以得出新的拟合线，且拟合状况良好。

将地貌分维值和城镇边界分维值按所在城镇分别进行排列，并利用斯皮尔曼等级相关系数公式计算两组数据的数值相关性和等级相关性，得出数值相关系数为 0.002，等级相关系数为 -0.223。数值关联系数接近于 0，说明两组数值之间几乎没有关联性；等级相关系数为负值，说明城市边界与地貌分维值的等级为负相关。

边界与地貌分维值拟合线性对比　　　　　　　　　　　　　　　**表 8-8**

地貌类型	全部点拟合图	去掉城镇	改后点拟合图
风沙—黄土过渡区	$y=-0.0936x+1.4727$　　$R^2=0.0045$	榆林	$y=-0.6141x+2.0756$　　$R^2=0.7798$

续表

地貌类型	全部点拟合图	去掉城镇	改后点拟合图
黄土峁状丘陵沟壑区	y=−0.5134x+2.2602 R²=0.5889	无	无
黄土梁峁状丘陵沟壑区	y=−0.3888x+2.0469 R²=0.178	延安	y=−2.2408x+5.1722 R²=0.8151

8.3.2　分形地貌与城镇用地形态的分形耦合关系

描绘城镇用地边界线并进行填充，所得图形即城镇用地形态。运用网格法计算 25 个城镇的总体用地分维值，并与城镇所在地貌的等高线分维进行对比（图 8-15），所得图表如下：

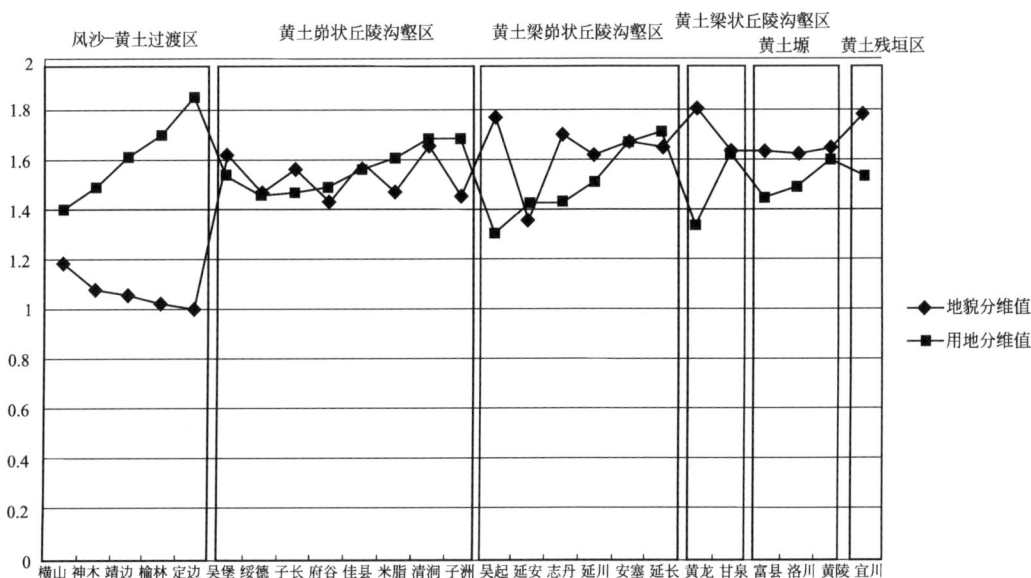

图 8-15　地貌分维与用地分维对比图

237

从以上图表可以看出，25 个城镇的地貌与用地整体上并无明显线性关系，但每类地貌区内关系明显：风沙—黄土过渡区内二者呈此消彼长的趋势；三种丘陵沟壑区内两种分维值呈跳跃式发展，总体上城镇用地分维值围绕地貌分维值上下浮动；黄土塬区内的城镇用地分维值与地貌分维则基本呈正比关系。

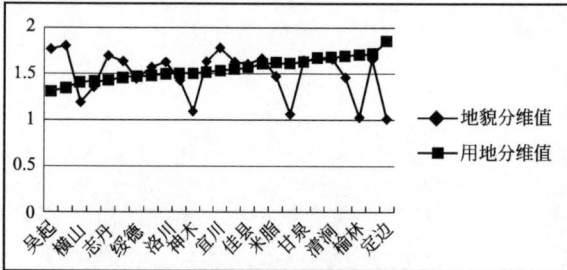

图 8-16　以用地分维值为基准的排序对比图

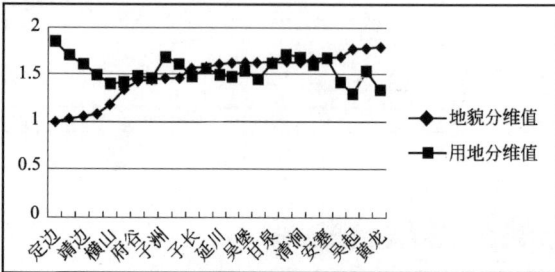

图 8-17　以地貌分维值为基准的排序对比图

分别以城镇用地分维值和地貌分维值为基准进行递增排序，另一分维值序列按照所属城镇一一对应，得到如上两个图表（图 8-16，8-17）。观察图表，当城镇用地分维值变大时，地貌分维值呈跳跃式分布，无明显规律；当地貌分维值变大时，城镇用地分维值呈微弱的此消彼长的趋势。由此得出：城镇用地分维值受地貌分维值影响，并随着地貌分维值的变化而变化。

选取样区点较多的三个地貌区，每类地貌区内以地貌分维值为 X 坐标，以城镇用地分维值为 Y 坐标进行布点，并将每组数据进行线性拟合（表 8-9）。可观察得出，有些点偏离拟合线较远，影响了整组数据的拟合效果，尝试删除这些点，重新进行拟合，大大提高了拟合线的准确度。分析可知，这些被删除的点代表的城镇用地受多种因素影响，导致其与地貌的耦合度较弱。这些被删除的点中，除延安是大城市外，绥德、府谷、清涧都有重要的过境交通线，城镇受到交通等社会因素影响较大，地形影响较小。

用地与地貌分维值拟合线性对比　　　　　　　　　　　　表 8-9

地貌类型	全部点拟合图	去掉城市	改后点拟合图
风沙—黄土过渡区	 $y=-2.2754x+4.0442$ $R^2=0.8468$	无	无

续表

地貌类型	全部点拟合图	去掉城市	改后点拟合图
黄土峁状丘陵沟壑区	 y=0.2383x+1.1981 R^2=0.054	绥德、府谷、清涧	 y=-0.8186x+2.831 R^2=0.573
黄土梁峁状丘陵沟壑区	 y=-0.0126x+1.5266 R^2=0.0001	延安	 y=-2.1117x+5.0688 R^2=0.5266

　　将数值按城镇分别进行排列，运用斯皮尔曼等级相关系数法进行等级以及数值的相关性计算，得到数值相关系数为-0.35112，等级相关系数为-0.23292。比较两种方法所得结果，二者数值十分接近，相比较于按地貌类型计算人居点的相关性，这一结果所体现的数值相关度更高。分析认为，此处的城镇取样区较为丰富多样，规避了个别样区的特殊性。从比较结果来看，城镇用地与地貌分维值总体呈负相关趋势，关联性较弱，可能是受到诸多社会因素影响所致。

附录

为便于查阅，本附录列出地貌模拟的基本原理和方法，同时给出在 GIS 中进行分形计算的脚本。

模拟地形迭代实验

从分形角度，可以通过迭代和循环，采用分维图形元，生成某种近于实际的图形。其中进行地貌模拟，生成模拟地形就是模拟方法中的一种。地形模拟包括原理分析、算法设计和样例。

（一）地貌模拟的图形迭代原理

下图是进行地貌形态模拟的图形过程，以一个三角形为基础，通过迭代和循环，生成地貌。

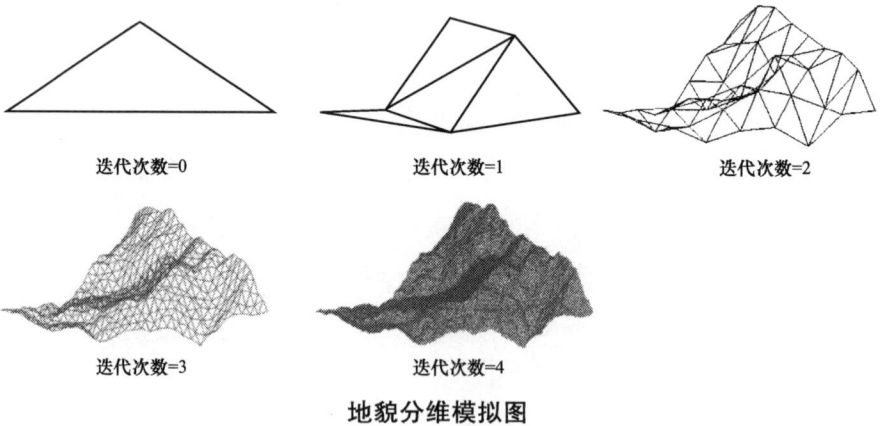

迭代次数=0　　　　　　迭代次数=1　　　　　　迭代次数=2

迭代次数=3　　　　　　迭代次数=4

地貌分维模拟图

从迭代 4 次的图形状况来看，是一个 TIN 图形，据此，可以通过迭代生成一个不规则三角网，作为地形模拟。这个地形模拟并不是真实的地形，但是可以用来作为地形特征分析研究，从这个角度，这种迭代还是有价值的，因为获得适于研究的地形数据并不容易获得，同时不存在地形数据保密问题。另外，可以以程序方式提供数据，数据量要小得多。当然，对于具体应用，还需要用真实数据。

（二）地貌模拟需要考虑的问题

地貌模拟的迭代循环以一个三角形为基础，通过不同的迭代次数，生成不同精度的地貌三维图形。

1. 三角形是一个三维面

以给定的三角形为基础，沿每个边形成一个共边邻接三角形，其中，三角形大小随机，即一边长度固定后，另 2 边随机，但要保证符合三角形边要求。

2. 投影问题

地图有投影，为了模拟较为真实的地理区域地面状况，可以设定模拟区域为一个高斯投影带。当然可以用不同分带试验换带。

3. 高程限制

对于地形的高程，也可以进行限制，这样可以模拟生成一定高度的地貌体。

（三）图形应用

用三角形模拟地形比用随机点模拟地形的优点是可以控制地形，随机点方式会出现相邻点高差太大的情形，如果进行随机中的再控制，程序太复杂。对于三角形，可以控制高度和三角形形状。

河流道路三维测度 python 脚本

```
#
minx=5000
maxx=5020
miny=4000
maxy=4020
minz=200
maxz=220
cellsize=1

#setsize
width=(maxx-minx)/cellsize+1   #add 1 make points cover map area
height=(maxy-miny)/cellsize+1
elevation=(maxz-minz)/cellsize+1

#set values, genarate one layer for x and y
xyz=[[0]]*4
xyz[0]=range(width* height* elevation)#has for all layers
xyz[1]=[minx+cellsize* i* j for i in range(1, width+1)for j in [1]*
height]
xyz[2]=[miny+cellsize* i for i in range(1, height+1)]* width
xyz[3]=[minz]* width* height
#for more layers
xyz[1]=xyz[1]* elevation
xyz[2]=xyz[2]* elevation
#xyz[3]=[10]* width* height
for i in range(1, elevation):
    #a=[i]* width* height
    xyz[3]=xyz[3]+[minz+i* cellsize]* width* height

szmap=map(list, zip(* xyz))
```

```
fd=open(' F: //sample.txt' , ' w' )
fori in xyz [0]:
    print>>fd, szmap [i]
    #print szmap [i]
print>>fd," end"
fd.close()
print" OK"
```

后　记

在国家自然科学基金课题（51278411）的资助下，课题组承担完成了有关分形研究的技术支持与方法创新内容，集结成果，付梓在即。

本书的核心内容在于依托地理信息系统，结合数学相关理论，对陕北地貌与城镇的分形研究提供系统的技术与方法支持。依托西安建筑科技大学与西安建大城市规划设计研究院的科研平台，研究团队得以获取陕北地区的地貌及城镇资料，借助 GIS 理论、数学模型及相关规划理论，对陕北地貌与城镇空间形态的分形研究提供了二维及三维的测度方法。同时，本书首次提出了维数耦合方法、城镇体系空间结构维数耦合原理，这是本书研究成果中的重要创新，也是实现陕北城镇与分形地貌耦合发展的现实途径。

技术的研究与方法的创新是艰难的，甚至是枯燥的，需要团队的共同合作与坚守。作为整个研究课题的成果之一，本书凝结了团队成员的努力与心血。首先需要感谢来自西安建筑科技大学建筑学院及西安建大城市规划设计研究院的多位老师及科研人员，他们的参与推进了课题组的实质性研究。在此，特别感谢周庆华教授、雷会霞教授、吴左宾教授、刘晖教授、杨彦龙所长、周在辉老师、田达睿老师。

同时，还要感谢配合完成基础工作的研究生，吴冲、张雯、王嘉溪、张怡冰等都付出了大量时间与精力，在基础数据提取与运算中发挥了重要作用，在此一并感谢。

最后，感谢国家自然科学基金课题（51278411）的资助与支持，使得本书关于引入 GIS 的分形理论与方法研究有所进展和突破，这不仅是分形理论向前迈进的一步，也是地理信息技术前沿领域的内涵拓展，希望本书的出版能够为领域内外的学者及研究爱好者提供有益的启示与借鉴。